김상복 목사

아, 기쁘구나

동행과 섬김

신교횃불

확신시리즈 3

아, 기쁘구나 동행과 섬김

2018년 10월 5일 초판 1쇄 발행

지은이 | 김상복
편집인 | 우경신, 박유빈, 양선애, 양미애
발행처 | 도서출판 선교횃불(ccm2u)
　　　　전화 : (02)2203-2739
　　　　팩스 : (02)2203-2738
등록일 | 1999년 9월 21일 제 54호
등록처 | 서울 송파구 백제고분로 27길 12(삼전동)

ISBN 978-89-5546-405-4
　　　978-89-5546-403-0(세트)

아, 기뻐구나

사랑하고 존경하는 김상복 목사님께

원로목사님의 팔순을 기념하면서 할렐루야교회가 목사님의 '확신시리즈'를 재발간하게 되어 얼마나 기쁜지 모르겠습니다. 이것은 모든 교인들의 마음이기도 합니다. 목사님은 목회자이시며 학자이십니다. 목회자의 가슴과 시각으로 신학을 쉽고 깊게 정리하셨고, 이를 통해 성도들의 삶을 윤택하게 해 주신 분입니다.

'평신도 신학'이라는 단어가 한국 교회에 생소했을 무렵, 목사님은 선구자 역할을 해 주셨습니다. 교회의 진정한 자원은 바로 '사람'이라는 것을 알려 주셨고, 성도들을 깨워 주님의 진정한 일꾼으로 세우려 노력하셨습니다. 무엇보다도 '3S'의 신학을 강조하시며, 전 성도들이 '구원(Salvation)'과 '성화(Sanctification)'와 '섬김(Service)'에 대해 확신을 갖고 살 수 있도록 온몸을 던져 섬겨 주셨습니다. 그리하여 교회를 건강하게 세우고, 성도들이 주님을 위해 세상의 빛과 소금으로 살 수 있도록 도와주셨습니다.

저는 목사님의 후임으로서 우리 교회의 토대가 강건하다는 것을 분명하게 아는 사람입니다. 목사님의 '평신도 신학'이 이러한 터전을 만들어 주었다는 확신과 자부심을 갖고 있습니다. 목사님의 그러한 가르침들은 그때만 필요했던 것이 아닙니다. 오늘날에도 여전히, 절실히 필요합니다. 그 어느 때보다도 성도들이 견고하게 서서 믿음을 지켜야 할 때가 지금이라고 생각하기 때문입니다. 또한 교회 사역의 본질로 돌아가 평신도들을 깨우며 무장시켜야 할 때도 바로 이때라고 보기 때문입니다. 주님의 교회가 세상의 유일한 희망이라면, 준비되고 건강한 성도들이야말로 교회의 소망이라고 믿습니다. 그렇기에 그동안 목사님께서 전하셨던 여러 가르침을 모아 더욱 깊고 풍성한 '확신시리즈'로 발간하는 것이 정말 기쁘고 감사할 따름입니다.

목사님이 저의 원로목사님이셔서 정말 감격스럽습니다. 목사님이 우리 할렐루야교회의 원로목사님이셔서 정말 든든합니다. 이번 '확신시리즈' 발간을 통해 모든 신학의 핵심이자 곧 결론이 되시는 예수님의 이름이 더욱 높아지기를 소망합니다.

2018년 7월
할렐루야교회 담임목사
김승욱

주님과 동행하며 섬기라

하나님과의 만남은 인생 최고의 행복입니다. 하나님께서 친히 창조하신 자녀들을 사랑하시는 것은 당연합니다. 그러나 하나님께서 사랑하시는 많은 자녀들이 아버지의 품을 떠나 자기 욕정을 따라 살며 헛된 세월을 보내고 있습니다. 모든 것을 잃은 채 방황하고, 굶주림과 고통 속에서 헤매고 있습니다.

우리는 길을 잃고 헤매지 않아도 됩니다. 하나님 아버지께서 이제 더 이상 방황하지 말고 아버지 품으로 돌아오라는 구원의 손길을 내밀어 주셨기 때문입니다. 누구든지 주님께로 돌아와 하나님 아버지와 영원히 살 수 있게 되었습니다. 인간이 스스로 해결할 수 없는 죄의 문제로부터 해방되었으니, 아버지 품으로 돌아온 구원의 기쁨과 감사를 가슴에 안고 하나님 자녀로서의 인생을 살아가면 됩니다.

예수님을 믿는 순간, 하나님께서는 우리 안에 임재하시고(고전 3:16, 5:16, 고후 13:5) 그 순간부터 지상에서 영원으로 가는 우리의 인생길에 우리와 동행하십니다. 예수님이 우리 안에 오셔서 삶을 주관하시는 주님(Lord)이 되시고, 성령님이 우리의 영원한 도우미(Helper)가 되십니다.

예수님이 내 안에 거하시고, 내가 예수님 안에 거하고 있습니다. 성령님이 내 안에 계시고, 내가 성령님 안에서 살아갑니다. 이제는 천국에 이를 때까지 우리와 항상 동행하시는 주님이 계신다는 것을 분명히 믿고, 그분과 함께 살아가는 영적 훈련을 해야 합니다.

기독교 역사의 위대한 신앙 선진들에게는 한 가지 공통점이 있었습니다. 그것은 매일 주님과 동행하며 그분의 사랑 안에서 살았다는 것입니다. 하루를 시작할 때부터 주님과 마주앉아 대화하고, 오늘 하루 속에서 어떻게 하나님 뜻을 이루며 하나님께 영광을 올려드리며 살 것인지에 대한 인도하심과 지혜를 구하며, 주님과 더불어 살아가는 영적인 습관을 갖고 있었습니다. 이것이 경건 훈련입니다. "이제는 내가 사는 것이 아니요 내 안에 그리스도께서 사시는 삶"(갈 2:20)입니다. 우리는 날마다 주님과 함께 살아가야 합니다. 이런 삶에는 주님이 주시는 평안과 지혜가 있고, 충만한 기쁨과 만족이 있습니다.

주님은 세상 끝 날까지 우리와 함께하겠다고 약속하셨습니다. 주님과 함께 하루를 시작하고, 주님과 함께 하루를 살아가고, 주님과 함께 하루를 마무리하고 잠자리에 드는 시간에도 주님께 우리 영혼을 완전히 맡기고 잠듭니다. 이 훈련이 바로 '동행'입니다. "주가 나와 동행을 하면서 나를 친구 삼으셨네. 우리 서로 받은 그 기쁨은 알 사람이 없도다." 이 찬송을 부르며 구원의 기쁨과 평화를 가슴에 안고, 주님과 동행하면서 평생을 살아가야 할 것입니다.

예수님은 자신이 "많은 사람들을 섬기고 자기 목숨을 대속 제물로 주시기 위해" 오셨다고 말씀하셨습니다(마 20:28). 이 땅에 사는 동안 하나님과 이웃을 사랑하고 섬기며 살아가는 것이 최고의 인생입니다. 하나님과 이웃을 위해 자신을 드리며 살아가는 삶보다 더 가치 있는 인생은 없습니다.

예수님을 믿고 영적으로 다시 태어난 사람은 모두 하나님의 자녀입니다. 우주적 교회와 지역 교회는 하나님께서 우리에게 맡겨 주신 공동체입니다. 우리 모두는 한 몸의 지체입니다. 예수님은 머리요, 우리는 각각의 역할을 맡은 지체입니다. 하나님께서는 교회 공동체가 역동적으로 성장하고 성숙해지도록, 잘 섬기며 공헌할 수 있도록 우리 모두에게 각기 다른 능력과 은사를 주셨습니다. 몸의 모든 지체에게 다른 역할이 있듯, 우리에게도 이 땅에 하나님 나라를 세울 수 있도록 각자의 역할을 주셨습니다. 하나님의 자녀들은 우리에게 주어진 은사가 무엇인지 알고, 어디서 어떤 역할을 어떻게 해야 할지를 배우며 받은 은사를 효과적으로 사용하며 섬깁니다.

몸의 각 지체가 자기 역할을 잘 감당할 때 우리 몸은 건강하게 움직일 수 있습니다. 교회와 사회와 가정도 마찬가지입니다. 우리의 역할과 섬김을 통해 하나님 나라가 확장되고, 우리로 인해 주위의 모든 것이 세움을 받습니다. 이럴 때 우리는 섬기는 기쁨과 보람과 가치를 느끼며 살아가게 됩니다.

은사는 누구에게나 있습니다. 하나님께서는 모든 사람에게 각기 다른 은사를 은혜로 주셨습니다. 이 책에 나오는 은사들 중 자기의 은사를 찾아보고 잘 계발하여 사용할 때 선한 결과가 나타나게 될 것입니다. 자신이 행복해집니다. 주변 사람들에게 유익을 줍니다. 사람들의 감사와 인정과 격려를 받습니다. 우리의 공동체가 성장하고 성숙해집니다.

우리 예수님은 온 인류에게 축복과 생명이셨습니다. 우리도 각자가 받은 은사로 다른 사람들과 공동체를 섬길 때 예수님처럼 축복의 통로가 될 것입니다. 항상 주님과 동행하고 자신의 가치를 기뻐하며 즐거워하는 인생이 되기를 소망합니다.

2018년 10월
할렐루야교회 원로목사
김상복

차례

1부

주님과 동행하십니까?

날마다 주님과 함께

"모세가 항상 장막을 취하여 진 밖에 쳐서 진과 멀리 떠나게 하고 회막이라 이름하니 여호와를 앙모하는 자는 다 진 바깥 회막으로 나아가며 모세가 회막으로 나아갈 때에는 백성이 다 일어나 자기 장막 문에 서서 모세가 회막에 들어가기까지 바라보며 모세가 회막에 들어갈 때에 구름 기둥이 내려 회막 문에 서며 여호와께서 모세와 말씀하시니 모든 백성이 회막 문에 구름 기둥이 서 있는 것을 보고 다 일어나 각기 장막 문에 서서 예배하며 사람이 자기의 친구와 이야기함 같이 여호와께서는 모세와 대면하여 말씀하시며 모세는 진으로 돌아오나 눈의 아들 젊은 수종자 여호수아는 회막을 떠나지 아니하니라" 출 33:7-11

우리 인생에서 가장 중요한 일은 '예수 그리스도를 믿고 구원을 받는 것'입니다. 그다음으로 중요한 일을 꼽으라면 주님과 함께 '조용한 시간(Quiet Time)'을 갖는 것입니다. 교회에서 열심히 봉사하는 것은 대단히 중요합니다. 하지만 그러기 전에 먼저 주님과 조용한 시간을 가져야 합니다. 자기 열심으로만 봉사할 때 덕스럽지 않은 경우를 종종 봅니다. 도리어 어려움이 생기거나 문제가 더 커지기도 합니다. 그리스도인이라면 어디에서 무슨 일을 하든지 자기 삶에서 정기적으로 주님과 함께하는 '조용한 시간'을 가지는 것이 매우 중요합니다.

기독교 역사를 살펴봐도 그렇습니다. 하나님께 중요하게 쓰임을 받은 사람들은 대부분 정기적으로 주님과의 조용한 시간을 가진 사람들이었습니다. 주님과 항상 대화하는 시간 속에서 신앙은 점점 깊어지고, 주님을 더 닮아 가는 변화가 일어납니다.

오래전 잡지사 기자와 인터뷰를 했던 것이 기억납니다. "목사님, 그동안 읽으신 책 중에서 가장 감동받은 책이 있다면 어떤 책입니까?"라고 질문하더군요. 곰곰이 생각해 보니 아주 오래전에 읽은 토마스 아 켐피스(Thomas à Kempis, 1380-1471)의 『그리스도를 본받아』

라는 책이 떠올랐습니다. 주님과 나의 친밀한 관계를 다룬 책으로, 주님을 찾고 주님을 원하고 주님과 대화하고 주님과 날마다 사귀는 사람들이 결국 예수 그리스도를 닮아 간다는 내용이었습니다.

성경이나 기독교 역사, 그리고 현재 우리가 살아가는 시대를 살펴 봐도 이런 내용은 동일합니다. 견고한 신앙을 바탕으로 의미 있고 성 숙하게 살아가는 사람들의 삶에는 주님과 깊이 만나는 '조용한 시간' 이 꼭 있습니다. 주님의 일을 성실하게 해내는 사람들은 주님과의 친 밀한 시간을 꾸준하게 쌓아 온 사람들입니다.

주님과의 친밀한 시간을 꾸준히 갖는 사람은 평소의 언행도 늘 조심합니다. 다른 사람들의 시선이나 평가를 의식해서라기보다는 하 나님을 의식해서입니다. 반대로 주님과의 친밀한 시간이 없는 사람 은 다른 사람들의 평가에는 신경을 곤두세우지만 보이지 않는 하나 님은 전혀 의식하지 않고 행동합니다.

우리는 '누가 듣고 있는가?' 혹은 '사람들이 보고 있는가?'와 상관 없이 하나님 한 분만을 의식해야 합니다. 늘 하나님 앞에서, 하나님 과 함께, 하나님을 의식하면서 살아야 합니다. 하나님께서는 우리가 언제 어디에서 무엇을 하든 다 보고 듣고 계십니다. 우리는 인간을 의식하는 신앙생활이 아니라 하나님의 뜻에 따라 하나님이 즐거워하 시는 신앙생활을 해야 합니다.

날마다 주님을 만나 대화하고 주님 앞에서 사는 사람은 다른 사 람이 있든 없든 간에 항상 신실하고 거룩한 태도로 일관성 있게 말 하고 행동하게 됩니다.

조용한 시간의
중요성

주님과 갖는 조용한 시간은 무척 중요합니다. 이 시간이 신앙생활의 근본을 이루기 때문입니다. 최근 빌리 그레이엄 목사님이 백 세에 천국으로 거처를 옮기셨습니다. 돌아가시기 전에 어느 목사님이 그레이엄 목사님께 "사는 동안 가장 좋으셨던 때는 언제입니까?"라고 물었습니다. 그 목사님은 가장 많은 사람들에게 복음을 전한 전도대회나 영국 여왕을 만났을 때라고 대답하실 거라고 생각했다고 합니다. 뜻밖에도 그레이엄 목사님은 "주님을 만나는 아침 시간이 제일 좋았습니다."라고 대답하셨다고 합니다.

그렇습니다. 사람들과 봉사하고 헌신하는 시간보다 주님과 나만 있는 조용한 시간이 가장 중요합니다. 이 고요하고 친밀한 시간에 대한 훈련이 잘 되어 있어야 전반적인 신앙생활을 제대로 해낼 수 있습니다. 교회 예배를 한 번, 두 번, 세 번 빠지는 사람은 대부분 주님과의 조용한 시간을 갖지 않는 성도일 수 있습니다. 교회에서 자꾸 문제를 일으키는 사람 역시 주님과의 조용한 시간을 갖지 않을 것입니다.

날마다 주님과의 조용한 시간을 갖는 사람은 모든 일을 주님 앞에서 선택하고 결정하기 때문에 항상 내면이 평안하고 안정감이 있습니다. 마음이 평안한 사람은 어디서건 평화를 추구하고 사람들과의 관계를 조화롭게 만들어 갑니다. 또한 자기 내면에서 주님을 사랑하는 마음이 계속해서 샘솟기 때문에 가는 곳마다 주님의 사랑과 향기를 전하며, 주님의 형상을 아름답게 드러냅니다.

신앙의
생활화

매일 규칙적으로 조용한 시간을 갖는 것을 매일 먹는 집밥으로 비유해 보겠습니다. 일주일에 하루만 음식을 해서 먹는다면 건강할 수 있을까요? 어림없습니다. 목사님이 아무리 요리를 잘해서 말씀의 양식을 먹여 준다 해도 일주일에 한 번만 먹는다면 건강할 수 없습니다. 주일 대예배 설교만으로는 영의 건강을 지키며 살아갈 수 없다는 말입니다.

요즘은 먹을 게 없어서 허덕이는 시대가 아닙니다. 오히려 풍족해서 넘치고, 버리고, 일부러 덜 먹는 시대입니다. 옛날 사람들은 서로 만나기만 하면 "밥은 먹었냐?" 혹은 "진지 드셨습니까?"라고 인사했습니다. 그때는 먹을 것이 없어서 밥을 챙겨 먹는 일이 무척 중요하고 귀한 일이었기에 그런 인사를 주고받았습니다. 그러나 요즘은 그런 인사를 하지 않습니다. 먹을 것이 풍족하기 때문입니다. 언제 어디서든 원하는 음식을 사 먹을 수도 있습니다.

만일 우리가 일주일 동안 꼬박 굶고 근사한 뷔페에 가서 한꺼번에 일주일 치를 먹어 댄다고 상상해 보십시오. 무슨 일이 생기겠습니까? 분명히 심하게 체하거나 배탈이 날 것입니다. 일부러 이런 식으로 밥을 먹는 사람이 있을까요? 아마도 없으리라 생각합니다. 하지만 영혼의 양식은 어떤가요? 제 생각에는 그리스도인들 중 많은 사람들이 영혼의 양식에 있어서는 폭식하는 것 같습니다. 일주일에 딱 한 번 잘 먹고 그것으로 건강을 유지하려고 합니다. 가끔은 두 번 정도 챙겨 먹기도 합니다. 주일 예배에 한 번, 수요 예배에 한 번, 즉 일주일에 두 번 먹으면서 말입니다. 수요 예배 경우에는 성도가 모두 참석하는 것이 아니기 때문에 대부분의 성도들은 평균적으로 일주일에 겨우 한 번 먹는다고 보면 됩니다.

반면 매일 주님과 집에서 만나고, 직장에서 만나고, 학교에서 만난다면 어떨까요? 누구보다 건강한 신앙생활을 할 수 있을 것입니다. 물론 시간이 있고 상황이 허락된다면, 수요 예배에 참석해서 다른 성도들과 함께 예배를 드리고 영의 양식을 채우십시오. 건강한 사람은 자신의 건강한 상태를 계속 유지하고 싶어 합니다. 날마다 주님과 만나고, 주님께서 주시는 영의 양식을 먹으면 주일 예배만 참석한다 해도 별 무리가 없습니다. 탈이 나지 않는다는 뜻입니다.

날마다 주님과 만나 하나님의 말씀을 먹고 주님과의 친밀한 시간을 가지는 사람은 주일 예배 때 찬송 부르는 소리가 아주 우렁찹니다. 영혼이 살아 있기 때문입니다. 영혼이 건강하기 때문입니다. 반면 일주일 내내 굶은 사람이 주일 예배에 나와 찬송을 부르면 목소리에 힘이 하나도 없습니다. 기운 없는 목소리로 찬송을 하니 은혜도 덜 됩니다. 다른 교회에 방문하거나 집회를 할 때도 예배 시간의 첫 번째 찬송 소리를 들어 보면 그 교회의 영적 온도를 알 수 있습니다.

한국 사람들은 대부분 찬송을 크게 잘 부릅니다. 오래전에 저는 월요일 아침에 모이는 '목사 햇불회'에 참석하곤 했습니다. 그곳에는 목사들이 많이 모였습니다. 그들이 찬송을 부르면 얼마나 우렁차고 힘이 넘치는지 매번 제 가슴이 두근거렸습니다. 목사들로만 구성된 합창단이 하나 있으면 좋겠다는 생각을 한 적도 많습니다. 찬송이 아주 힘차고 좋았기 때문에 성경 공부를 시작하기 전인데도 이미 뜨거운 은혜가 넘치는 것을 느낄 수 있습니다. 인간적으로는 한없이 연약하고 부족한 사람들이지만, 온몸과 마음을 바쳐 주님을 섬기려고 애쓰는 모습은 제게 커다란 도전을 주었습니다. 주일에 하루 종일 주님과 성도들을 열심히 섬기고, 쉬어야 할 월요일 아침에 성경 공부를 하러 온 그들을 보면서 저는 우리 한국 교회의 희망을 발견할 수 있었습니다. 날마다 주님 앞에서 기도와 말씀으로 생활하고, 주님과의 친밀한 만남의 시간을 성실하게 가지는 사람들의 모임은 찬송 소리부터 확연히 달랐던 기억이 납니다.

우리의 신앙생활도 마찬가지입니다. 저는 오래전부터 '신앙의 생활화'라는 표현을 써 왔습니다. 신앙생활은 교회에서만 하는 것이 아닙니다. 우리 생활의 대부분을 차지하는 가정과 직장, 학교 등에서 신앙이 생활화될 때 진정한 믿음의 삶이 실현됩니다. 거듭해서 강조하겠습니다. 구원의 확신만큼이나 주님과의 '조용한 시간'을 가지는 것이 중요합니다. 주님과 '조용한 시간'을 가지십시오. 이것이 신앙을 생활화하는 기본입니다.

만일 어디론가 여행을 가야 한다면, 성경과 찬송가, 그리고 주님과의 깊은 만남의 시간을 갖는 데 도움을 주는 묵상집을 꼭 챙기십시오. 항상 주님과 동행하십시오. 자녀들에게도 조용한 시간을 위한 준비물을 챙기도록 가르치십시오. 이것은 신앙에서 아주 중요한 부분입니다.

조용한 시간을 가진
모세

조용한 시간은 다른 사람이나 소음이 없는 시간이 아닙니다. 조용한 시간이란 한마디로 하나님과 만나는 시간입니다. 이번 장에서는 출애굽기 33장 7-23절을 중심으로 하나님과 깊은 만남의 시간을 가지는 모세를 통해 신앙생활의 지혜를 얻고자 합니다.

"모세가 항상 장막을 취하여 진 밖에 쳐서 진과 멀리 떠나게 하고 회막이라 이름하니 여호와를 앙모하는 자는 다 진 바깥 회막으로 나아가며"(출 33:7).

이스라엘 백성들이 광야에 거하며 진을 칠 때의 모습입니다. 하나님이 거하시는 성막을 중심으로 열두 지파가 빙 둘러 진을 쳤습니다. 모세는 진 밖으로 멀리 나가 아무도 없는 곳에 천막을 치고 그것을 '회막'이라고 이름 붙였습니다. '회막(會幕)'이란 '만나는 장막(tent of meeting)'이라는 뜻입니다. 즉, '주님과 만나는 장소'라는 의미입니다. 여호와를 앙모하는 사람, 다시 말해 여호와를 찾는 사람들이 회막으로 나아와 주님을 만났던 것입니다.

8절에는 "모세가 회막으로 나아갈 때"라고 기록되어 있습니다. 회막은 이스라엘 백성 전체를 위해 만든 장소였지만, 우선 모세 자신부터 그곳으로 나아갔습니다. 7절을 보면 모세가 항상 습관적으로 주님을 만나기 위해 회막으로 나아갔음을 알 수 있습니다. 이것이 바로

'신앙의 생활화'입니다. 그러면 모세가 이처럼 주님을 만나기 위해 회막으로 나아갈 때마다 이스라엘 백성들은 어떻게 했을까요?

"백성이 다 일어나 자기 장막 문에 서서 모세가 회막에 들어가기까지 바라보며"(출 33:8).

모세가 회막으로 들어서기까지 이스라엘 백성들은 전부 자기 장막 밖으로 나와 '아, 모세가 또 저기 들어가는구나!' 하며 바라보았다고 기록합니다. 모세가 언제 하나님을 만나러 회막으로 들어가는지 모든 백성들이 알고 있었다는 뜻입니다. 9절로 이어집니다.

"모세가 회막에 들어갈 때에 구름 기둥이 내려 회막 문에 서며 여호와께서 모세와 말씀하시니"(출 33:9).

바로 이것이 하나님께서 친히 모세와 이야기하러 내려오신 모습입니다. 모세가 하나님을 찾아 회막 속으로 들어가면 구름 기둥이 회막 앞에 나타나 멈춰 섰습니다. 이것은 현재 우리 삶에서도 동일하게 일어나는 역사입니다. 그때가 아침이나 오후, 혹은 밤이든 상관없습니다. 침실, 주방, 사무실 등 장소가 어디든 괜찮습니다. 우리가 주님과 만나겠다고 조용히 앉아 있으면 주님의 구름 기둥이 내려와 우리와 마주합니다.

구약 시대에는 하나님이 백성들에게 말씀하시는 바가 눈에 보이는 형태로 나타나는 경우가 많았습니다. 하나님이 시청각 자료를 제시하셔서 백성들이 쉽게 이해할 수 있도록 도우셨던 겁니다. 하나님께서는 자신이 모세를 찾아오신 것을 구름 기둥으로 보여 주셨습니다(출 33:9). 지금은 어떻습니까? 주님을 만나 친밀하고 깊은 대화를 나누기 위해 혼자 조용히 앉았을 때 구름 기둥이 우리 앞에 나타납니까? 물론 그런 시각적인 증거가 있다면 좋을 겁니다. 그러나 주님과의 조용한 시간을 가지는 수많은 그리스도인에게 구름 기둥이 나타난다면 상황이 좀 복잡해지지 않을까요? 여기저기서 구름 기둥이 등장하면 정신이 없을 것입니다.

요즘은 모세 시대와 다릅니다. 그때처럼 눈에 보이는 형태로 나타나시지는 않지만, 주님이 우리를 찾아오신다는 사실만은 분명합니다. 우리는 주님이 찾아오신 것을 믿고, 주님과 대화하고 기도하며 찬송합니다. 또한 회개하고 결심하며 말씀도 듣습니다. 이렇게 우리는 눈에 보이지는 않지만, 모세가 구약 시대에 회막에서 하나님을 만난 것처럼 조용한 시간에 주님을 만날 수 있습니다.

9절 말씀의 뒷부분을 보십시오. "여호와께서 모세와 말씀하시니"라고 기록되어 있습니다. 이 얼마나 은혜롭고 감사한 일입니까? 하나님께서는 자기 백성들과 이야기하십니다. 지금도 그렇습니다. 지금도 하나님께서는 우리를 찾아오셔서 대화하길 원하십니다. 그렇다면 그 시간은 언제일까요? 바로 우리가 마음으로 준비하고 조용히 주님을 기다리고 있을 때입니다.

"모든 백성이 회막 문에 구름 기둥이 서 있는 것을 보고 다 일어나 각기 장막 문에 서서 예배하며"(출 33:10).

모든 백성들은 회막 앞에 서 있는 구름 기둥을 보고 하나님께서 모세를 찾아와 함께 대화한다는 사실을 알았습니다. 그리고 '아, 하나님이 찾아오셨구나!' 하며 엎드려 하나님께 경배하고 예배를 드렸습니다. 마치 이런 상황과 같습니다. 우리가 혼자 방에 엎드려 기도할 때 갑자기 가족 중 한 사람이 방으로 들어와 보았다고 합시다. 방 안에서 엎드려서 간절히 기도하는 사람을 보면 대개는 마음이 경건해집니다. '아, 우리 엄마가 주님과 이야기하고 계시는구나!' 하면서 말입니다. 그래서 조용히 문을 닫고 나갑니다. 아내가 기도하는 모습을 남편이 보았을 때 혹은 반대로 남편이 기도하는 모습을 아내가 본 경우에도 그런 경건한 마음이 들 것입니다.

예수 그리스도를 믿는 집에서 태어나 착실하게 신앙생활을 하던 청년들이 대학교에 들어가면서 교회를 떠나는 경우가 종종 있습니다. 몇 사람은 신앙생활을 하지 않은 채로 그럭저럭 지내다가 30-40대가 되어서 어떤 계기를 통해 주님께 돌아옵니다. 돌아와서 그들이 하는 이야기가 이렇습니다. 교회를 떠나 있는 동안에도 늘 아침마다 기도하시던 어머니의 모습이 떠올라 결국에는 돌아올 수밖에 없다고 합니다. 저도 그런 경험이 있습니다. 아침에 눈을 뜨면 어머니가 엎드려 기도하는 모습이 보였습니다. 그렇게 기도하시던 어머니의 모습은 오랜 세월이 지나도 잊히지 않습니다.

한번은 어떤 형제가 저에게 이런 이야기를 했습니다. 그는 아침에 깨어나 보면 어머니가 자기를 위해 기도하고 있는 모습을 보곤 했답니다. 어떤 때는 기도 속에서 자신의 이름이 들리기도 했습니다. 대학생 때는 그 소리에 화를 내면서 "엄마! 내 기도 좀 하지 마세요!

왜 자꾸 내 이름을 부르면서 기도를 하는 거예요? 나 좀 가만히 놔두란 말이에요!"라고 반항했다고 합니다. 그런데 그렇게 자기를 위해 기도하시던 어머니가 돌아가시고 나니까 늘 보릿자루처럼 방 한구석에 엎드려 자신의 기도를 하시던 어머니가 자주 생각나더라는 겁니다. 결국 그는 어머니에게 반항했던 일들이 떠올라 주님께 회개하고 돌아왔다고 합니다. 저는 그런 사람을 여럿 만났고, 그렇게 돌아온 사례를 자주 들었습니다. 이는 마치 모세가 회막에 들어가 하나님을 만나는 모습을 본 백성들이 절로 경건해지는 것과 같은 이치입니다.

모세의 영향을 받은 여호수아

구름 기둥으로 내려오신 하나님께서는 모세와 어떻게 대화를 나누셨을까요?

"사람이 자기의 친구와 이야기함 같이 여호와께서는 모세와 대면하여 말씀하시며 모세는 진으로 돌아오나 눈의 아들 젊은 수종자 여호수아는 회막을 떠나지 아니하니라"(출 33:11).

여호와께서 모세와 대면하여 이야기하는 모습이 마치 사람이 자기 친구와 이야기하는 것과 같다고 말씀합니다. 너무나 멋지고 놀라운 모습입니다. 우리도 마찬가지입니다. 주님과 만나 기도하고 말씀을 읽는 그 시간, 우리는 하나님과 얼굴을 마주하고 있는 것입니다.

친구와 서로 얼굴 맞대고 이야기하는 것처럼 정답고 행복한 순간입니다. 이것이 '조용한 시간'입니다.

말씀을 보면 모세가 한참 동안 하나님과 대화를 나눈 후 회막에서 나와 진으로 돌아왔다고 합니다. 그런데 여호수아는 계속 그곳에 머물러 기도합니다. 여호수아는 어릴 때부터 모세를 따라다니며 심부름을 하던 수종자였습니다. 이런 여호수아를 볼 때, 떠오르는 모습이 있습니다. 새벽 예배에 어머니들을 따라온 어린아이들의 모습입니다. 참으로 감동적인 장면입니다. 서너 살밖에 안 된 아이들이 엄마를 따라 새벽 예배에 나와 엄마처럼 기도를 합니다. 혹은 옆에 누워서 자기도 하고, 엄마 등에 업혀 있기도 합니다. 그런 모습을 볼 때마다 '아, 이 아이는 정말 축복받은 아이구나!' 하는 생각이 듭니다. 엄마나 할머니 옆에서 기도하는 모습을 보며 자란 아이들은 진정으로 축복받은 존재입니다.

저희 장모님과 막내딸이 떠오릅니다. 장모님은 저희와 오래 같이 사셨는데, 꼭 아침에 일어나면 주님과 만나는 '조용한 시간'을 가지셨습니다. 주님과의 그 조용한 시간에 찬송을 부르고 말씀을 묵상하고 또 기도했습니다. 사실 장모님은 평생 불교도였다가 예순 살에 예수님을 영접했기 때문에 찬송가를 잘 모르셨습니다. 곡조 없는 찬송가책을 들고 마음대로 편곡해서 부르곤 하셨습니다. 그런 외할머니와 생활하던 제 막내딸은 외할머니 흉내를 내며 찬송가를 부르곤 했습니다. 외할머니처럼 곡조가 하나도 맞지 않는 찬송가를 열심히 불렀습니다. 저는 그런 모습을 볼 때마다 참 기쁘고 즐거웠습니다. 마치 항상 모세를 따라다녔던 여호수아처럼 외할머니의 신앙을 보고 배우는 모습이 참으로 아름답고 감사했습니다. 여호수아가 모세에게 영적으로 선한 영향을 받았던 것처럼 거룩한 부모, 거룩한 조부모, 거룩한 형제자매의 모습을 보고 자라며 하나님을 알아가는 것은 더할 나위 없는 축복이자 큰 유산입니다.

여호수아는 모세를 통해 주님과 만나는 법을 배웠습니다. 자녀들은 우리를 통해 주님과 만나는 법을 배웁니다. 특별히 아들은 어머니보다도 아버지에게서 배워야 합니다. 아버지의 기도하는 모습, 주님과 만나는 모습, 성경을 펴 놓고 깊이 묵상하는 모습, 이런 아버지의 모습을 보고 자랐을 때 받는 선한 영향력은 실로 어마어마합니다. 자기가 세상에서 가장 좋아하고 존경하는 분이 성경을 펴 놓고 하나님과 교제하고 있는 모습! 이것이 바로 여호수아가 바라본 모세의 모습이었습니다.

하나님과의 대화

출애굽기 33장 12절을 보면, "모세가 여호와께 아뢰되 보시옵소서"라고 말하면서, 하나님과 모세의 대화 내용을 본격적으로 기록합니다.

"모세가 여호와께 아뢰되 보시옵소서 주께서 내게 이 백성을 인도하여 올라가라 하시면서 나와 함께 보낼 자를 내게 지시하지 아니하시나이다 주께서 전에 말씀하시기를 나는 이름으로도 너를 알고 너도 내 앞에 은총을 입었다 하셨사온즉"(출 33:12).

말씀 끝 부분의 "나는 이름으로도 너를 알고"는 '너의 이름이 무엇인지 정확히 안다'라는 뜻으로, 서양 사람들이 자주 쓰는 표현입니다. 서양 사람들은 친하면 이름을 부릅니다. 그렇기 때문에 '이름으로도 너를 안다'는 말은 '내가 너를 아주 잘 알고 너와 아주 친하다'라는 뜻으로 해석할 수 있습니다.

모세는 또 여호와께 '주님의 은총을 입었다고 하셨으니 저와 같이 갈 수 있는 사람을 알려 주십시오.'라고 청구합니다. 이스라엘 백성을 인도하는 데 동역자가 필요하다는 말입니다. 즉, '하나님, 저에게 이런 사람이 필요하니 하루속히 보내 주시옵소서. 제가 이런 사업을 시작하는데, 같이 사업을 이끌어 나갈 직원이 필요합니다. 하나님, 훌륭한 직원 한 사람 보내 주시옵소서!'라는 기도입니다. 이렇게 저마다 필요한 영역을 놓고 '하나님, 저를 도와주십시오. 하나님께서 저를 사랑하신다고 하셨으니, 저와 같이 갈 만한 사람도 보내 주셔야지요. 왜 아직도 말씀을 해 주지 않으십니까?'라고 하나님과 대화하는 것입니다. 이 얼마나 친숙하고 친밀한 사이입니까? 사랑하고 친한 사이일수록 자기 속마음을 솔직하고 허심탄회하게 털어놓을 수 있습니다. 여러분도 조용한 시간에 하나님과 친밀하게 만나십시오. 여러분을 사랑하시는 그분께 솔직한 속마음을 털어놓고, 마음의 소원을 말씀드리십시오. 13절 말씀을 보십시오.

"내가 참으로 주의 목전에 은총을 입었사오면 원하건대 주의 길을 내게 보이사 내게 주를 알리시고 나로 주의 목전에 은총을 입게 하시며 이 족속을 주의 백성으로 여기소서"(출 33:13).

이는 모세가 하나님께 간구하는 모습입니다. '도대체 어디로 가야 할지, 어떻게 해야 할지 잘 모르겠으니 주님이 원하시는 길과 방법을 저에게 보여 주십시오!'라고 말하는 것입니다. 얼마나 멋진 대화입니까? 그러면서 "내게 주를 알리시고"라고 말합니다. 이는 '과거 그 어느 때보다 제가 주님을 더 알기 원합니다. 주님을 더 사랑하기 원합니다!'라는 뜻입니다. 모세는 자기 자신을 위해 기도하고, 가야 할 길을 위해 기도했습니다. 또한 주님을 더 알게 해 달라고 기도하고, 자기 백성을 위해 기도했습니다. 이렇게 사사건건 크고 작은 모든 일에 대해 주님과 대화하며 기도하는 모습은 너무나 아름답고 멋집니다.

우리도 모세를 본받으면 좋겠습니다. 사업을 할 때, 직장이나 학교에 들어갈 때, 자녀를 낳아 키울 때, 집안일을 할 때, 진로를 모색할 때, 공부를 할 때, 우리가 하는 모든 일 앞에서 주님을 의지하며 속속들이 주님과 이야기 나눌 수 있으면 좋겠습니다. 모세가 이렇게 이야기했을 때 하나님께서 어떻게 대답하셨을까요? 친구끼리 서로 이야기하는 것처럼 주거니 받거니 하며 편하게 이야기하셨습니다.

"여호와께서 이르시되 내가 친히 가리라 내가 너를 쉬게 하리라"(출 33:14).

모세의 간청에 하나님께서는 "걱정하지 마라. 내가 너와 언제나 같이 갈 것이다. 그렇게 불안해하지 말고 마음 편히 가져라!"라고 말씀하십니다. 모세에게 앞으로 가야 할 길과 펼쳐질 삶에 대해 마음의 확신과 은총을 주셨습니다. 만약 여러분이 주님과의 만남 속에서 이런 음성을 들었다면 어땠을까요? 삶이 얼마나 평안하고 자신감 넘치고 즐겁고 행복하겠습니까? '아, 오늘도 주님이 나와 함께하시는구나! 주님이 나에게 힘을 주시는구나!' 하며 주님과의 만남을 수시로 가지려 할 것입니다.

> "모세가 여호와께 아뢰되 주께서 친히 가지 아니하시려거든 우리를 이곳에서 올려 보내지 마옵소서"(출 33:15).

주님께서 방금 전에 함께 가겠다고 말씀하셨음에도 불구하고 모세는 "만약 주님께서 같이 가지 않으시면 저도 가지 않겠습니다!"라고 말하고 있습니다. "주님이 가셔야지, 어떻게 저 보고 이 백성들을 데리고 혼자 가라고 하십니까?"라며 다시 한번 확인하려 합니다. 이렇듯 하나님은 어떤 이야기든 들어주시는 친근한 우리의 아버지십니다. 16절을 보십시오.

> "나와 주의 백성이 주의 목전에 은총 입은 줄을 무엇으로 알리이까 주께서 우리와 함께 행하심으로 나와 주의 백성을 천하 만민 중에 구별하심이 아니니이까"(출 33:16).

이는 "이 험하고 어려운 길, 주님이 저와 같이 가셔야지요. 꼭 같이 가셔야 합니다. 그래야 제가 이 어려움을 잘 극복하고 나아갈 수 있습니다. 주님이 같이 가셔야만 제가 주님의 은총을 입었다는 것을 알게 할 수 있습니다. 그러니 주님! 꼭 저와 같이 가 주십시오."라고 말하는 것입니다. 그랬더니 여호와께서 무엇이라 응답하십니까? 같이 가 주신다고 대답하십니다(출 33:17). 하나님과 만난 후 모세의 얼굴에는 광채가 났습니다. 영광스러운 하나님과 만나 대화하고 나왔기 때문입니다.

복잡한 일상에서 잠시 떠나 조용한 곳에 앉아 주님을 만나 보십시오. 기도원이든 침실이든 주방이든 사무실이든 자동차 안이든 다 좋습니다. 주님께 "주님, 제가 어떻게 해야 할지 모르겠습니다. 주님께서 도와주십시오. 저하고 이야기 좀 해요!"라고 말씀드려 보십시오. 그러면 주님의 구름 기둥이 우리 앞으로 내려올 것입니다. 그러면 그때부터 우리가 하고 싶은 이야기를 하고, 잠시 조용히 눈을 감고 묵상하며 우리에게 말씀하시는 주님의 음성을 듣습니다. 이것이 바로 '조용한 시간'입니다.

모세는 어떻게 40년이라는 긴 세월을 성공적으로 살아갈 수 있었을까요? 바로 이런 주님과의 조용한 시간이 있었기 때문입니다. 우리에게도 이런 시간이 있어야 합니다. 모세가 여호와를 만난 것처럼, 여호수아가 하나님을 만난 것처럼 우리에게도 주님과 친밀하게 대화하는 시간이 필요합니다. 내일이 아니라 오늘부터, 지금 이 순간부터 주님과 만나야 합니다. 사는 날 동안 계속해서 이런 시간을 쌓아 가며 평생 동안 훈련해야 합니다. 그러면 언제 어디서든 주님과 대화하는 일이 자연스럽게 생활화되어 친근한 삶을 살 수 있습니다. 그렇게 되면 이런 시간으로 인해 우리의 인생길이 평탄하고 재미있을 것입니다. 친구와 이야기하듯 주님과 교제하며 살아가는 일상 덕분에 우리의 삶이 더욱 행복하고 즐거워지리라 확신합니다.

2

조용한 시간이란

"우리가 보고 들은 바를 너희에게도 전함은 너희로 우리와 사귐이 있게 하려 함이니 우리의 사귐은 아버지와 그의 아들 예수 그리스도와 더불어 누림이라" 요일 1:3

교회에서 학생들이 연주하는 현악 사중주를 들은 적이 있습니다. 연주가 너무도 아름다워 눈을 떼지 못하고 끝까지 감상했던 기억이 납니다. 그들이 그렇게 아름다운 소리를 낼 수 있었던 이유 중 하나가 무엇일까요? 바로 연주 전 리허설 때 악기 조율을 제대로 했기 때문입니다. 악기를 조율할 때의 소리는 굉장히 시끄럽고 불편합니다. 그러나 그 과정이 힘들다고 해서 조율이 안 된 악기로 연주를 하면 화음도 맞지 않고 전체 연주도 엉망이 될 것입니다. '조용한 시간'이란 바로 악기 조율 과정과 같습니다. 각자가 지닌 자기의 악기를 잘 조율할 때, 깨끗하고 아름답고 정확한 소리가 나올 뿐 아니라 전체적으로 조화롭게 연주할 수 있습니다.

앞 장에서는 출애굽기 33장의 말씀을 통해 모세가 하나님을 만났을 때의 모습을 상상해 보았습니다. 여러분은 그 말씀을 읽을 때 어떠셨나요? 저는 출애굽기 33장으로 설교하면서 큰 은혜를 받았습니다. 모세는 진 밖에 회막을 따로 쳐 놓고 정기적으로 그곳으로 가서 여호와를 만났습니다. 그때마다 여호와께서는 구름 기둥과 함께 회막에 내려오셨습니다. 회막 안에서 모세와 여호와 하나님이 서로 친밀하게 이야기를 나누는 모습을 상상하며 말씀을 읽으니 큰 감동이 밀려왔습니다.

또한 모세를 따라다니며 수종을 들던 젊은 여호수아가 모세가 진으로 돌아간 뒤에도 하나님의 은혜를 사모하여 회막을 떠나지 않은 모습도 인상적이었습니다. 어렸을 때부터 모세를 도우면서 여호와 하나님과 가진 친밀한 시간들이 쌓여서 여호수아의 신앙을 여물게 했을 것입니다.

어렸을 때부터 여호수아는 주님과 만나는 '조용한 시간'을 가졌습니다. 그리하여 모세 시대가 끝나고 여호수아가 어른이 되었을 때 그는 당당하게 자신의 시대를 열었습니다. 우리 자녀들도 어려서부터 신앙생활의 가장 중요하고 기본이 되는 '조용한 시간'을 훈련한다면 그리스도인으로서 우리 세대를 이어 그들의 시대를 당당하고 아름답게 시작할 수 있을 것입니다.

하나님과 교제하는 시간

앞 장에서는 '조용한 시간'을 하나님과 만나는 시간이라고 정의했습니다. 이번에는 요한일서 1장 3절에 나타난 '조용한 시간'의 의미를 생각해 보려고 합니다.

"우리가 보고 들은 바를 너희에게도 전함은 너희로 우리와 사귐이 있게 하려 함이니 우리의 사귐은 아버지와 그의 아들 예수 그리스도와 더불어 누림이라"(요일 1:3).

신앙생활은 한마디로 말하면 '사귐'입니다. 이 말씀에는 두 종류의 사귐이 나옵니다. 첫 번째 사귐은 "너희로 우리와 사귐이 있게"라는 말씀에서 알 수 있듯 '성도들 간의 사귐'을 말합니다. 성도들 간의 사귐의 전제는 무엇일까요? 그것은 바로 이어서 나오는 '하나님과 예수 그리스도와의 사귐'입니다. 다시 말해 성도들 한 사람 한 사람이 하나님과 그의 아들 예수 그리스도와 깊게 사귀다 보면 결국 성도 간에도 더욱 깊이 사귈 수 있다는 뜻입니다. 우리 교회 성도들끼리, 또 옆 교회 성도들과 함께, 더 나아가 우리나라의 모든 그리스도인과 사귀게 됩니다. 뿐만 아니라 온 세계 열방의 백성들이 하나님과 예수 그리스도를 중심으로 깊은 사귐을 가질 수 있습니다.

낯선 곳을 여행하다가 다음과 같은 경험을 한 번쯤은 해 보았을 겁니다. 옆에 앉은 사람과 한참 이야기를 나누다 보니 상당히 친숙한 느낌이 듭니다. 조금 더 이야기를 나누어 보니 그 사람도 예수님을 믿는 사람입니다. 우연히 만났는데 예수님을 믿는 그리스도인이라는 말을 듣고 나면 마치 오래전부터 잘 알던 사람처럼 더욱 친근하게 느껴집니다.

제가 처음 미국에 갔을 때입니다. 처음 타국에 가니 아는 사람 하나 없이 무척 외로웠습니다. 일주일 동안 외롭게 지내다 주일에 예배를 드리러 교회에 갔습니다. 교회로 들어가 예배실로 걸어가는데 멀리서 오르간 반주가 들리지 않겠습니까? 순간 가슴이 찡했습니다. 처음으로 미국 사람들 속에서 예배를 드렸는데, 찬송가를 부른 후 기도를 드리고 성경을 봉독했습니다. 목사님 말씀 선포 이후 축도까지 모든 예배 순서가 아주 친숙하게 느껴졌습니다. 언어도 다르고,

문화도 다르고, 얼굴빛과 눈동자 색깔마저 다른 사람들 속에서 드린 예배였지만, 그리스도 안에서 우리 모두가 한 가족이라는 것을 느낀 시간이었습니다. 하나님과 예수 그리스도와의 사귐이 있었기에 곧바로 우리 모두가 형제라는 사실을 확인할 수 있었습니다. 이것이 바로 사귐이며, 신앙생활입니다.

저는 모든 그리스도인들이 하나님을 사랑하고, 하나님과 친하게 지내면 좋겠습니다. 그래서 목사의 도움 없이도 신앙생활을 잘할 수 있으면 좋겠습니다. 그렇게 되려면 무엇보다 '조용한 시간'이 필요합니다. 언제 어디서, 누구와 함께 지내든 주님과의 '조용한 시간'을 가지면 외롭지 않습니다. 영적으로 강건하고 풍성할 수 있습니다. 항상 주님과의 만남을 우선으로 여기며 산다면 어디서건 신앙의 즐거움을 누릴 수 있습니다. '조용한 시간'이 우리에게 매우 중요한 일임을 꼭 기억하십시오.

하나님과 대화하는 시간

'조용한 시간'은 하나님과 대화하는 시간입니다. 우리가 주님과 전화 통화를 한다고 생각해 보십시오. 전화기는 듣는 부분과 말하는 부분이 따로 분리되어 있습니다. 전화기의 듣는 부분은 우리가 성경을 펴 놓고 하나님이 우리에게 전하는 메시지를 들을 수 있도록 잠잠히 기다리는 일에 해당합니다. 하나님의 말씀을 잘 듣고 이해한 후에는 우리 쪽에서 기도를 통해 하고 싶은 이야기를 전합니다. 이는 전화기에서 말하는 부분에 해당합니다. 이렇게 주님과 우리가 통화하듯 친밀하게 교제하는 시간이 '조용한 시간'입니다.

미국에서 한국으로 돌아온 후, 저는 미국에 사는 자녀들에게 전화를 걸곤 했습니다. 수화기에서 연결음이 들리면 '누군가 전화를 받겠지?' 싶어서 기다립니다. 하지만 때로는 아무도 전화를 받지 않을 때가 있습니다. '지금 그곳은 밤 9시 30분인데, 이 아이들이 다 어디 갔을까? 오늘 늦게 들어오는 날인가?' 하며 걱정합니다. 한 시간쯤 지나 전화를 다시 걸었는데도 아무도 안 받으면 마음이 초조해집니다. 그러나 제가 전화를 걸었을 때 "여보세요?"라는 또렷한 목소리가 들려오면 마음이 놓입니다. 목소리만으로도 마음이 벅차오릅니다. 분명히 우리는 태평양을 사이에 두고 멀리 떨어져 있지만, 마치 서울 시내에서 통화하는 것처럼 또렷하고 분명한 목소리로 이야기를 나눌 수 있습니다. 아이들의 목소리를 들으며 저도 제 이야기를 하고, 아이들도 미국에서의 일상을 들려줍니다. 이렇게 서로 대화하다가 인사를 하고 끊으면 마음이 정말로 흐뭇합니다.

'조용한 시간'도 이와 같습니다. 이 시간은 주님께 전화를 걸어 긴밀하고 정다운 대화를 나누는 시간입니다.

주님을 닮아 가는 시간

부부는 서로 닮아 간다고 말합니다. 정말 그런 것 같습니다. 오랜 시간을 함께 살다 보니 서로의 성품이나 모습을 닮아 갑니다. 저희 부부도 그렇습니다. 아내와 저는 성격이 아주 다른데도 지금은 아내가 무어라 한 마디만 해도 어떤 의미인지 척하고 알아차립니다. 어떤 때는 별말을 하지 않았는데도 눈치만 보고도 상황 파악이 다 됩니다. 여러 해 동안 같이 살면서 자주 이야기하고, 오랜 시간을 함께하니 상대의 생각과 성향, 바람 등을 잘 알 수 있습니다. 주님과의 만남에서도 이러한 원리가 똑같이 적용됩니다. 주님과 정기적으로 만나는 시간을 갖는 것은 우리의 신앙생활에 많은 도움을 줍니다. 특히 주님을 닮아 가는 데 있어서 탁월한 훈련이 됩니다. 고린도후서 3장 18절 말씀을 통해 이 의미를 깊이 생각해 보겠습니다.

"우리가 다 수건을 벗은 얼굴로 거울을 보는 것 같이 주의 영광을 보매 그와 같은 형상으로 변화하여 영광에서 영광에 이르니 곧 주의 영으로 말미암음이니라"(고후 3:18).

우리가 주님과 만나는 것이 '수건을 벗은 얼굴로 거울을 보는 것 같다'고 말씀합니다. 여기서 '수건'이란 우리가 일상에서 사용하는 얼굴 닦는 '타월(towel)'이 아닙니다. 아랍 사람들, 특히 아랍 여인들은 천으로 머리와 얼굴을 가립니다. 이를 '베일(veil)'이라고 합니다. 이 말씀에서의 수건은 아랍 사람들이 머리에 쓰는 베일을 의미합니다. 베일이 눈앞을 가리고 있으면 잘 안 보이는 것이 당연합니다. 그런데 우리가 주님을 만날 때는 그 베일을 벗은 채 얼굴을 맞대고 서로 바라볼 수 있다는 뜻입니다. 이 말씀은 '우리가 다 베일을 벗은 얼굴로'라고 번역해도 좋을 것입니다.

그렇다면 그때가 되어 우리가 베일을 벗고 무엇을 보는 것일까요? 바로 '주님의 영광(the glory of the Lord)'입니다. 아름답고 영광스러운 예수 그리스도를 직접 바라보는 것입니다. 한참을 바라보면 '그와 같은 형상'으로 변화한다고 말씀합니다. 여기서 '그'는 예수님을 가리킵니다. 즉, 우리가 예수님과 같은 형상으로 변한다는 뜻입니다.

"영광에서 영광에 이르니"라는 말은 무슨 뜻일까요? 우리가 예수님을 처음 믿었을 때의 모습은 비천했습니다. 왜냐하면 그동안 세상에서 살며 하나님을 모른 채 영적으로 아주 어두운 죄인의 삶을 살았기 때문입니다. 그러나 예수님을 만난 후 주님과 친밀하게 사귀면서 1단계 영광에서 2단계 영광으로, 그 후에는 3단계 영광으로 점차 변해 갑니다. 예수님을 잘 믿는 사람들의 얼굴을 보십시오. 편안하고 환하고 아름답고 안정감이 있어 보입니다. 사는 것이 참 재미있고 즐거워 보입니다. 영광에서 영광으로 점점 발전하고 나아져 가는 것입니다. 우리는 점차 영광스럽게 변해 가다가 예수님을 다시 만나는 그때 완전히 예수님의 형상처럼 됩니다.

오래전에 외국에서 공부를 마치고 박사 학위를 취득한 후 대학 교수로 갓 부임한 사람을 만난 적이 있습니다. 그를 처음 만났을 때는 무척이나 초췌해 보였습니다. 그런데 노총각이었던 그가 몇 달 후 결혼을 하더니 한두 달이 지나면서 빛이 나기 시작했습니다. 1년 정도 지난 후에는 얼마나 멋진 사람이 되었는지 모릅니다. 예전에는 아무 넥타이나 맸는데, 결혼 후에는 색깔과 디자인을 고르는 감각이 아주 탁월해졌음을 느꼈습니다. 솔직히 '저 교수는 박사 공부 하느라 옷 입는 것은 신경을 못 썼나 보네!'라고 생각할 정도로 옷차림이 형편없었는데, 결혼 후에는 멋진 패션 스타로 변했습니다. 아내를 잘 만나 그렇게 멋진 모습으로 변한 것입니다.

우리 그리스도인도 마찬가지입니다. 예수님을 믿기 전에는 말투가 거칠고 험해 듣는 사람이 불편하고 거북했을지라도 예수님을 믿은 후에는 입이 깨끗해져서 말투가 부드럽고 단정해집니다. 선한 말을 하고 다른 사람을 세워 주는 은혜로운 말을 하게 됩니다. 얼굴 표정을 보아도 무언가 달라져 있습니다. 예전에는 딱딱하고 날카롭던 사람이었는데, 주님을 만난 후에는 다른 사람들을 부드럽고 다정하게 대합니다. 매일 불평하는 일이 다반사였던 사람도 예수님을 믿고 나서는 감사와 찬양으로 가득한 삶을 삽니다. 영광에서 영광으로 변하는 것입니다. 이것이 바로 예수님을 닮아 가는 과정입니다.

한번 생각해 보십시오. 1년 365일 한 번도 샤워를 하지 않은 사람과 일주일에 한두 번씩 꼬박꼬박 샤워를 한 사람의 몸에서 나는 냄새가 같을까요? 오래전에 웜브란트라는 루마니아 목사를 만난 적이 있습니다. 그는 14년 동안 감옥에 갇혀 살았는데 그 기간 동안 한 번도 목욕을 할 수 없었다고 합니다. 감옥에서 나와 거울을 보니 얼굴이 완전히 새까맣고 손에도 딱지 같은 것이 붙어 있었다고 합니다.

우리 중에 14년 동안 세수를 하지 않는 사람이 있을까요? 물론 없겠지요. 그러나 우리 중에 일주일에 한 번만 영혼의 세수를 하는 사람은 있을 겁니다. 혹은 두세 번 세수를 하기도 합니다. 수요일과 주일 저녁까지 포함하면 두세 번은 되겠지요. 그런데 어떤 사람은 매일 아침저녁으로 영혼의 세수를 합니다. 여러분은 어떻습니까? 아침저녁뿐만 아니라 차를 타고 가면서, 점심 먹고 잠깐이라도 돌아서서,

수시로 영혼의 세수를 하나요? 날마다, 그것도 수시로 주님을 만나 주님의 거울에 자기의 얼굴을 비추어 보고 때를 닦는 사람과 그렇지 않은 사람은 얼마나 많은 차이가 날까요?

저와 아내는 두 살 차이입니다. 어느 날 아침에 세수를 한 후 서로를 마주 보면 제가 열 살은 더 많아 보입니다. 저는 얼굴도 변변치 않고 주름살도 많은 데다 얼굴에 관심도 없어서 잘 닦지 않기 때문입니다. 아내는 그런 저에게 자주 좀 닦으라고, 닦으면 그래도 조금은 낫다고 말합니다. 바로 그런 것입니다. 똑같은 얼굴이라도 자주 닦은 사람과 닦지 않은 사람은 차이가 날 수밖에 없습니다. 어떤 사람은 얼굴에 정성을 들이니 나이에 비해 훨씬 젊어 보이기도 합니다.

제 사촌 누님 중 한 분은 85세 때 65세 정도로 보였습니다. 저희 어머니도 사촌 누님과 동갑이셨는데, 어머니는 본인 나이만큼 들어 보이셨습니다. 사촌 누님은 왜 그리 젊어 보일까 하고 생각해 보았습니다. 제가 학생 때 가끔 그 집에 놀러 가서 본 광경들이 떠올랐습니다. 그때는 누이가 얼굴에 무언가를 얹어 놓고 누워 있었습니다. 오이와 계란을 이용한 마사지를 하고 있었던 것입니다. 젊었을 때부터 그렇게 열심히 관리를 하니 85세 때도 동갑인 저희 어머니와 확연하게 차이가 날 수밖에 없었던 것입니다.

주님과 만나는 '조용한 시간'이란 무엇입니까? 얼굴과 얼굴을 맞대고 주님의 아름다운 모습을 바라보면서 내 모습을 그분처럼 가꾸는 시간입니다. 우리가 주님을 정기적으로 만나서 대화하면, 우리의 모습이 영광스러운 예수 그리스도의 모습을 닮아 가게 됩니다. 그리스도인들이 평안한 생활을 할 때, 주변 사람들은 저 사람은 무엇 때문

에 저렇게 평안한 모습일까 하고 궁금해합니다. 그럴 때 우리는 자연
스럽게 우리 안에 계신 예수 그리스도를 소개할 수 있을 것입니다.

제가 IBM에 다니는 한 성도에게 들은 이야기입니다. 자신의 삶은
무미건조하고 불안하고 짜증스러운데 유독 얼굴이 밝고 편안해 보
이는 동료가 있었다고 합니다. 그래서 한번은 쉬는 시간에 그에게 다
가가 "항상 마음이 편안한 것 같은데 이유가 뭔가요?"라고 물었다
고 합니다. 그랬더니 그 비밀을 알고 싶으면 퇴근 후에 자기와 만나자
고 하더랍니다. 그날 그는 동료를 만나 함께 저녁을 먹으며 이야기를
나눴습니다. 동료는 자기 얼굴이 늘 평안하고 밝아 보이는 것은 자기
마음속에 계시는 예수님 덕분이라고 말하며 복음을 전해 주었습니
다. 그리하여 그는 그날로 예수님을 영접하고 믿게 되었답니다.

날마다 주님을 만나는 한 사람 덕분에 다른 사람이 예수님을 믿
고 구원을 받습니다. 날마다 영광에서 영광으로 변해 예수님을 닮아
가는 과정, 그것이 주님을 만나는 시간입니다. 로마서 12장 2절 말씀
을 살펴보겠습니다.

"너희는 이 세대를 본받지 말고 오직 마음을 새롭게 함으로 변화를 받
아 하나님의 선하시고 기뻐하시고 온전하신 뜻이 무엇인지 분별하도
록 하라"(롬 12:2).

이 말씀을 통해 깨닫게 되는 주제는 크게 두 가지입니다. 첫 번째
는 마음이 새롭게 변한다는 것입니다. 주님의 말씀을 자주 듣고 주
님과 만나 교제하면 그 마음과 생각과 인생관이 새로워집니다. 두 번

째는 그 결과로 우리가 하나님의 뜻을 분별하게 됩니다. 하나님이 원하시는 것을 잘 알고 그대로 행하며 살 때, 그의 삶은 주님 보시기에 기쁘고 아름다우며 성공적이라고 할 수 있습니다.

삶을
인도해 주시는 시간

성경 속에는 '조용한 시간'에 만난 주님의 말씀을 통해 삶을 인도받아 성공한 인물들이 등장합니다. 우리도 살다 보면 때때로 무엇을 해야 할지, 어디로 가야 할지, 언제 어떻게 행해야 할지 잘 알지 못할 때가 있습니다. 이 모든 것을 하나님께서 친히 가르쳐 주시는 시간이 바로 '조용한 시간'입니다. 즉, 우리가 무엇을 해야 할지, 어디로 가야 할지, 언제 어떻게 행해야 할지를 주님의 말씀으로 인도받는 시간인 것입니다. 시편 119편은 우리 인생의 길잡이가 되시는 주님의 말씀을 찬양하는 시입니다.

"주의 말씀의 맛이 내게 어찌 그리 단지요 내 입에 꿀보다 더 다니이다 주의 법도들로 말미암아 내가 명철하게 되었으므로 모든 거짓 행위를 미워하나이다 주의 말씀은 내 발에 등이요 내 길에 빛이니이다"(시 119:103-105).

"나의 발걸음을 주의 말씀에 굳게 세우시고 어떤 죄악도 나를 주관하지 못하게 하소서"(시 119:133).

우리는 주님과 만나는 조용한 시간에 말씀을 통해 우리가 가야 할 길을 알게 됩니다. 주님을 만나는 시간은 말씀의 달콤한 맛을 느끼는 시간입니다. 말씀은 우리를 죄악에 빠지지 않도록 믿음 위에 굳건히 세워 줍니다. 이렇듯 조용한 시간이란 하나님과 만나는 시간이며, 교제하고 대화하는 시간입니다. 또한 주님을 닮아 감으로써 영광에서 영광으로 변화되는 시간이며, 삶의 인도를 받는 시간입니다.

가끔 조용한 시간을 잊는다 해도 포기하거나 체념하지 마십시오. 지속적이고 성실한 자세로 주님과 만나는 습관을 훈련하십시오. 저는 성도들에게 그 이상 바라지 않습니다. 그런 시간과 훈련을 통해 성도들이 주님과 가까워지면 굳이 사역자를 의지하지 않아도 될 것입니다. 사역자도 예수님을 닮아 가고, 성도들도 예수님을 닮아 간다면, 그리하여 모든 성도가 주님을 닮아 가는 중에 서로 교제한다면 얼마나 아름답고 귀하겠습니까?

왜, 그리고 어떻게

"너희는 내 얼굴을 찾으라 하실 때에 내가 마음으로 주께 말하되 여호와여 내가 주의 얼굴을 찾으리이다 하였나이다 주의 얼굴을 내게서 숨기지 마시고 주의 종을 노하여 버리지 마소서 주는 나의 도움이 되셨나이다 나의 구원의 하나님이시여 나를 버리지 마시고 떠나지 마소서 내 부모는 나를 버렸으나 여호와는 나를 영접하시리이다 여호와여 주의 도를 내게 가르치시고 내 원수를 생각하셔서 평탄한 길로 나를 인도하소서 내 생명을 내 대적에게 맡기지 마소서 위증자와 악을 토하는 자가 일어나 나를 치려 함이니이다 내가 산 자들의 땅에서 여호와의 선하심을 보게 될 줄 확실히 믿었도다 너는 여호와를 기다릴지어다 강하고 담대하며 여호와를 기다릴지어다" 시 27:8-14

왜 우리가 '조용한 시간'을 가져야 할까요? 또한 '조용한 시간'에는 어떤 태도로 임해야 할까요? 조용한 시간을 가지는 이유와 방법을 제대로 알 때 하나님과의 만남이 깊어집니다.

조용한 시간을 가져야 하는 이유

첫째, 하나님께서 원하시기 때문입니다. 먼저 요한복음 4장 23-24절 말씀을 살펴보겠습니다. 하나님께서 우리에게 바라시는 모습을 자세히 설명하고 있는 말씀입니다.

"아버지께 참되게 예배하는 자들은 영과 진리로 예배할 때가 오나니 곧 이 때라 아버지께서는 자기에게 이렇게 예배하는 자들을 찾으시느니라 하나님은 영이시니 예배하는 자가 영과 진리로 예배할지니라"(요 4:23-24).

하나님께서는 조용한 가운데 진심으로, 영적으로 예배하는 사람들을 찾으십니다. 영어 성경에서는 "God is seeking(하나님께서 찾고 계신다)"이라는 현재 진행형 표현을 썼습니다. 아주 잘된 번역입니다. 하나님께서는 예나 지금이나 우리와 만나길 원하십니다. 진정으로 예배하는 우리를 찾으십니다. 그러므로 우리가 주님께 나아가는 것이 마땅합니다. 우리가 예배를 드리는 것은 하나님께서 예배하는 사람을 찾으시기 때문임을 기억하십시오.

둘째, 하나님께서 명령하시기 때문입니다. 시편 27편은 제가 참 좋아하는 말씀으로, 언제 읽어도 은혜가 넘칩니다. 한 절 한 절이 아주 은혜롭습니다. 그중 8절 말씀이 특별히 은혜롭게 다가옵니다.

"너희는 내 얼굴을 찾으라 하실 때에 내가 마음으로 주께 말하되 여호와여 내가 주의 얼굴을 찾으리이다 하였나이다"(시 27:8).

하나님께서 "내 얼굴을 찾으라"고 말씀하신 것은 그분 자신을 찾으라는 의미입니다. 가령 누군가에게 손을 내민다고 했을 때, 그것은 진짜 손을 내민다기보다는 당신의 친구가 되겠다는 뜻인 것처럼 말입니다. 성경에는 이처럼 부분적으로 비유하고 상징하는 표현이 자주 나옵니다.

8절에서 하나님께서는 우리에게 "내 얼굴을 찾으라", 즉 '나를 찾으라'고 명령하셨습니다. 왜 이런 명령을 하셨을까요? 하나님께서 우리를 만나고 싶어 하시기 때문입니다. 우리와의 만남이 좋으시기 때문입니다. 우리는 늘 위급하고 힘들 때 하나님을 찾지만 하나님은 늘 우리와 만나는 것을 좋아하고 기다리십니다. 자신이 친히 창조한, 사랑하는 자녀들이 하나님을 찾을 때 얼마나 기쁘시겠습니까? 그래서 이런 명령을 하시는 것입니다. 그럴 때 우리가 "오, 여호와여! 제가 여호와의 얼굴을 찾으리이다!"라고 응답하면 하나님께서는 무척 기뻐하십니다. 따라서 우리에게는 하나님을 찾고 만나는 '조용한 시간'이 더욱 필요합니다. 이제 14절을 살펴보겠습니다.

"너는 여호와를 기다릴지어다 강하고 담대하며 여호와를 기다릴지어다"(시 27:14).

"여호와를 기다릴지어다"라는 말씀은 조용히 앉아 주님께서 나를 찾아와 대화해 주시기를 간절히 바라며 잠잠히 기다리라는 뜻입니다. "강하고 담대하며 여호와를 기다릴지어다"라는 말씀은 어린 손자가 아무 스스럼없이 할아버지 품에 달려가 안기는 것처럼 주저하지 말고 하나님을 찾으라는 명령입니다. 8절 말씀과 같은 맥락입니다.

셋째, 하나님께서 감동하시기 때문입니다. 이 말은 '하나님의 감동으로 나도 주님과 대화하기를 원하게 된다'라고 고쳐 쓸 수 있습니다. 주님을 믿는 사람의 심정을 탁월하게 표현한 시편 42편 1절 말씀을 살펴보겠습니다.

"하나님이여 사슴이 시냇물을 찾기에 갈급함 같이 내 영혼이 주를 찾기에 갈급하니이다"(시 42:1).

우리가 주님을 찾기에 갈급해하는 심정을 목마른 사슴에 비유하고 있습니다. 사슴이 언제 목마를까요? 호랑이나 사자 같은 맹수가 쫓아와 사력을 다해 도망치다 지쳐서 쓰러지기 직전, 그때 목이 마릅니다. 목이 탑니다. 그리스도인도 동일합니다. 세상을 살면서 연약한 사슴처럼 산으로 들로 광야로 뛰어다니며 쫓길 때가 있을 것입니다. 인생의 굽이굽이를 지나며 겪는 숱한 고난을 이겨 내느라 혼자 이리저리 뛰어다니다 보면 목마른 사슴처럼 갈급한 심정을 갖게 됩니다. 그럴 때 주님을 찾습니다. 주님을 만나 대화하고 싶고 주님의 채워 주심을 통해 삶의 안정감을 느끼고 싶어집니다.

여러분에게는 목마른 사슴과 같은 순간이 많습니까? 절박하고 갈급한 마음으로 주님 앞에 나아와 기도하고, 말씀을 통해 위로와 용기를 얻으십시오. 그럴 때 비로소 우리는 영혼의 목마름을 해소하고 참된 평안을 누리게 됩니다. 분명한 것은 하나님께서도 우리와의 '조용한 시간'을 원하시고 명령하시지만, 우리 역시 '조용한 시간'을 간절히 원하는 존재라는 사실입니다. 이 시간이 없다면 우리에게 참된 평안과 회복은 있을 수 없습니다. 그러므로 기회가 있을 때마다 주님을 찾고 그분과 대화하는 시간을 가져야 합니다.

첫째, 무엇인가를 얻으려는 태도를 피하십시오. 우리가 조용한 시간을 통해 얻는 것은 셀 수 없이 많습니다. 기도 응답을 받을 수 있고, 세상이 줄 수 없는 평안을 얻습니다. 이뿐만이 아닙니다. 위로를 받고, 용기를 얻을 수 있습니다. 영적인 건강을 얻으며, 담대한 힘과 하나님께로부터 오는 지혜까지 얻을 수 있습니다. 물론 우리가 구할 것과 구해야 할 것도 많습니다.

그러나 우리가 하나님 앞에 나아갈 때는 이런저런 축복을 받으려 하기보다는 하나님께 무언가를 드리려고 해야 합니다. 하나님을 만남으로써 주어지는 부수적인 축복을 구하는 것이 아니라, 하나님 그분을 우선순위로 찾고 우리를 하나님께 전적으로 드려야 합니다. 하나님께서 우리에게 주시는 것들을 다이아몬드나 진주에 비유한다면, 하나님은 그 모든 보물을 담고 있는 귀한 보석함이십니다. 하나님이 주시는 축복이 아니라, 하나님을 찾고 구해야 합니다. 우리가 하나님을 찾음으로써 그분과 더욱 친밀해질 때 나머지 축복은 자연스럽게 따라올 것입니다.

둘째, 무엇인가를 드리려는 태도를 취하십시오. 조용한 시간에 주님을 만나면 무엇을 드려야 할까요? 먼저 감사를 드려야 합니다. 감사의 내용들을 찾아서 하나님께 감사드리면 우리 마음이 환해지는 것 같고 기쁨과 즐거움이 가득해집니다. 어느새 근심도 사라집니다.

감사로 가득 채우니 불평이 있을 자리가 없습니다. 사랑을 선택하니 미움이 자리할 수가 없습니다.

감사는 선택이기도 하지만, 하나의 습관이며 훈련입니다. 감사해 보지 않은 사람은 감사하며 사는 것이 아주 힘듭니다. 그래서 감사하는 훈련이 필요합니다. 주님과 조용히 만나는 시간에 감사할 내용을 한 가지씩 생각해 보십시오. 오늘 하루 생명을 주신 것, 호흡을 주신 것, 건강을 주신 것, 가족과 함께할 수 있게 해 주신 것 등 너무나 많습니다. 우리가 들숨, 날숨을 쉬며 호흡하는 것이 사소해 보입니까? 기관지나 폐가 나쁜 환자는 편하게 숨 한 번 쉬는 것이 얼마나 힘들고 간절한 일인지 모릅니다. 아무 고통 없이 숨을 편히 들이쉬었다 내쉬는 것만으로도 참 감사한 일입니다.

수요 예배를 드릴 수 있는 것도 얼마나 감사한 일입니까? 어떤 성도는 마음은 간절해도 도저히 형편이 안 되어서 참석하지 못할 수 있습니다. 또 어떤 성도는 상황과 형편은 되지만 예배를 드리고자 하는 마음이 없고 믿음이 약해 참석하지 않습니다. 의무감이 아닌 간절히 원하는 마음으로 수요 예배를 드린다면 이 얼마나 큰 축복이고 감사입니까? 이처럼 감사의 내용은 찾기 시작하면 끝이 없습니다. 항상 감사의 내용들을 찾아보고, 주님께 감사하는 마음으로 나아가기를 간절히 소망합니다.

감사 다음으로는 주님께 찬양을 드려야 합니다. 다음은 우리가 너무도 잘 알고 자주 부르는 복음성가입니다. 가사가 참으로 은혜롭고 진솔합니다.

"찬양하라 내 영혼아 찬양하라 내 영혼아
내 속에 있는 것들아, 다 찬양하라.
감사하라 내 영혼아 감사하라 내 영혼아
내 속에 있는 것들아, 다 감사하라.
기뻐하라 내 영혼아 기뻐하라 내 영혼아
내 속에 있는 것들아, 다 기뻐하라."

우리 영혼은 하나님을 찬양할 때 진정으로 자유롭고 행복해집니다. 가슴이 탁 트이고, 평안과 기쁨이 찾아오고, 삶이 감격스러워집니다. 주님과 조용한 시간에 만나 감사와 찬양을 드리고 우리의 모든 것을 드릴 때, 하나님께서 우리의 모든 것을 풍족하게 채워 주십니다. 이렇게 살아야 합니다. 이만큼 드렸으니 이만큼은 받아야 한다는 식으로 계산해서는 안 됩니다.

감사, 찬양, 경배, 영광, 우리의 모든 생각과 마음까지 주님께 드리십시오. 우리의 모든 것을 드리면 주님께서 그보다 더 충만하고 넘치도록 채워 주실 것입니다. 우리의 생각이나 감정뿐만 아니라 고민까지도 주님께 드려야 합니다. 근심과 걱정을 모두 끌어안고 있으면 잠이 오지 않습니다. 식욕이 떨어지고 건강도 잃어버립니다. 주님을 만나 우리 안에 있는 근심과 걱정까지 모두 드리십시오.

우리가 주님의 얼굴을 찾고 주님만을 구할 때, 하나님께서는 놀랍고 풍성한 은혜로 채워 주십니다. 전심으로 하나님을 찾으며 우리의 모든 것을 드릴 때, 놀랍고도 넘치는 은혜로 축복해 주실 것입니다.

준비하고 만나자

"너는 기도할 때에 네 골방에 들어가 문을 닫고 은밀한 중에 계신 네 아버지께 기도하라 은밀한 중에 보시는 네 아버지께서 갚으시리라"

마 6:6

주님과 '조용한 시간'을 가졌던 성경 인물들에는 누가 있을까요? 또한 그들처럼 '조용한 시간'을 가지기 위해 우리가 준비해야 할 것은 무엇일까요?

조용한 시간을 가졌던 성경 인물

아브라함

창세기 19장 27절을 보면 아브라함이 아침 일찍 일어나 여호와 앞에 서 있던 곳으로 나아갔습니다. "여호와 앞에 서 있던 곳"이란 소돔과 고모라가 멸망하기 전, 천사들이 나타나서 아브라함을 만났던 상수리 수풀 근처입니다.

"아브라함이 그 아침에 일찍이 일어나 여호와 앞에 서 있던 곳에 이르러"(창 19:27).

아브라함은 전에 여호와 하나님과 마주 서서 이야기를 했던 것처럼 그곳에 가서 하늘을 향해 고개를 들고 여호와 하나님과 대화했습니다. 아브라함에게는 상수리 수풀 근처가 하나님을 만나는 지성소였습니다.

다니엘

다니엘 6장 10절에는 다니엘이 하루 세 번 무릎을 꿇고 창문 앞에서 기도했다고 기록되어 있습니다. 하나님과 만나는 시간을 하루에 세 번으로 정해 놓은 것입니다. 시간을 짐작하자면 아마도 아침, 점심, 저녁, 그렇게 세 번일 것입니다.

"다니엘이 이 조서에 왕의 도장이 찍힌 것을 알고도 자기 집에 돌아가서는 윗방에 올라가 예루살렘으로 향한 창문을 열고 전에 하던 대로 하루 세 번씩 무릎을 꿇고 기도하며 그의 하나님께 감사하였더라"(단 6:10).

예수 그리스도

예수 그리스도께서도 하루를 시작하기 전, 이른 새벽에 하나님과 만나 교제하셨습니다.

"새벽 아직도 밝기 전에 예수께서 일어나 나가 한적한 곳으로 가사 거기서 기도하시더니"(막 1:35).

현대인들은 근무 시간도 길 뿐만 아니라 다양한 활동을 하다 보니 취침 시간이 아주 늦습니다. 그러니 아침에 일어나는 것도 상당히 힘듭니다. 마가복음 1장 35절에서 보면, 예수님은 전날 아주 많은 사역을 하시고도 일찍 주무셨고 일찍 일어나셨습니다. 이른 새벽에 하나님과 만나 교제하기 위해서였습니다. 하나님과 교제하는 조용한 시간은 예수님께도 중요하기 때문이었습니다.

예수님뿐 아니라 전기가 없던 시절에는 해가 지면 금세 깜깜해졌기 때문에 사람들이 대체로 일찍 잠자리에 들었습니다. 대신 아침에는 일찍 일어날 수 있었습니다. 찰스 웨슬리(Charles Wesley, 1707-1788)와 존 웨슬리(John Wesley, 1703-1791)가 영국에서 큰 부흥 운동을 일으킬 때, 새벽 4시에 8만 명 앞에서 설교를 했다는 기록이 있습니다. 새벽 4시에 그렇게 많은 사람들이 모였다고 해서 참으로 의아했는데, 해가 지면 모두들 초저녁부터 일찍 잠자리에 들었으니 새벽 4시에 거뜬히 일어날 수 있었을 거라고 짐작됩니다.

제가 여기에 소개한 세 인물을 통해 깨달은 점이 있습니다. 이들은 먼저 하나님과 만나기 위한 계획과 준비를 다 해 놓고 나머지 일상생활을 했습니다. 우리는 어떻습니까? 공부 시간, 식사 시간, 노는 시간, 휴식 시간, 모임 시간 등을 우선으로 계획합니다. 그러나 신앙생활, 즉 경건하게 주님을 만나는 시간은 따로 떼어 놓지 않습니다. 생각날 때 즉흥적으로 혹은 급할 때만 주님을 찾기 일쑤입니다. 신앙생활도 다른 영역 못지않게 규칙적인 계획을 세우고 성실하게 해 나가려는 노력이 필요합니다. 계획을 세워 꾸준히 훈련하고 습관을 들이는 작업은 영적인 삶에 큰 유익을 가져다줄 것입니다. 제가 '노력'

이라는 단어를 쓴 이유는 어느 누구도 자기가 결심한 것을 완벽하게 지키고 해내지 못하기 때문입니다. 살다 보면 생각하지 못한 변수를 만나고, 수시로 나의 계획을 가로막는 복병이 나타나며, 예외도 생깁니다. 그렇기에 노력하고 또 노력하자고 강조한 것입니다.

주님과 만나는 시간을 정해 놓았을 때는 주의해야 할 일이 있습니다. 주님과 만나는 시간이 아무리 중요하다 해도 처음부터 무리하게 너무 긴 시간을 정하지 마십시오. 그렇게 하는 것은 현실적으로 어렵습니다. "주여, 제가 지금까지 이것을 못해 왔는데, 오늘부터는 예전에 못한 것까지 다 합해 하루에 두 시간을 꼬박 주님과 만나기로 서약합니다!"라고 무리해서 약속해서는 안 됩니다. 이렇게 해 놓고 감당하지 못하면 하나님께 거짓말을 한 것이 되어 죄책감을 느끼게 됩니다. 그럴 경우에는 자신에 대한 자괴감과 실패감에 휩싸일 수도 있습니다. 결국 하나님과 멀어질 위험도 생깁니다. 따라서 너무 무리한 계획은 삼가야 합니다.

하루에 어느 정도의 시간이면 적당할까요? 7분으로 시작하는 사람도 있습니다. 주님 앞에 앉아서 성경을 들고 30초 정도 기도합니다. 그날 성경 본문을 1분 정도 읽으면서 말씀 속에서 주님이 나에게 원하시는 바를 듣습니다. '오늘의 양식'과 같은 Q.T. 말씀은 읽는 것까지 3분 30초면 가능합니다. 그 후에 3분 정도 기도합니다. 이렇게 해서 주님과 7분 동안 만날 수 있습니다. 아무리 바쁜 사람이라 할지라도 7분 정도는 시간을 낼 수 있을 것입니다.

이렇게 7분씩 매일 주님을 만나다 보면 자연스럽게 삶에 변화가 일어납니다. 그러면 기도하는 시간이 3분으로는 부족하다는 것을 깨닮습니다. 말씀 묵상 시간도 더 필요해집니다. 이렇게 10분, 15분, 20분으로 조금씩 그 시간을 늘리게 됩니다. 제가 권하고 싶은 것은 짧은 시간을 내더라도 규칙적이고 꾸준하게 하라는 것입니다. 처음부터 욕심내서 무리하지 마십시오. 습관이 되도록 훈련하면서 시간을 조금씩 늘려 가면 됩니다. 그러면 7분 덕분에 하루 23시간 53분의 삶이 충만하고 행복해집니다.

조용한 시간을 위한 준비

첫째, 매일 정해진 시간을 갖습니다. 하나님과 매일 만나는 시간을 정하는 것이 좋습니다. 그 시간은 새벽이든 아침이든 저녁이든 상관없습니다. 많은 성도들이 아침 시간에 조용한 시간을 가지는 편입니다. 하지만 사람에 따라서, 성향과 체질과 형편에 따라서 각자에게 가장 적합한 시간으로 정하면 됩니다.

어떤 분은 저녁 8시만 되면 잠이 쏟아져서 정신을 못 차립니다. 제가 아는 장로님이 그러셨습니다. 어느 날은 이 장로님이 밤에 열리는 집회에서 예배 인도를 했습니다. 그런데 예배 인도를 잘 하고 나서 설교 시간이 되었는데, 앞줄에 앉아 꾸벅꾸벅 졸고 있는 것입니다. 다른 사람은 몰라도 저는 그 장로님을 잘 알기 때문에 이해했습니다. 그분은 바로 저의 형님이십니다. 형님은 예전부터 해가 지면 꼼짝 못했습니다. 그런데 새벽 4시만 되면 거뜬하게 일어나서 온갖 일을 다 해냅니다. 이런 체질을 가진 분에게는 이른 아침이 주님과 만나기에 가장 좋은 시간일 것입니다.

사람마다 'body clock(체내 시계)'이 다릅니다. 체내 시계란 하루 중 특정한 시간에 잠을 자야 하는 등으로 신체적인 자연 현상을 관장하는 몸의 기능을 말합니다. 이는 사람의 몸 상태를 규칙적이고 건강하게 유지시켜 주는 기능을 합니다. 이 체내 시계는 저마다 다르기 때문에 어떤 사람은 일찍 자고 일찍 일어나지만, 어떤 사람은 늦게 자고 늦게 일어나는 것이 더 편하고 건강에 좋습니다. 전자를 부지런한 '아침형 인간'이라고 부러워할 필요가 없고, 후자의 경우를 게으르다고 비난해서는 안 됩니다.

부모들은 늦게 자고 늦게 일어나는 자녀를 비난하거나 야단쳐서는 안 됩니다. 그러면 그 아이는 마치 자기가 큰 잘못을 한 것처럼 죄의식을 느끼고 열등감을 갖게 될 수 있습니다. 제가 재직했던 신학교에서도 그런 학생들이 있었습니다. 자기는 신체 리듬에 따라 좀 늦게 자고 늦게 일어나는데, 부모님은 일찍 자고 일찍 일어나는 아이들과 비교해 가며 게으르다고 비난하고 야단을 친 경우입니다. 이들 중에는 심리적으로 위축되고 자신감을 잃은 아이들이 많았습니다. 참으로 안타까웠습니다.

주님과 만나는 시간을 정하는 기본 원칙은 정신이 가장 맑고, 물리적으로 조용한 때를 선택하는 것입니다. 다른 사람이나 상황으로부터 방해받지 않는 시간이어야 합니다. '조용한 시간'을 가지기에 어느 시간이 가장 적합한지는 자신이 잘 알 것입니다. 그렇게 일단 시간을 정한 후에는 성실하게 그 약속 시간을 지키십시오. 꾸준하게 하다 보면 습관이 됩니다. 특별한 예외가 있기도 하겠지만, 매일 반복하는 훈련을 게을리하지 마십시오. 어쩌다가 불가피한 일도 생길 것입니다. 그런 경우는 예외입니다. 하나님께서도 그런 경우는 이해해 주실 것입니다. 그리고 정말 어쩔 수 없는 일이 생겨 주님과 만나는 시간을 못 지켰다고 해도 죄책감을 가지거나 죄의식으로 인해 괴로워하지 마십시오. 지나간 일은 잊고 다시 새롭게 주님과의 만남을 시작하면 됩니다. 계속해서 그 습관을 위해 훈련하고 노력하는 것이 중요합니다.

둘째, 집중력이 필요합니다. 집중력이 부족한 사람도 꾸준히 훈련하면 집중력이 늘 수밖에 없습니다. 집중하는 습관을 들이려는 노력이 무척 중요합니다. 오래전 저희 아내와 함께 목사님 한 분을 심방한 적이 있었습니다. 연세가 많으셔서 그런지 그전에 뵐 때보다 훨씬 차분해지시고 말씀도 별로 없으셨습니다. 목사님을 처음 만났을 때 72세 정도 되셨는데, 잔잔한 미소와 푸근한 분위기가 참 인상적이었습니다. 참으로 멋있고 아름답게 나이 들어 가신다고 생각했습니다. 저도 그분 나이쯤 되었을 때 그런 모습이면 좋겠다는 소망을 가지기도 했습니다. 그 목사님이 하루아침에 그런 고상하고 멋진 모습을 갖추게 되셨을까요? 물론 아닙니다. 그분의 자서전을 읽은 후, 저는 그분이 열일곱 살 때부터 하나님과의 관계를 꾸준히 이어 오셨다는 사실을 알게 되었습니다. 그러니 여든이 넘은 연세에도 자연스럽게 부드럽고 멋진 모습일 수 있었던 것입니다.

우리가 한창 젊을 때는 자기가 원하는 대로 몸을 움직일 수 있지만, 70-80대가 되면 몸이 말을 듣지 않습니다. 몸뿐만 아니라 정신도 온전치 못할 수 있습니다. 나이가 들어서도 그리스도인다운 은혜로운 모습을 가지려면 젊을 때부터 주님과의 만남을 꾸준히 가지며 영적인 훈련을 성실하게 쌓아 나가야 합니다. 그날 목사님과 예배를 드리면서 빌립보서 1장 20-21절을 읽고 이렇게 기도했던 것이 기억납니다.

"다른 모든 것은 다 잊어도 주님만은 잊지 않게 하시고, 목사님께서 사나 죽으나 그리스도만이 그 몸에서 존귀하게 될 수 있도록 은혜를 베풀어 주옵소서."

한 살이라도 젊을 때부터 '자나 깨나, 먹으나 굶으나, 일을 하나 쉬나 예수 그리스도만이 내 몸에서 존귀하실 수 있도록 하겠다!'는 다짐과 실천 훈련이 되어야 합니다. 그래야 나이가 들어도 은은하고 잔잔한 예수 그리스도의 향기가 날 수 있습니다. 그 훈련이 바로 주님과 만나는 '조용한 시간'입니다.

셋째, 방해받지 않는 조용한 장소를 찾습니다. 다른 사람의 방해를 받지 않고 주님과만 만날 수 있는 조용한 장소를 찾으십시오. 만일 집이 적합하지 않다면 일찍 직장에 가서 할 수도 있고, 자동차 안에서도 할 수 있습니다. 아브라함은 상수리나무 옆이었고, 다니엘은 침실 창문 옆이었습니다. 예수님은 한적한 곳을 찾아가서 하나님을 만나셨습니다.

마태복음 6장 6절에서는 골방에 들어가 문을 닫고 은밀한 중에 계신 아버지께 기도하라고 말씀합니다.

"너는 기도할 때에 네 골방에 들어가 문을 닫고 은밀한 중에 계신 네 아버지께 기도하라 은밀한 중에 보시는 네 아버지께서 갚으시리라"(마 6:6).

여기서 말하는 '골방'은 주님 외에 아무도 들어올 수 없는 곳으로, 주님과 내가 단둘이 만날 수 있는 장소를 뜻합니다. 즉, 골방은 우리가 하나님을 만나는 지성소를 의미합니다.

주님과 만나는 장소를 정할 때 유의해야 할 사항이 있습니다. 우선 내 주의를 분산시킬 우려가 있는 신문이나 잡지, 책, 휴대 전화 등을 멀리 두십시오. 주님과 만날 때는 성경 한 권이면 충분합니다. 신문 1면의 머리기사나 잡지 표지 사진은 우리 눈을 유혹하기 때문에 가까이 있으면 성경보다 먼저 손이 갑니다. 그러므로 주님께 집중하는 것을 방해하는 것은 무엇이든 멀리 치워 두십시오.

또한 주님과 만나는 시간을 가질 때 방해받지 않도록 가족들에게 양해와 배려를 구하십시오. 물론 아주 특별하거나 긴급한 일이 생기면 어쩔 수 없지만, 그렇지 않을 때는 가족 구성원이 주님과의 시간에 충분히 집중할 수 있도록 배려해 주어야 합니다. 그런 배려가 있어야만 각각의 가족 구성원들이 깊이 있는 경건 훈련을 할 수 있고, 결과적으로 가정에 유익이 됩니다.

구약 성경에서 주님과 단둘이 있을 수 있는 장소는 장막의 지성소였습니다. 장막은 두 부분으로 나뉘어 있습니다. 앞부분에는 여러 가지 기구들이 배치되어 있고, 그 뒤에 지성소가 있습니다. 지성소는 대제사장 한 사람만 들어갈 수 있습니다. 출애굽기 25장 22절을 보십시오.

"거기서 내가 너와 만나고 속죄소 위 곧 증거궤 위에 있는 두 그룹 사이에서 내가 이스라엘 자손을 위하여 네게 명령할 모든 일을 네게 이르리라"(출 25:22).

대제사장이 지성소에 들어오면 하나님께서 그를 만나 거기서 모든 것을 알려 주시겠다고 말씀하십니다. 지금은 침실이든 주방이든 사무실이든 우리가 은밀히 정해 놓은 장소가 우리의 지성소입니다. 그곳에서 주님이 우리와 만나십니다. 우리에게 하나님의 말씀을 일러 주시면, 우리는 그 말씀에 순종하는 삶을 살면 됩니다. 이 훈련에 익숙해지면 우리는 주님과 만나는 '조용한 시간'을 애타게 기다리고, 찾고, 더욱 사모하게 될 것입니다.

넷째, 고요하고 차분한 마음으로 시작합니다. 분주한 생각을 내려놓고 마음을 차분하게 가라앉혀야 합니다. 또 몸의 자세도 바르게 해야 합니다. 어떤 사람은 처음부터 끝까지 무릎을 꿇는 자세를 유지합니다. 어떤 사람은 무릎을 꿇으면 오래 앉아 있지 못하니 편한 자세로 앉습니다. 어떤 자세든 주님과 마주 앉아서 주님의 음성을 듣고 우리가 하고 싶은 이야기를 하기 좋은 자세를 취하면 됩니다. 그 시간만큼은 휴대 전화도 꺼 놓으십시오. 온전히 주님께만 집중하시기 바랍니다.

성경과 Q.T. 교재와 노트를 준비하십시오. 조용한 마음으로 하나님과의 대화를 기대하십시오. 대화는 말을 주고받는 것이므로, 나의 이야기도 하고 하나님의 말씀도 들어야 합니다. 성경을 읽다가도 하나님께서 성령으로 내게 무언가를 이야기하시면, 성경 읽기를 중단하고 하나님의 음성에 귀를 기울이십시오. 기도할 때도 하나님께 간구했다면, 하나님께서 대답할 수 있는 시간을 드려야 합니다. 하나님께서 말씀해 주실 것을 기대하며 눈을 감고 1-2분 정도 기다리십시오. 물론 공중 기도를 할 경우에는 이렇게 할 수 없지만, 주님과 단둘이 있는 시간이니 친밀한 대화 방식으로 할 수 있을 것입니다.

조용한 시간의 내용

"찬송을 받으실 주 여호와여 주의 율례들을 내게 가르치소서 주의 입의 모든 규례들을 나의 입술로 선포하였으며 내가 모든 재물을 즐거워함같이 주의 증거들의 도를 즐거워하였나이다 내가 주의 법도들을 작은 소리로 읊조리며 주의 길들에 주의하며 주의 율례들을 즐거워하며 주의 말씀을 잊지 아니하리이다 주의 종을 후대하여 살게 하소서 그리하시면 주의 말씀을 지키리이다 내 눈을 열어서 주의 율법에서 놀라운 것을 보게 하소서 나는 땅에서 나그네가 되었사오니 주의 계명들을 내게 숨기지 마소서 주의 규례들을 항상 사모함으로 내 마음이 상하나이다 교만하여 저주를 받으며 주의 계명들에서 떠나는 자들을 주께서 꾸짖으셨나이다 내가 주의 교훈들을 지켰사오니 비방과 멸시를 내게서 떠나게 하소서" 시 119:12-22

조용한 시간에 우리가 해야 할 구체적인 일들은 무엇일까요? 조용한 시간은 기도, 성경 읽기, 묵상, 암송, 듣기, 공부, 순종으로 이루어집니다. 물론 두 가지가 동시에 이루어지는 경우도 있습니다. 각 순서에 대해 하나씩 자세히 다루어 보겠습니다.

조용한 시간에 해야 할 일

첫째, 기도입니다. 주님과 만나는 조용한 시간은 간단하고 짧은 기도로 시작합니다. 물론 앞 장에서 언급했던 요소들(조용한 시간, 장소, 마음)은 미리 준비해야 합니다. 준비 기도의 내용은 사무엘상 3장 10절을 중심으로 하면 됩니다.

"말씀하옵소서 주의 종이 듣겠나이다"(삼상 3:10).

이는 사무엘이 하나님께 고백한 말입니다. 처음에 하나님께서 사무엘을 세 번이나 부르셨습니다. 그런데 사무엘은 하나님이 아닌 엘리 제사장이 자신을 부른 줄 알고 그를 찾아갔습니다. 나중에 엘리 제사장이 하나님께서 사무엘을 부르고 계신다는 것을 알고는, 다음에 또 부르는 목소리가 들리면 "말씀하옵소서. 주의 종이 듣겠나이다!"라고 대답하라고 일러 줍니다. 그래서 사무엘은 그 후에 하나님께서 자신을 부르시자 이렇게 대답한 것입니다. 우리도 "주님, 이 시간에 저를 찾아오셔서 주님의 음성을 들려주옵소서. 제가 주님의 음성을 분명히 들을 수 있도록 도와주시옵소서."라고 기도하며 기다릴 수 있어야 합니다.

둘째, 성경 읽기입니다. 성경은 일반적인 책이 아닙니다. 성령께서 쓰신 책이기 때문에 성령께서 우리의 영적인 눈과 마음을 열어 주셔야만 하나님의 섬세한 음성과 메시지를 들을 수 있습니다. 그러므로 하나님의 음성을 듣기 위해서는 마음의 준비를 해야 합니다. 이 마음의 준비는 기도하면서 고요한 시간 속에 자기 자신을 잠잠히 내어 드리는 것입니다. "주님, 오늘 저에게 필요한 말씀을 내려 주시고, 저의 눈과 귀가 열릴 수 있게 도와주옵소서. 그리하여 제 마음과 영혼이 하나님의 말씀을 온전히 받아들이고 깨달을 수 있는 은혜를 주시기를 간구합니다."라고 기도하고 준비하시기 바랍니다.

여러분은 혹시 성경 말씀이 하나님께서 직접 말씀하시는 것처럼 생생하게 다가온 적이 있었나요? 아마 많은 사람들이 이런 경험을 했을 것입니다. 이렇게 성경 말씀 속에서 하나님의 음성을 들은 성도의 삶에는 평안함과 담대함이 있습니다. 주님의 능력이 나타납니다. 하나님의 음성은 그들의 영혼을 살찌울 뿐만 아니라 피와 뼈를 만들어 이전보다 더욱 강건하게 해 줍니다.

반면, 아무리 성경 말씀을 읽고 설교를 들어도 하나님의 음성이 잘 들리지 않을 때가 있습니다. 그럴 때 마음이 참 답답하고 속도 상합니다. 여러 이유가 있겠지만, 우리 마음이 제대로 준비되지 않았거나 평소에 하나님의 음성을 듣는 훈련을 하지 않았기 때문일 수 있습니다. 언제 어디서 성경 말씀을 읽든, 누가 말씀을 전하든 하나님의 음성을 들을 수 있길 바랍니다. 그러기 위해서는 평소 조용한 시간을 꾸준하게 가지며 "주여, 말씀하옵소서. 제가 듣겠습니다!" 하는 자세로 경건 훈련에 힘써야 합니다.

어떤 사람은 주일 예배 시간에 듣는 설교가 신앙생활의 전부인 양 착각합니다. 그래서 설교 테이프나 설교 영상만 들으며 교회에 출석하지 않는 사람도 많습니다. 그러나 주님의 음성은 목회자의 설교를 통해서만 전해지는 것이 아닙니다. 하나님께서는 성가대 찬양을 통해서, 우리의 기도를 통해서, 성도의 교제를 통해서, 교회 소식을 통해서 다양한 방법으로 우리에게 말씀하십니다. 하나님의 음성에 민감한 성도는 작고 사소한 부분에서도 그분의 음성을 듣습니다. 그 덕분에 더욱 풍성한 은혜와 기쁨을 누리며 살 수 있습니다.

우리가 성경 말씀을 읽을 때 기도로 인용할 수 있는 성경 구절이 있습니다. 시편 119편 18절 말씀입니다.

"내 눈을 열어서 주의 율법에서 놀라운 것을 보게 하소서"(시 119:18).

하나님의 말씀은 신비롭고 놀랍다는 뜻입니다. 이는 영적인 눈이 열려야만 볼 수 있습니다. 엠마오로 가는 두 제자에 관한 말씀을 기억하시나요? 그들은 엠마오를 향해 가는 도중에 예수님과 동행을 하게 되었습니다. 길을 함께 걸으며 예수님과 이야기를 나누면서도 그들은 그분이 주님이신 것을 몰랐습니다. 예수님의 말씀처럼 그들은 눈이 있어도 보지 못했고, 귀가 있어도 듣지 못했습니다. 영적인 교제를 위해서는 영적인 눈이 뜨이고 영혼의 귀가 열려야 합니다. "주여, 오늘도 제 영혼의 눈을 열어 주셔서 주님의 말씀에서 놀라운 것들을 보게 하옵소서!"라고 기도하면서 말씀을 읽는 훈련을 하십시오.

아주 오래전 일입니다. 한국에서 고등학교를 졸업하고 곧바로 미국으로 유학을 간 학생이 있었습니다. 그는 미국에서 공과 대학을 졸업하고 좋은 직장을 얻었습니다. 꽤나 좋은 조건에서 직장 생활을 하면서도 인생의 참 행복과 즐거움을 맛보지 못했습니다. 오랜 생각 끝에 그는 음악을 통해 만족을 얻어 보려고 클래식 음반들을 구해 저녁마다 들었습니다. 처음에는 정말 만족스러웠지만 시간이 얼마 지나자 감동도 사그라들고 만족감도 줄어들었습니다. 우리도 그럴 때가 있지 않나요? 클래식 음악을 들었을 때의 만족과 찬송을 들었을 때의 은혜는 질적으로 다릅니다. 클래식 음악은 찬송이 줄 수 있는 영혼의 참된 만족과 충만감을 주지 못합니다. 아마 그 사람도 그런 한계를 마주했을 것입니다. 뒤이어 그는 명작 소설을 탐독하기 시작했습니다. 그러나 시간이 지나자 음악과 마찬가지로 만족감이 떨어졌습니다. 철학 책을 수없이 사다 읽어도 똑같았습니다. 인생이 너무나 공허하게 느껴졌습니다.

그러던 어느 날, 직장 동료가 걱정스러운 표정으로 그에게 무슨 일이 있느냐고 물었습니다. 얼굴빛이 좋지 않다며 말을 건넨 겁니다. 그는 이러저러한 일을 다 찾아 해보았지만 삶의 의미를 못 느꼈다고 대답했습니다. 그러자 동료는 성경을 좀 읽어 보라고 권했습니다. 그는 '다른 책도 다 읽어 봤는데 성경이라고 못 읽을 게 있나!' 하면서 '밑져야 본전'이라는 생각으로 성경을 읽겠다고 답했습니다. 그러자 동료는 가장 먼저 요한복음을 읽을 것과 읽기 전에 하나님께 기도를 해야만 그 깊은 의미를 깨달을 수 있다는 사실을 강조했습니다. 자기는 하나님을 믿지 않는데 어떻게 기도하느냐고 되물으니 동료는 성경은 하나님의 책이므로 반드시 하나님께 기도를 하고 읽어야 한다면서 기도하는 방법까지 알려 주었습니다.

그는 동료가 일러 준 대로 "하나님, 하나님이 계시는지 안 계시는지 모르지만 혹시 그 친구가 말한 대로 거기 어딘가에 계시면 이게 다 무슨 말인지 가르쳐 주십시오!"라고 기도하고 요한복음을 1장부터 읽기 시작했습니다. 다음 날에도 "하나님, 거기 어딘가에 계시면…!" 하면서 기도하고 난 뒤 성경을 읽어 나갔습니다. 그런 식으로 요한복음을 한 번 읽었는데 아무런 느낌도 깨달음도 없었습니다. 동료에게 그 얘기를 했더니 한 번 더 읽어 보라고 권했습니다. 그래서 두 번째로 읽기 시작했습니다. 그런데 요한복음 3장 3절의 "사람이 거듭나지 아니하면 하나님의 나라를 볼 수 없느니라"라는 말씀에서 갑자기 마음이 움직이기 시작했습니다. '아아, 내가 거듭나지 않아서 참 만족을 얻지 못했구나!' 하면서 요한복음 3장을 몇 번이나 읽었습니다. 그랬더니 성경을 보는 영적인 눈이 뜨이면서 예수 그리스도를 믿으면 거듭날 수 있다는 사실을 깨닫게 되었습니다. 그렇게 예수님

을 영접한 후 요한복음 4장부터는 아주 은혜롭게 읽어 나갔다고 합
니다. 그는 성경을 읽으며 예수님을 영접했고 구원을 받았습니다. 새
로운 생명을 얻은 것입니다.

성경은 정말 특별한 책입니다. 학벌이 좋거나 지식이 많다고 해서
잘 이해할 수 있는 책이 아닙니다. 하나님께서 깨닫게 하시지 않으면
그 깊은 진리를 알 수 없습니다. 그러므로 성경을 읽기 전에 "주여,
오늘도 저에게 말씀하여 주옵소서. 당신의 종이 이제부터 듣겠습니
다!" 혹은 "주님, 제 어두운 눈을 뜨게 하셔서 말씀의 신기하고 놀라
운 진리를 깨닫게 하여 주옵소서!"라고 기도해야 합니다. 그럴 때 말
씀의 성령과 우리 안에 계신 성령이 하나 되어 말씀 속에 담긴 깊은
진리를 깨닫게 해 줄 것입니다.

혹시 원하는 라디오 방송을 들으려고 주파수를 열심히 맞춰 본
경험이 있나요? 저는 백두산에 올랐을 때 남한 방송을 들어 보려고
라디오 주파수를 한참 맞춰 보았습니다. 한참을 왔다 갔다 하다가
주파수가 정확히 맞는 자리에 오면 그제야 방송이 들립니다. 남한에
서 보내는 주파수와 제 라디오 주파수가 딱 맞아야 그 소리가 들리
는 것입니다. 영적인 면에도 이 원리가 적용됩니다. 기도를 통해 영혼
의 주파수를 맞춰야 합니다.

그러면 어떤 방법으로 성경을 읽으면 좋을까요?

한 장씩 읽기

구약이나 신약에서 꾸준히 읽어 나갈 책을 정해 하루에 한 장씩
읽는 것입니다. 잠언은 모두 31장이기 때문에 하루에 한 장씩 읽는

다면 한 달 정도가 걸립니다. 잠언은 구체적이고 현실적인 삶의 지혜가 담겨 있기 때문에 여러 번 읽을수록 좋습니다. 하루에 한 장씩 몇 달을 읽어 보십시오. 삶에 꼭 필요한 지혜를 얻게 될 것입니다. 사실 성경 한 장을 읽는 데는 오랜 시간이 걸리지 않습니다. 가령 이사야 5장은 아주 길지만, 그래도 30절이니 한 절 읽는 데 10초 걸린다고 가정했을 때 5장 전체를 읽는 데는 5분 정도 소요됩니다. 넉넉하게 잡아 10분이면 충분합니다. 이런 식으로 한 장 한 장 꾸준히 지속적으로 읽어 나가며 '조용한 시간'을 갖기 바랍니다.

한 문단씩 읽기

성경 말씀을 들여다보면 구절과 구절 사이에 동그라미가 두세 개 이상 표시되어 있습니다. 이는 문단을 구분해 놓은 표시입니다. 그 표시의 도움을 받아 한 문단씩 읽어 나가면 하나의 주제 혹은 하나의 이야기를 읽는 것이니 성경 읽기가 훨씬 수월합니다.

유명한 장을 찾아서 읽기

우리가 평소에 잘 알고 있는 유명한 성경 말씀을 찾아 읽는 방법입니다. 며칠 혹은 몇 주에 걸쳐 반복해서 읽으며 하나님께서 내게 말씀하시는 메시지를 듣는 것입니다. "너희는 마음에 근심하지 말라 하나님을 믿으니 또 나를 믿으라"는 말씀으로 시작하는 요한복음 14장도 참 좋습니다. 요한복음 17장은 말씀 전체가 예수님의 기도이니 찾아 읽으면 더욱 은혜롭습니다. 그리스도인의 생활 헌장이라 일컬어지는 로마서 12장, '사랑 장'으로 알려진 고린도전서 13장, 우리에게 확신을 심어 주는 로마서 8장, '믿음 장'으로 알려진 히브리서 11장, 큰 은혜와 힘을 주는 빌립보서 3장이나 시편 1편과 23편 등 은혜로운 성경 말씀이 너무나 많습니다.

지금 돌이켜 보니 제가 어린 시절에 주일 학교에 다닐 수 있었던 것이 참 감사하다는 생각이 듭니다. 당시 저는 주일 학교 성경 암송 대회에 꼭 참석했습니다. 어린 마음에 상을 받고 싶어서 잘 알지도 못하는 성경 구절을 열심히 암송했습니다. 그런데 그때 암송한 구절들이 평생 동안 얼마나 큰 영적인 힘이 되었는지 모릅니다. 주님께서는 여전히 그 많은 성경 구절들을 통해 저에게 계속 말씀하시고, 필요할 때마다 성경 말씀을 사용하십니다. 이렇듯 성경의 유명한 말씀들을 계속 읽으며, 묵상하고 암송하고 기도하면 신앙생활에 큰 도움이 된다는 것을 기억하십시오.

한 주제를 정해서 읽기

이 방법은 어쩌면 평신도에게 조금 어려울지도 모르겠습니다. 어떤 주제와 관련된 성구를 창세기부터 요한계시록까지 모두 모아 놓은 것을 한 번에 읽는 방법입니다. 예를 들어서 '주제별 성경 사전'을 이용하면 좋습니다. 단어가 가나다 순서로 수록되어 있는데, '혼인'을 찾으면 이 단어와 관련된 성경 구절이 창세기부터 요한계시록까지 모두 나옵니다. 또는 주제별로 구성된 성경을 참조해 말씀을 읽는 것도 큰 도움이 됩니다.

'영적 일기장'에 대해서도 잠시 언급하겠습니다. 성경을 읽으며 느낀 것, 혹은 하나님께서 나에게 하신 말씀이나 보여 주신 것을 기록할 수 있는 노트를 준비하십시오. 반드시 길게 쓰거나 깊이 있는 내용을 써야 하는 게 아닙니다. 부담 없이 그때그때 생각나는 대로 적으면 됩니다. 몇 년 후에 영적 일기장을 다시 읽어 보면 참 감동스럽습니다. 그 당시에 깨달았던 진리가 내 삶의 뼈대가 되어 있기도 하고, 같은 성경 본문인데도 지금과는 전혀 다른 깨달음을 얻은 경우도 있습니다. 당시 기도했던 내용과 응답 여부도 살펴볼 수 있습니다. 이처럼 신앙생활의 여러 면에서 유용한 영적 일기장을 만들어 기록해 보길 권합니다.

셋째, 묵상입니다. 성경 말씀을 읽을 때는 깊이 묵상해야 합니다. 가령 이사야 5장을 읽을 때, 처음에는 전체적인 내용을 파악할 목적으로 한 번에 죽 읽습니다. 그다음에는 다시 처음으로 돌아가 천천히 읽으면서 묵상합니다. 이사야 5장 20절을 묵상해 봅시다.

> "악을 선하다 하며 선을 악하다 하며 흑암으로 광명을 삼으며 광명으로 흑암을 삼으며 쓴 것으로 단 것을 삼으며 단 것으로 쓴 것을 삼는 자들은 화 있을진저"(사 5:20).

이 구절을 읽으면 '이런 사람들에게 화가 있구나!'라고 생각하게 됩니다. 여기서 생각을 더 진전시킬 수 있습니다. '악을 선하다 하고 선을 악하다 하며 흑암으로 광명을 삼으며 광명으로 흑암을 삼으며 또 쓴 것으로 단 것을 삼으며 단 것으로 쓴 것을 삼는다 하니, 이건 가치관이 뒤집힌 거잖아? 우리가 사는 이 시대 이야기 같네. 왜 이렇게 되었을까? 가치 기준이 없어졌기 때문인가? 그래서 사람들이 무엇이 옳은지 제대로 구별하지 못하고 어쩔 줄 몰라 하는 것 아닌가? 그러면 이 말씀은 가치 기준이 바로 서 있어야 한다는 말이네. 어떻게 하면 하나님이 제시한 가치 기준에 따라 살 수 있을까? 혹시 하나님께서 이 말씀을 통해 나의 잘못을 깨우쳐 주시려는 건 아닐까? 나도 악한 것을 선이라 하고 선한 것을 악이라 하지는 않았는지 살펴봐야겠어.' 이런 식으로 한 부분을 읽고 끝까지 묵상한 후 전체를 놓고 기도하면 됩니다.

또 다른 방법은 한 구절씩 묵상한 후에 기도하는 것입니다. 20절을 읽고 묵상한 후 '악을 선하다 하며 선을 악하다 하며 흑암으로 광명을 삼으며 광명으로 흑암을 삼는다니! 주님, 이게 무슨 뜻인가요? 가치가 뒤집어졌다는 얘기인가요? 주님, 혹시 제 삶에는 그런 것이 없는지요? 제가 혹여 악한 것을 선하다 하고, 선한 것을 악하다 한 적은 없는지요? 주님, 주님이 저에게 보여 주시는 대로 정확히 판단하고 분별할 수 있는 능력을 주시옵소서. 주님의 말씀을 가치관의 기준으로 삼도록, 그리스도를 믿는 사람다운 가치관을 갖고 살게 해 주시옵소서.'라고 기도합니다. 그리고 다음 절로 넘어가면 됩니다.

"스스로 지혜롭다 하며 스스로 명철하다 하는 자들은 화 있을진저"(사 5:21).

'하나님, 스스로 지혜롭다 하며 스스로 명철하다 하는 사람들은 화가 있다고 하셨습니다. 자신의 지혜와 명철이 전부인 양 하나님의 말씀을 기준으로 삼지 않고 자기만의 생각과 기준으로 사는 사람은 화가 있다는 말씀이군요. 하나님, 저는 화 있는 사람이 되길 원치 않습니다. 주님이 보실 때 제가 혹시 순전히 제 마음대로 생각하는 부분이 있다면 변화시켜 주셔서 주님의 말씀을 기준 삼아 생각하고 행하게 해 주시옵소서.' 이렇게 한 구절 읽고 기도하고 또 읽고 또 기도하면서 하나님과 대화하는 것입니다. 하나님께서 해 주시는 말씀을 듣고 반응하며 말씀과 기도를 번갈아 할 수 있습니다. 그래서 우리는 조용한 시간을 '대화의 시간'이라고 말합니다. 하나님께서는 성경 말씀을 통해 여러분의 형편과 처지에 꼭 필요한 음성을 들려주십니다. 다른 사람이 아닌 여러분 자신에게 정확하게 해당되는 하나님의 음성을 듣는 것이 중요합니다.

넷째, **암송입니다.** 성경을 읽고 묵상하는 중에 가슴에 깊이 와 닿는 구절이 있다면 종일 그 말씀을 암송하십시오. 학창 시절 영어 단어가 적힌 단어장을 손에 들고 다니며 암기했던 것처럼 성경 구절을 암송 카드에 적어 다니며 시간 나는 대로 틈틈이 암송하십시오. 그러면 다양한 상황을 만나더라도 그때에 꼭 필요한 말씀 구절이 떠올라 아주 큰 힘이 될 것입니다.

오래전의 이야기입니다. 결혼 후 10년 동안 아내에게 손찌검을 했던 사람이 예수님을 믿게 되었습니다. 저는 그에게 성경 말씀을 암송하도록 했습니다. 몇 달이 지나 그가 저를 찾아와 이렇게 말했습니다. "목사님, 제가 아내를 한 10년 동안 때려 왔는데, 요즘은 화가 나서 때리려고 손을 올렸다가도 '범사에 감사하라'는 암송 구절이 생각

나서 '이 여자를 저에게 주셔서 감사합니다!'라고 고백하며 손을 내
립니다. 10년 동안 못 고치던 못된 버릇을 말씀 덕분에 고쳤습니다!"
라는 게 아니겠습니까? 그 후 그는 목회를 시작하고 신학교에서 학
생도 가르치게 되었습니다. 10년 동안이나 고치지 못한 나쁜 버릇을
성경 암송 덕분에 완전히 고쳤으니 얼마나 놀라운 일입니까? 이처럼
성경 암송은 우리에게 큰 유익이 됩니다.

이제 암송하는 방법을 알아봅시다. 우선은 한 토막씩 반복해서
암송하고, 다음 부분을 연결시켜 암송합니다. 그렇게 한 구절을 다
암송한 후 처음부터 다시 반복합니다. 많은 성도들이 나이가 들면
말씀 암송이 잘 되지 않는다고 푸념합니다.

한번은 뉴욕에서 55세쯤 된 자매가 저에게 "목사님, 옛날에 학교
다닐 때는 암송을 잘했는데 이제는 아무리 하려고 해도 잘 안 돼요!"
라며 안타까워했습니다. 그래서 제가 주머니에서 10달러짜리 지폐를
한 장 꺼내 보이며 "이거 드리면 성경 암송을 하실 수 있겠습니까?"
라고 물었습니다. 그 자매는 바로 그 자리에서 성경 구절을 암송했습
니다. 나이나 상황 때문에 말씀 암송을 못 한다는 건 핑계에 불과합
니다.

한 토막씩 쪼개서 암송하는 방법을 응용해 봅시다. 한 마디, 한 마
디의 의미를 생각하며 암송하면 큰 은혜가 됩니다. 먼저 '여호와는
나의 목자시니 내게 부족함이 없으리로다'라고 읽어보십시오. 처음
암송할 때는 의미를 생각하기 어렵지만, 한참 읽고 나면 단어 하나
하나가 마음 깊이 와 닿습니다. '여호와'는 나의 목자시니 내게 부족
함이 없으리로다! 여호와는 '나의' 목자시니 내게 부족함이 없으리로

다! 여호와는 나의 '목자'시니 내게 부족함이 없으리로다! 여호와는 나의 목자시니 내게 '부족함'이 없으리로다! 이렇게 한 단어를 깊이 생각하다 보면 그 의미가 새롭게 다가옵니다. 말씀 암송을 즐거워하는 사람은 언제 어디서든 단어 하나만으로도 은혜를 누리게 됩니다. '완전하신 여호와 하나님이 나의 목자시라니!' 하면서 말입니다. 평소에 말씀을 암송해 놓으면 때와 장소에 구애받지 않고 얼마든지 성경 구절을 상고하고 또 상고하며 은혜 속에 거할 수 있습니다.

버스나 지하철을 기다릴 때, 병원이나 약속 장소에서 멍하니 벽만 바라보고 있지 마십시오. 그럴 때 말씀을 암송하면 됩니다. 그러려면 들은 말씀, 읽은 말씀, 암송한 말씀이 있어야 합니다. 로마서 12장을 읽고 암송해 보십시오. 석 달에 걸쳐 읽어도 좋습니다. 석 달 동안 읽어서 거의 암송할 정도가 되면, 로마서 전부를 읽는 것보다 훨씬 도움이 됩니다.

제가 언급한 성경 읽는 여러 가지 방법 중에서 자신에게 가장 잘 맞는 방법을 택하십시오. 한 가지 방법을 택해도 좋고, 각각의 방법을 모두 시도해 봐도 좋습니다. 어떤 방법을 사용하든 기도하고, 성경 말씀을 읽고, 묵상하고, 암송함으로써 조용한 시간을 깊이 누릴 수 있습니다. 여러분의 '조용한 시간'이 주님의 음성을 듣고 눈과 귀가 열리며, 주신 말씀을 통해 주님과 대화하고 친밀해지는 즐거운 만남이 되기를 간절히 바랍니다.

다섯째, 듣기입니다. 혹시 예전에는 몇 번을 읽어도 눈에 들어오지 않던 단어나 구절이 갑자기 여러분의 마음을 휘어잡은 경험이 있나요? 꾸준하고 지속적으로 주님과의 조용한 시간을 가져온 사람은 이처럼 불현듯 격렬하고 뜨겁게 다가오는 하나님의 음성을 들어 본 경험이 있을 것입니다.

> "내가 확신하노니 사망이나 생명이나 천사들이나 권세자들이나 현재 일이나 장래 일이나 능력이나 높음이나 깊음이나 다른 어떤 피조물이라도 우리를 우리 주 그리스도 예수 안에 있는 하나님의 사랑에서 끊을 수 없으리라"(롬 8:38-39).

로마서 8장 38-39절은 우리를 뜨겁게 격려하고 벅찬 감동을 줍니다. 죽음이든 칼이든 그 어느 것으로도 그리스도의 사랑에서 우리를 끊을 수 없다는 말씀을 읽으면 자신감과 안도감이 생깁니다. 이처럼 말씀이 가진 힘과 은혜는 우리에게 하나님의 음성을 분명하고 강하게 전해 줍니다.

여섯째, 공부하기입니다. '공부하기'는 성경 본문을 조금 더 세밀하게 연구하는 작업입니다. 연구는 크게 '관찰', '해석', '적용'이라는 세 가지 단계로 나눌 수 있습니다.

'관찰'은 육하원칙에 의거해 질문을 던져 가며 상황을 이해하는 것으로, 주로 사실 내용을 다룹니다. 성경 말씀을 관찰과 질문을 하며 읽으면, 어느 한 부분이 우리 마음 깊은 곳으로 파고들 수 있습니다. 그 부분을 눈에 띄게 표시를 해 두고 여러 번 읽어 보십시오. 그러면 하나님께서 우리 마음에 역사하십니다. 어떤 때는 하나님의 말씀이 마음에 전혀 와 닿지 않습니다. 그럴 때는 마음이 뜨거워질 때까지 읽기를 반복하십시오. 그렇게 읽다 보면 그 말씀이 내 영혼 깊은 곳에 새겨지는 경험을 할 수 있습니다.

'해석'은 성경 말씀의 뜻을 알아보는 작업입니다. 여기서 주의할 사항은 성경 구절과 단어 하나하나를 너무 세밀하게 해석하지 않아도 된다는 것입니다. 이 시간은 주님과 만나 대화하고 교제하는 시간이므로, 주석을 다는 것처럼 아주 자세하게 하지 않아도 됩니다. 성경 공부가 아니라 주님과 사귀는 시간임을 꼭 기억하십시오.

'관찰'과 '해석'이 끝났으면 '적용'할 부분을 찾아야 합니다. 하나님께서 이 말씀을 통해 내게 가르치시려는 게 무엇인지를 찾는 작업입니다. 우리는 어떻게 주님의 교훈을 발견하고, 깨달을 수 있을까요? 혹시 'SPECK'이란 말을 들어 보셨나요? 원래 'speck'이란 단어는 작은 '점'이나 '얼룩'이라는 뜻인데, 여기서는 '적용' 과정에서 필요한 항목 다섯 가지를 나타내는 영어 철자의 첫 글자를 딴 것입니다.

피할 죄(Sin to avoid)

성경에서 하지 말라고 명하셨던 죄를 찾아내는 것입니다. 거짓 증거 하지 말라, 분내지 말라, 살인하지 말라 등은 성도가 피해야 할 죄가 뚜렷하게 명시된 경우입니다. 그렇지 않은 경우에는 본문을 읽고서 피해야 할 죄를 우리 스스로 찾아낼 수 있습니다.

"시몬 베드로와 또 다른 제자 한 사람이 예수를 따르니 이 제자는 대제사장과 아는 사람이라 예수와 함께 대제사장의 집 뜰에 들어가고 베드로는 문 밖에 서 있는지라 대제사장을 아는 그 다른 제자가 나가서 문 지키는 여자에게 말하여 베드로를 데리고 들어오니 문 지키는 여종이 베드로에게 말하되 너도 이 사람의 제자 중 하나가 아니냐 하니 그가 말하되 나는 아니라 하고 그때가 추운 고로 종과 아랫사람들이 불을 피우고 서서 쬐니 베드로도 함께 서서 쬐더라"(요 18:15-18).

요한복음 18장에는 베드로가 예수님을 부인하는 이야기가 나옵니다. 우리는 이 말씀을 읽으며 '주님을 부인하는 죄'를 피해야겠다는 생각을 하게 됩니다. 외부에서 압력이 가해질 때, 예수님을 믿는다는 이유로 손해나 피해를 입게 될 때 우리는 종종 주님을 외면하지 않나요? 어떤 상황에서도 예수님을 부인해서는 안 되겠다는 교훈을 얻는 것이 이 과정에서 해야 할 일입니다.

받아들일 약속(Promises to claim)

성경에는 주님이 말씀하신 수백 가지의 약속이 기록되어 있습니다. 여러분은 그중 몇 가지나 기억할 수 있나요?

"지금까지는 너희가 내 이름으로 아무것도 구하지 아니하였으나 구하라 그리하면 받으리니 너희 기쁨이 충만하리라"(요 16:24).

이 말씀은 기도하면 응답해 주겠고, 그 응답을 통해 기쁨의 충만함을 주시겠다는 약속입니다. 이 말씀을 읽으면 '아, 기도하라는 말씀이구나. 기도하면 나에게 기쁨을 주시고 응답해 주시겠다는 약속이구나!' 하는 생각이 듭니다. 그리고 기도하면 됩니다. 용서에 대한 성경 구절도 마찬가지입니다.

> "만일 우리가 우리 죄를 자백하면 그는 미쁘시고 의로우사 우리 죄를 사하시며 우리를 모든 불의에서 깨끗하게 하실 것이요"(요일 1:9).

이 말씀을 각자에게 주시는 약속으로 받아들이고 죄를 회개하면, 우리는 주님의 약속대로 깨끗하게 되었음을 확신할 수 있습니다. 'Promises to claim'이라는 말은 주님의 약속을 내 것으로 받아들인다는 의미입니다.

따를 본(Examples to follow)

말씀 속에서 우리가 본받아야 할 훌륭한 모습을 발견하면 이를 즉시 따르고 행하는 것입니다.

순종할 명령(Commands to obey)

하나님께서는 말씀을 통해 우리에게 아주 명료하고도 단호하게 명령하실 때가 있습니다.

> "분을 내어도 죄를 짓지 말며 해가 지도록 분을 품지 말고"(엡 4:26).

이 말씀은 하나님의 분명한 명령입니다. 주님의 명령은 건성으로 흘려듣지 말고 순종하려고 애써야 합니다. 기꺼이 즐겁게 순종할 수 있는 힘과 마음을 주님께 구하십시오.

어떤 경우에는 말씀을 읽어도 '피할 죄'나 '받아들일 약속'을 발견하지 못할 수 있습니다. 그러면 다시 성경을 잘 읽으면서 혹시 하나님에 대해 말씀하시는 부분이 없는지 살펴보십시오.

출애굽기 4장에서 하나님께서는 모세를 애굽에 보내려고 하셨습니다. 모세가 못 가겠다고 하니 하나님께서는 자신이 어떤 분인지를 친히 보여 주셨습니다. 처음에는 뱀으로 지팡이를 만드셨고, 이어서 나병에 걸리게 했다가 완전히 낫게 하셨습니다. 두려워하는 모세에게 이를 통해 힘을 실어 주시고, 함께하겠다고 말씀하셨습니다. 여전히 모세가 가는 것을 주저하자 하나님께서는 자신이 어떤 하나님이신지 다시 설명하십니다. 결국 모세는 전지전능하고 위대하신 하나님이 자신과 함께하신다는 사실을 깨닫고 엄청난 격려와 힘을 받게 됩니다. 여러분도 이처럼 새로운 영적 지식이나 진리를 깨닫게 만드는 성경 구절을 만나면, 온전히 자신의 것으로 받아들이시기 바랍니다.

일곱째, 순종하기입니다. '순종'은 주님과 만나는 '조용한 시간'의 마지막 순서입니다. 하나님의 진리는 우리가 즐겁게 순종할 때 그 확실성이 입증됩니다. 아주 사소한 일이라도 주님의 말씀에 순종했을 때, 비로소 하나님이 살아 계심을 분명히 깨닫고 그 말씀이 참된 진리임을 알게 됩니다.

순종은 공부하기 단계의 적용에 포함됩니다. 우리는 말씀을 들고 읽고 암송하고 배웁니다. 그중 가장 약한 부분이 바로 적용입니다. 대부분의 성도들이 말씀을 관찰하여 해석하는 것까지는 잘하는데, 적용 면에서는 쩔쩔맵니다. 말씀을 읽고도 실생활에서 적용을 하지 않으면 머리만 커져 버립니다. 주일에는 새벽 예배부터 오전 예배, 오후 예배까지 교회에서 말씀과 함께하며 은혜로운 시간을 보냅니다. 그리고 집에 가서 기독교 방송을 통해 설교를 더 듣기도 합니다. 하지만 이 모든 말씀들을 소화해서 삶에 적용할 시간을 갖지 않으니 머릿속만 복잡하고 헤매는 것입니다.

오래전 책에서 아르헨티나의 어떤 교회 이야기를 읽은 적이 있습니다. 성도가 12,000명쯤 되는데 이곳이 다른 교회와 다른 점은 주일 아침 예배가 없습니다. 모든 성도들이 주일 아침에는 늦잠을 실컷 자고 저녁에 모입니다. 목사님은 성경 한 구절로 설교를 하고 그 속에서 신앙의 원리를 찾아냅니다. 성도들은 주일에 설교를 듣고 집으로 돌아가서 월요일 하루를 보낸 후 구역별로 모여 설교 내용을 어떻게 적용하고 살았는지 이야기합니다. 적용을 잘한 사람, 잘하지 못한 사람이 모두 모여 서로의 삶을 간증합니다. 적용이 잘 안 되는 사람을 격려해 주며 함께 기도하고 도전 받고 힘을 얻습니다. 이 교회 성도들은 매일 저녁 이렇게 모여 한 주 동안 적용 훈련을 하고 토요일 저녁에 최종 점검을 합니다. 성경 말씀과 원리가 자기 삶에 가져온 변화와 감동을 나누며 늦은 밤까지 교제하는 것입니다. 그리고 주일 아침에는 늦게까지 푹 자고 저녁에 모여 또 말씀을 배웁니다. 철저하게 적용을 훈련하는 교회입니다. 이런 적용 방식은 삶에서 진리를 경험하고 증거하도록 만듭니다.

한국 교회는 이런 부분이 약합니다. 신앙의 행동화, 신앙의 생활화, 행동하는 신앙생활 같은 말은 많이 하지만 실제 적용하는 훈련이나 프로그램이 적습니다. 말씀을 통해 배운 진리를 실제로 적용하는 데 강조점을 두어야 하는데 참으로 안타깝습니다. 기독교 교육의 목적은 성경을 많이 알게 하는 것이 아닙니다. 배운 성경 말씀이 내 뼈와 살, 피가 되어 삶과 행동 속에서 나타나고, 자신을 변화시키는 것이 주된 목적입니다. 즉, 예수 그리스도를 닮아 가는 삶이 목표입니다.

예수님을 믿는다고 해서 사람이 하루아침에 완전해지지 않습니다. 평생에 걸쳐 조금씩 변화되기에, 평상시에는 그 변화 정도를 잘 모릅니다. 하지만 어느 정도 시간이 흘러 과거를 돌이켜 보면 자신이 변화된 것을 알게 됩니다. 마치 아이의 키가 자라는 것과 같습니다. 사람의 키는 갑자기 몇 센티미터씩 자라지 않습니다. 규칙적으로 잘 먹고, 잘 자고, 열심히 운동하다 보면 조금씩 자랍니다. 신앙도 그렇습니다. 이렇듯 신앙에 있어서 '적용'을 잘하는 방법은 말씀 속에서 원리를 찾아내어 그대로 행하는 겁니다.

"만일 우리가 우리 죄를 자백하면 그는 미쁘시고 의로우사 우리 죄를 사하시며 우리를 모든 불의에서 깨끗하게 하실 것이요"(요일 1:9).

이 말씀은 죄를 자백하면 용서받고 깨끗하게 된다는 원리를 제시합니다. 이 말씀을 우리의 삶에 적용해 죄를 자백하고, 내가 깨끗하게 되었음을 믿으며 하나님께 감사드리면 됩니다. 이것이 적용입니다.

이때 주의할 점이 있습니다. 적용 순서입니다. 어떤 분은 예배 후에 제게 와서 "목사님, 오늘 참 은혜 많이 받았어요. 그 설교를 남편이 꼭 들었어야 하는데, 그이가 오늘 안 나와서 속상해 죽겠어요!"라고 말합니다. 적용은 그렇게 하는 것이 아닙니다. 적용의 대상은 바로 자기 자신입니다. 어떤 사람은 자기 자신에게 적용하기 바빠서 남까지 생각할 시간이 없습니다. 그래야 합니다. 하나님께서는 각 사람에게 해당되는 말씀을 직접 그 당사자에게 주십니다. 그러므로 말씀을 묵상하고 적용할 때는, 가장 먼저 여러분 스스로를 말씀에 비추어 보십시오. 그다음 적용 대상이 배우자와 가족입니다. 그 후에 직장과 교회, 사회와 국가, 마지막으로 세계 열방까지 적용할 수 있습니다. 이 순서대로 적용하면 나 자신이 가장 먼저 변하고 성숙해집니다. 주변 문제도 하나씩 풀립니다.

저는 여러 차례 이런 경험을 했습니다. 사람은 모두 죄인이기 때문에 예수님을 믿는 가정에서도 부부 사이에 문제가 발생합니다. 부부 문제로 목사를 찾아오는 성도들도 많습니다. 조금 더 일찍 찾아왔더라면 치유와 회복을 기대할 수 있었을 텐데, 이미 다 곪아 터져 만신창이가 된 후에 찾아오는 경우가 많아 안타깝습니다. 그런 부부들과 이야기를 나누면서 몇 가지 공통점을 발견했습니다. 그중 한 가지는 최소한 3-4개월 동안 '조용한 시간'을 갖지 않았다는 점입니다. 부부 상담 경험이 많다 보니 그런 문제로 찾아오는 성도들에게 공통적으로 "주님과 조용한 시간을 가진 지 얼마나 되셨습니까?"라는 질문을 합니다. 대부분 3-6개월 정도 되었다고 대답합니다.

부부 문제는 이름과 장소만 다를 뿐이지 거의 비슷합니다. 그런데도 당사자들은 자기만 당하는 고통인 것처럼 이야기합니다. 내 남편

혹은 내 아내만 이렇기 때문에 도저히 같이 살 수 없다는 식입니다. 저는 그럴 때 "남편이나 아내는 하나님께 맡겨 두고 지금부터 한 달 동안만 예전처럼 주님과 만나는 조용한 시간을 가지며 성경 읽고, 기도하고, 자기를 돌아보고, 깨달은 점을 일상에서 적용해 보세요!" 라고 권합니다. 그리고 한 달 후에 다시 만나 이야기해 보자고 말합니다. 물론 그전에도 말씀으로 권면하고 위로를 하지만, 궁극적으로는 주님과 만나는 시간을 꼭 가질 수 있도록 격려합니다.

어느 정도 시간이 흐른 후 그분들을 만나면 주님과의 조용한 시간을 갖고 있는지 확인합니다. 한 달이 지나면 "목사님, 저희 남편이 참 좋아졌어요!" 혹은 "제 아내가 달라지고 있습니다!"라는 답변이 돌아옵니다. 사실은 상대방이 변한 게 아니라 자기 자신이 달라진 것입니다.

자기가 영적으로 메말라 있으면 상대방이 미워 보입니다. 자신이 주님과의 관계를 회복하고 매일 영적 양식을 먹어 튼튼해지면 영혼이 환해지고 충만해집니다. 그런 눈으로 남편 얼굴, 아내 얼굴을 보니 달라 보이고 상대방의 행동도 너그럽게 받아들이게 됩니다. 결국 이런 식으로 부부 사이의 문제가 풀어지는 것입니다. 이렇듯 조용한 시간은 자기 자신이 먼저 적용하는 것이 아주 중요합니다.

자기 자신을 돌보는 일을 소홀히 하지 마십시오. 이는 무엇보다 중요한 일입니다. 우리 몸이 잘 먹고, 잘 자고, 규칙적으로 운동하고, 단정하게 입는 것이 참 중요하지 않습니까? 우리 마음과 영혼도 마찬가지입니다. 몸과 마음이 함께 건강해야 합니다. 그렇지 않으면 모든 것이 귀찮고 힘들어집니다. 육체와 정신의 건강을 유지하는 것이 결국 영적인 건강으로도 직결된다는 것을 기억하십시오. 매일 조금씩 시간을 내서 육체적, 정신적, 영적 건강을 돌보십시오. 피곤하고 짜증 나고 기진맥진한 상태로 지내면 주위의 모든 것을 자신의 몸 상태와 비슷하게 받아들이게 됩니다.

그 무엇보다 중요한 것은 영적인 건강입니다. 말씀에서 깨달음을 얻으면 그것을 언제, 어디서, 어떻게 적용할 것인지 구체적으로 계획해서 실행하십시오. "누가 누구에게 불만이 있거든 서로 용납하여 피차 용서하되 주께서 너희를 용서하신 것 같이 너희도 그리하고"(골 3:13)라는 말씀을 붙잡았을 때, 그동안 용서하지 못해서 마음에 걸렸던 사람이 생각나면 즉시 그에게 연락하십시오. 이렇게 하나님께서 가르쳐 주시는 진리를 삶에서 하나씩 적용하면, 큰 사건이나 고난이 와도 넉넉히 승리할 수 있습니다. 말씀의 적용과 순종이 생활화되면 어떤 상황과 문제 앞에서도 주님의 뜻대로 대처할 수 있을 것입니다. 모든 그리스도인들이 '순종'에 대해 깊이 생각하고, 말씀을 읽을 때마다 삶에 적용하는 노력을 해 나갈 수 있기를 바랍니다.

찬양과 감사로 시작하자

"온 땅이여 여호와께 즐거운 찬송을 부를지어다 기쁨으로 여호와를 섬기며 노래하면서 그의 앞에 나아갈지어다 여호와가 우리 하나님이신 줄 너희는 알지어다 그는 우리를 지으신 이요 우리는 그의 것이니 그의 백성이요 그의 기르시는 양이로다 감사함으로 그의 문에 들어가며 찬송함으로 그의 궁정에 들어가서 그에게 감사하며 그의 이름을 송축할지어다 여호와는 선하시니 그의 인자하심이 영원하고 그의 성실하심이 대대에 이르리로다" 시 100:1-5

기도는 '조용한 시간'에서도 꼭 필요한 것이지만, 평상시에도 생활화되어야 할 신앙의 핵심입니다. 앞으로 구체적인 '기도 훈련'에 대해 다룰 텐데, '훈련'이라는 단어를 쓴 것은 자기가 의식하지 않더라도 자연스럽게 기도할 수 있도록 노력해야 하기 때문입니다. 기도 훈련이 안 된 사람들은 생각나는 대로 중언부언 기도하고, 나중에는 자기가 무엇을 어떻게 기도했는지도 기억하지 못합니다. 기도에 포함되어야 할 기본적인 요소들을 차근차근 알아보고, 이를 착실히 훈련해 감으로써 기도가 우리의 삶 자체가 될 수 있기를 바랍니다.

저는 예배 시간에 집사님이나 장로님이 하는 대표 기도를 들을 때 큰 은혜를 받습니다. 한 마디 한 마디가 준비된 기도임을 느낍니다. 어떤 분은 기도 내용을 종이에 적어서 그대로 읽기도 합니다. 그래도 좋습니다. 시편은 모두가 기도문입니다. 구약 시대에도 그렇게 기도를 적어서 했습니다. 적어서 읽는 기도는 은혜가 안 된다거나 적지 않고 외워서 하는 기도만 은혜가 된다거나 하는 것이 아닙니다. 우리가 읽는 성경에 기록으로 남아 있는 기도문들이 얼마나 큰 은혜가 됩니까? '기도는 이러해야 한다!'라는 틀에 박힌 생각으로 다른 사람을 비판하지 마십시오. 무엇이든 그렇겠지만 기도 역시 훈련하면 누구나 잘할 수 있습니다.

기도에는 다섯 가지 요소가 필요합니다. 찬양, 감사, 죄의 고백, 간구, 그리고 중보 기도입니다. 모든 기도에 이 다섯 가지 요소가 전부 들어가야 하는 것은 아닙니다. 순서도 정해진 것이 아닙니다. 그러나 일단 이 요소들로 훈련해 놓으면 언제 어디서 기도하더라도 필요한 요소를 택해 자연스럽게 기도할 수 있습니다. 이제 기도의 다섯 가지 요소를 한 가지씩 살펴보겠습니다.

| 찬양

기도의 첫 번째 요소는 '찬양'입니다. 찬양은 하나님이 어떤 분이신가를 노래함으로써 그분께 영광을 돌리는 것입니다. 즉, 하나님을 찬미하는 것이지요. 하나님의 훌륭하심, 하나님의 아름다우심, 하나님의 좋으심, 하나님의 위대하심, 하나님의 전지전능하심을 찬미하는 행위입니다. 귀하고 높으신 하나님에 대한 우리의 경배와 사랑을 고백하는 행위입니다. '경배' 또는 '예배'에 해당하는 영어 단어는 '워십(worship)'입니다. 이 단어에는 '가치(worth)'를 부여한다는 뜻이 담겨 있습니다. '경배'에 해당하는 헬라어 단어에는 '그분께 입 맞추다'라는 의미가 들어 있습니다. 우리나라에서는 입을 맞추는 것이 생소한 표현이지만, 서양에서는 상대를 사랑하고 귀하게 여긴다는 표시로 입을 맞춥니다. 마찬가지로 하나님께 사랑을 고백하는 표현이 바로 '경배'이고 '찬양'입니다. 즉, 진한 애정 표현인 것입니다. 성경 곳곳에 하나님에 대한 이러한 찬양이 기록되어 있습니다.

"그러므로 우리는 예수로 말미암아 항상 찬송의 제사를 하나님께 드리자 이는 그 이름을 증언하는 입술의 열매니라"(히 13:15).

여기서는 '찬송의 제사'라고 표현했습니다. 우리가 하나님께 올리는 제사의 제물이 다양한데, 그중 하나가 '찬송'이라는 것입니다. 이 '찬송'은 하나님의 이름을 증언하는 사람들의 입술에 나타나는 열매입니다. 하나님을 사랑하고 소중히 여기는 사람의 입술에서는 저절로 찬송이 흘러나옵니다.

"내가 찬송 받으실 여호와께 아뢰리니 내 원수들에게서 구원을 받으리로다"(삼하 22:4).

"찬송 받으실 여호와께 아뢰리니"라는 구절은 NIV(New International Version) 성경에 "I call to the Lord, who is worthy of praise"라고 되어 있습니다. 찬송 받으실 만한 가치가 있으신 하나님께 말씀드린다는 의미입니다. '내가 찬송 받으시기에 합당한 여호와께 아뢰리니'라고 번역하면 원래의 의미가 온전히 담긴 것입니다. 이렇듯 찬양은 하나님의 가치를 인정하는 행위입니다. 하나님은 이런 분이라고 표현하며 그분을 드높이는 것이 찬양입니다. 우리를 많이 사랑하시는 분이기에 '사랑이 많으신 하나님'이라고 찬양하고, 너무도 좋으신 분이기에 '좋으신 하나님, 좋으신 하나님, 참 좋으신 나의 하나님'

이라고 노래하는 것입니다.

기도할 때도 이렇게 하면 됩니다. 좋으신 하나님, 사랑이 많으신 하나님, 은혜가 충만하신 하나님, 우리를 사랑하시는 하나님, 나를 끝까지 참아 주시는 하나님, 영화로우신 하나님, 능력의 하나님, 전지전능하신 하나님, 자비로우신 하나님 등 그분을 찬양하는 표현은 셀 수 없이 많습니다. 찬양이란 이렇게 하나님의 하나님 되심을 드높이는 행위입니다. 찬송가 중에서도 하나님이 어떤 분이신가를 노래하는 찬송이 많습니다.

"예수는 나의 힘이요 내 생명 되시니
구주 예수 떠나 살면 죄 중에 빠지리
눈물이 앞을 가리고 내 맘에 근심 쌓일 때
위로하고 힘 주실 이 주 예수"

새찬송가 93장 1절입니다. 예수 그리스도가 우리의 유일한 힘이고 생명이 되심을 노래로 만든 것입니다. 시편에서도 하나님의 하나님 되심을 노래한 부분이 많습니다. 여호와는 나의 목자, 여호와는 나의 빛, 나의 피난처, 나의 반석, 나의 힘 등 다양한 묘사를 통해 하나님을 찬송합니다.

"오직 주는 여호와시라 하늘과 하늘들의 하늘과 일월 성신과 땅과 땅 위의 만물과 바다와 그 가운데 모든 것을 지으시고 다 보존하시오니 모든 천군이 주께 경배하나이다"(느 9:6).

"오직 주는 여호와시라"는 이 세상에 다른 주님은 없고, 여호와만이 유일한 주님이시라는 고백입니다. 마치 사랑에 빠진 젊은이가 연인에게 "이 세상에 여자가 30억 명이 있지만 저는 오직 당신만을 사랑합니다!"라고 고백하는 것과 같습니다. 오직 한 분에게만 모든 가치를 부여하는 모습입니다.

그다음 부분은 '-와', '-과'라는 접속 조사로 연결하고 있는데, 원문에는 '당신만이 하나님이십니다'라고 한 다음 '당신께서 하늘을 지으셨습니다. 당신께서는 하늘의 하늘도 지으시고, 또 거기에 있는 모든 것들을 다 지으신 분이십니다. 당신께서 땅도 지으시고 땅 위에 있는 모든 것들도 지으셨습니다. 바다와 그 바다의 모든 것도 당신께서 창조하셨습니다. 당신께서 그 모든 생명체에게 생명을 주셨고, 하늘의 모든 천군과 천사들이 당신 앞에 머리를 숙여 경배합니다.'라고 되어 있습니다. 하나님께서 행하신 위대한 일들을 하나씩 모두 열거하고 있는 것입니다. 이것이 바로 찬양입니다.

| 감사

기도의 두 번째 요소는 '감사'입니다. 감사란 하나님께서 우리를 위해 베푸신 은혜에 대해 고마움을 표현하는 행위입니다. 찬양과는 조금 다릅니다. 찬양은 하나님이 어떤 분이신가를 묘사함으로써 하나님께 영광을 돌린다면, 감사는 주님이 나를 위해 하신 일을 하나씩 헤아리며 고마움을 표시하는 것입니다.

'스프링 보드(spring board)' 혹은 '다이빙 보드(diving board)'를 아

십니까? 수영장에 가 보면 다이빙대에 널빤지를 설치해 두었습니다. 거기 서서 발을 구르면 반동으로 인해 몸이 공중으로 붕 떴다가 물속으로 다이빙할 수 있습니다. 물속으로 들어가지 않고 수영을 할 수 있는 방법은 없습니다. 기도에도 이 원리가 적용됩니다. 기도를 물속에서 수영하는 것에 비유한다면, 물로 뛰어들 수 있게 도와주는 다이빙 보드에 해당하는 것이 바로 '감사'입니다. 하나님 앞에서 여러 가지 감사의 내용을 올리다 보면 자기도 모르게 기도 속으로 푹 빠져들게 됩니다. 수영장에 뛰어들지 않고는 수영을 할 수 없는 것처럼 감사 없이는 기도라는 영적 수영장에 뛰어들 수 없습니다.

"감사함으로 그의 문에 들어가며 찬송함으로 그의 궁정에 들어가서 그에게 감사하며 그의 이름을 송축할지어다"(시 100:4).

시편 100편은 '감사의 시'로 잘 알려져 있습니다. 전체가 다섯 절밖에 안 되지만 온전한 감사의 모습이 잘 표현되어 있습니다. 4절에는 감사하면서 그의 문으로 들어가고 또 그의 궁정에 들어가서 감사하면서 그의 이름을 송축하라고 노래합니다. 찬송과 감사 두 가지를 함께합니다.

"내가 기도할 때에 기억하며 너희로 말미암아 감사하기를 그치지 아니하고"(엡 1:16).

이 말씀에서 사도 바울은 "너희로 말미암아 감사하기를 그치지 아니하고"라고 기록하고 있습니다. 사도 바울은 항상 편지하는 대상을 향해 '내가 너희로 인해 감사하고 있다' 혹은 '너희를 위해 기도한다'라는 표현을 썼습니다. 상대를 위해 기도할 때면 꼭 그에게 편지를 써서 '당신을 위해 기도하고 있다'라고 알렸습니다. 이처럼 기도하면서 '당신들을 위해 내가 하루도 쉬지 않고 기도합니다. 항상 기도합니다. 당신 덕분에, 당신으로 인해 항상 감사합니다!'라는 메시지를 그 사람에게 직접 전해 주는 것은 아주 좋은 습관입니다.

누군가를 위해 기도한 후에 그에게 전화를 걸어 "제가 조금 전에 당신 생각이 나서 기도했어요. 잘 지내고 계신지 궁금해서 안부 전화 드린 거예요."라고 연락해 보십시오. 상대방에게 큰 격려가 될 것입니다. 누군가 나를 위해 기도하고 있다는 사실을 알게 되면 큰 위로와 힘을 얻습니다. 자녀가 타지에서 공부하느라 떨어져 있다고 가정할 때, 부모님이 자신을 위해 기도하고 있다는 내용의 편지를 받는다면 얼마나 큰 힘을 얻겠습니까? '너로 인해 얼마나 감사한지 모른단다. 네가 공부를 열심히 해서 감사하고, 네가 착하고 바르게 지내서 감사하다. 내가 너를 위해 계속해서 기도하고 있단다.'라는 마음을 전해 주면 참 좋겠습니다. 어린 자녀도 무릎에 앉혀 놓고 "내가 너를 위해 기도하고 있단다."라고 말해 주면 아주 좋습니다. 몇십 년 만에 만난 지인이 그동안 저를 위해 계속 기도했다고 이야기할 때 저는 너무도 놀랐습니다. 저와 친밀한 관계가 아닌 사람일 때는 더욱 그렇습니다. 그런 사람들의 기도가 있었기에 저에게 그동안 하나님의 은혜가 가득했던 것 같습니다.

저는 하나님께서 저에게 너무도 많은 은혜를 부어 주신 것에 대해 진심으로 감사하며 삽니다. 모든 일에 복을 주셨습니다. 심지어 고생한 것도 복이 되었고, 어려운 상황과 문제 역시 시간이 지나면서 제게 유익이 되었습니다. 제 주위의 사람들에게도 변화가 나타났습니다. 엉망으로 살던 사람도 제 곁으로 와서 영적으로 힘을 얻기 시작했습니다. 이 모든 은혜는 제가 잘나서가 아닙니다. 하나님께서 저와 함께하시며 친히 역사하셨기 때문입니다.

때로는 하나님께서 동화 속에 나오는 요술 방망이를 휘두르시는 게 아닌가 하는 생각이 들기도 합니다. 분명 상황은 좋지 않게 흘러가고 있는 것 같은데, 곧 일이 잘 풀리며 척척 돌아가기 시작합니다. 제가 어쩌다 실수를 해도 하나님께서 상황을 호전시켜 놓으십니다. 그래서 저는 하나님께 감사한 마음과 함께 때로는 너무나 죄송한 마음이 듭니다. 이런 은혜를 받을 자격이 없는 저에게 하나님께서 너무도 풍성하게 채워 주시니 감당하기 어려울 정도입니다. 그 은혜에 보답을 해야 하는데 그러지 못하니 송구할 때도 참 많습니다.

이런 경험을 통해 분명하게 깨닫는 사실이 있습니다. 주님이 제 삶의 중심이 되셔서 제가 항상 주님을 경배하고 감사할 때, 그분이 모든 것을 이루신다는 것입니다. 하나님의 이런 섭리를 조금씩 깨닫게 되니 어려운 일이 생겨도 주님을 믿고 인내하게 됩니다. 조금만 기다리면 주님께서 상황을 바꾸시고 형통하게 인도하시기 때문입니다.

여러분은 혹시 부메랑을 던져 보신 적 있으십니까? 활등처럼 굽은 나무 막대기인데, 목표물을 향해 던지면 회전하면서 날아갔다가 다시 제자리로 돌아오는 도구입니다. 하나님과 친밀하게 관계하며 지내다 보면 하나님의 은혜가 나를 떠난 것처럼 느껴지더라도 곧바로 그 은혜가 다시 돌아오는 것을 경험할 수 있습니다. 마치 부메랑을 던졌다가 받을 때처럼 말입니다. 이 세상에서 하나님과 친하게 지내는 것보다 더 좋은 일이 있을까요? 전혀 없습니다. 돈, 지위, 권세, 명예도 그 가치를 결코 하나님께 견줄 수 없고, 그 무엇도 주님과 비길 수 없습니다. 하나님과 깊이 교제하면서 그분을 찬양하고 감사하며 살다 보면 모든 결핍과 갈증이 채워집니다. 모든 것이 더해집니다. 그러면 삶이 참 재미있고 행복해집니다.

감사하는 사람은 누구도 이길 수 없습니다. 어떤 고난과 어려운 상황에도 감사할 일을 찾아 주님께 고백하기 때문입니다. 감사는 기도의 세계로 뛰어드는 길이기 때문에 한참을 감사하고 나면 하나님과 교제하는 것이 아주 즐거워집니다. 이것은 단번에 되지 않고 반드시 훈련을 통해 이루어집니다. 하나님께서 나에게 베푸신 은혜를 하나씩 찾고, 하나님께 고마움을 표현하는 노력과 습관이 필요합니다.

기도 생활에서 찬양과 감사보다 더 중요한 요소는 없습니다. 찬양과 감사가 잘되면 나머지는 구하지 않아도 저절로 해결됩니다. 어린 자녀가 엄마에게 달려와 "엄마, 난 엄마가 너무 좋아요. 그리고 엄마한테 항상 고마워요!"라고 말하며 자기의 사랑과 감사의 마음을 전한다면 얼마나 예쁘고 사랑스럽겠습니까? 그런 자녀에게는 뭐라도 해 주고 싶지 않을까요? 어떤 것을 해 줘도 감사할 줄 모르고 "에잇! 겨우 이것뿐이에요?"라고 반응하는 자녀에게는 아무리 부모라도 더 해 주고 싶은 마음이 없어질 것입니다. 우리가 하나님께 계속해서 감사를 표현할수록 하나님께서는 그 크신 손을 더욱 넓게 펼쳐 주실 것입니다.

기도 생활을 꾸준히 지속하다 보면 자기 자신을 위한 기도는 줄어드는 반면, 다른 사람을 위한 중보 기도가 대부분을 차지하게 됩니다. 저도 그런 경험이 있습니다. 저 자신을 위해 기도한다 해도 목회하는 데 필요한 지혜를 구하고, 목사다운 목사가 되게 해 달라고 간구하게 되었습니다. 순전히 제 개인의 유익을 위한 세세한 필요들은 기도하지 않아도 저절로 해결되곤 했습니다. 그래서 저는 여러분께 권면하고 싶습니다. 자기 자신을 위한 기도에 앞서 하나님에 대한 찬양과 감사를 드리십시오. 그리고 다른 이들을 위해 진심으로 기도하는 훈련을 하십시오. 그러면 그 나머지는 하나님께서 전부 해결해 주실 것입니다.

자신을 살피고 정결케 하자

"하나님이여 나를 살피사 내 마음을 아시며 나를 시험하사 내 뜻을 아옵소서 내게 무슨 악한 행위가 있나 보시고 나를 영원한 길로 인도하소서" 시 139:23-24

　　　　　　이번 장에서는 기도의 세 번째 요소인 '죄의 고백'에 대해 살펴보겠습니다. 죄의 고백은 자기 성찰과 죄에 대한 고백, 두 단계로 이루어집니다.

　　'죄의 고백'으로 나아가기 위한 첫 번째 단계는 '자기 성찰'입니다. 자기 성찰이란 자신을 하나님의 말씀에 비추어 보는 것입니다. 하루 15분 동안 자기 자신을 되돌아보는 것이 밖에 나가 한 시간을 달리는 것보다 낫다는 말이 있습니다. 이는 사회생활에서나 신앙생활에서나 동일하게 적용됩니다. 지금까지 걸어온 길, 현재 상황과 앞으로 나아가야 할 미래에 대해 전반적으로 생각할 줄 아는 사람이 무엇을 해도 성공합니다. 지금까지 어떻게 달려왔는지도 모르고, 지금 어디로 달려가고 있는지도 모르고, 제대로 앞으로 달리고 있는지도 모르고 그저 달리느라 바쁜 사람들을 보면 너무 안타깝습니다. 이렇게 자기 성찰이 없는 사람이 과연 위대한 일을 할 수 있을까요?

신앙생활에서도 자기 성찰의 시간이 반드시 필요합니다. 시편 139편 23절에 기록된 자기 성찰의 모습을 한번 살펴봅시다.

"하나님이여 나를 살피사 내 마음을 아시며 나를 시험하사 내 뜻을 아옵소서"(시 139:23).

시편 기자는 하나님께 자기를 살펴 달라고 부탁합니다. NIV 성경에는 "search me"라고 기록되어 있습니다. 이는 캄캄한 곳에 등을 비추며 무엇이 있는지 들여다보는 행위입니다. 즉 "하나님, 하나님께서 저보다 저를 더 잘 아시잖아요. 저에게 주님의 빛을 비춰 주셔서 저의 상태가 어떤지 들여다보시고 살펴봐 주세요."라고 간구하는 것입니다. 이렇게 기도하는 사람은 점점 더 성장하고 성숙해집니다.

자기 자신을 돌아보는 그리스도인은 시간이 지날수록 영혼이 깊어지고 그윽해집니다. 외모 역시 아름다워집니다. 그리스도인들이 자주 함께 모여 기도하고 말씀을 읽으며 서로 격려하며 지내니 점점 원숙해집니다. 그러나 주기적으로 자기 성찰을 하지 않는 사람은 이런 긍정적인 발전과 변화가 없습니다.

예전에 비행기에서 겪은 일입니다. 50세 가량 되어 보이는 여자가 커다란 짐을 다리 앞에 놓고 앉아 있었습니다. 저는 짐을 위에 올리거나 의자 아래쪽에 넣어야 한다고 설명해 주었습니다. 항공법으로 정한 규정이기 때문에 이를 지키지 않으면 승무원이 와서 꼭 알려 주게 되어 있습니다. 그런데 그 여자는 "저도 그런 것쯤은 알아요! 올리고 내리는 게 귀찮아서 그냥 여기 두는 거라고요!"라며 퉁명스럽게 대꾸했습니다. 제 친절이 무색해지는 순간이었습니다. 비행기가 이륙하기 전에 승무원이 돌아다니며 점검하기 시작하자, 여자는 치마로 짐을 슬쩍 가렸습니다. 그러나 이를 눈치챈 승무원이 다가와 짐을 그렇게 놓으면 안 되니 짐칸으로 올리라고 말했습니다. 한참 실랑이를 하다가 결국 짐을 선반에 올려놓았습니다. 그 나이쯤 되면, 인생에서 이런저런 경험을 꽤 했을 텐데 그런 식으로 처신하다니, 참으로 안타까웠습니다. 자기를 돌아보며 성찰하고, 부족한 부분을 채워 왔다면 그런 상황에서 우아하고 성숙한 말과 행동을 했을 것입니다.

물론 예수님을 믿지 않는 사람이라고 해서 다 수준이 낮고 미숙하다는 뜻은 아닙니다. 하지만 그리스도인은 자주 모여 하나님의 말씀에 자신을 비춰 보고, 고치고 다듬는 작업을 합니다. 그래서인지 믿지 않는 사람들과는 아무래도 다릅니다. 주님을 믿는 사람들은 '말씀'이라는 거울에 자신을 비춰 봅니다. 그런 작업을 자기 삶의 양식으로 삼고 살아갑니다. 우리가 자기 성찰 작업을 꾸준히 해 나간다면 생의 마지막 날에는 하나님 보시기에 더욱 성숙하고 아름다운 모습이 될 것입니다.

다시 시편 139편 23절 후반부를 보겠습니다. "나를 시험하사 내 뜻을 아옵소서"라는 고백은 내 가슴속에 있는 걱정, 근심, 불안을 다 가져가 달라는 의미입니다. 우리는 자기 자신을 살필 때조차도 감정과 마음을 제대로 파악하지 못하고 혼란스러워합니다. 이런 증세가 오래되면 병이 되기도 합니다. "내 뜻을 아옵소서"라는 것은 이런 불안한 생각들을 주님께서 전부 맡아 달라는 간구입니다.

저는 이유 없이 초조하고 불안해지거나 삶이 무료하게 느껴지면 무엇이 그렇게 만드는지 찾아서 노트에 적어 봅니다. 어떤 때는 대여섯 가지, 어떤 날은 열다섯 가지가 넘습니다. 그렇게 정리된 고민들을 안고 주님 앞으로 나아가 기도합니다. "주님, 제가 이런 문제로 이런 감정과 생각에 짓눌려 있습니다."라고 고백하며 노트에 적어 놓은 순서대로 이야기를 합니다. 마지막 항목까지 다 고백하고 나면 그 노트 위에 손을 얹고 "주님, 제가 이야기한 이 모든 것을 주님께 맡깁니다. 이들을 맡아 주시고, 해결해 주시고, 깨우쳐 주시고, 용서하실 것이 있다면 모두 용서해 주옵소서!"라고 마무리 기도를 합니다. 당시에는 잘 모르지만 하루 이틀이 지나면 기도하기 전에 가졌던 어두운 마음이 밝아집니다. 복잡하고 혼란스러운 생각이 사라지고 어느새 평안합니다. 저는 이런 경험을 여러 번 했습니다. 그러면서 저는 그리스도인이라면 자기 자신을 살피고 성찰하는 작업을 꼭 해야 한다고 믿게 되었습니다.

> "사람이 자기를 살피고 그 후에야 이 떡을 먹고 이 잔을 마실지니"(고전 11:28).

성찬 예식에 참여하기 전에 자기 자신을 살피라는 말씀입니다. NIV 성경에서는 "examine himself"라고 표현하고 있습니다. 찬양할 때도 가사를 통해 나 자신을 살펴보고, 내 신앙을 확인하고, 내 믿음을 하나님께 비춰 보아야 합니다. 다른 사람의 기도를 들을 때도 한마디 한마디를 새겨들으며 나 자신을 돌이켜 보아야 합니다. 이렇게 언제 어디서든 자기 자신을 살피고 성찰하는 성도는 점점 더 성숙해지고 신앙이 깊어집니다.

두 번째 단계는 '죄에 대한 고백'입니다. 자기 성찰이 있은 후에야 비로소 죄를 고백할 수 있습니다. 고백이라는 것은 꼭 잘못이나 죄를 털어놓는 것만이 아닙니다. 우리 삶을 있는 그대로 하나님 앞에 드러내 놓는 것도 포함됩니다. 원어 성경에 근거하면 '고백'이라는 단어에는 '같은 것을 말한다.'라는 뜻이 담겨 있습니다. 즉, 사실과 같은 내용을 말한다는 것입니다. 하나님께서는 모든 것을 다 알고 계십니다. 그러므로 하나님께서 아시는 것과 똑같이 내 삶을 이야기하는 것, 이것이 고백입니다. 잘못한 일이나 실수나 죄 등을 얼버무리거나 감추지 말고 구체적으로 정확하게 털어놓으십시오. 변명이나 핑계도 바람직하지 않습니다. 하나님은 이미 모든 것을 다 아십니다.

어떤 사람은 몸이 심하게 아픈데도 괜찮다면서 병원에 가지 않으려고 합니다. 진료를 받으면 병명이 확정될까 봐 겁이 나서 일부러 가지 않는 것입니다. 이런 경우는 병을 고칠 수가 없습니다. 병명을 알아야 치료가 가능합니다. 병에 걸렸다는 사실을 인정하는 것이 치료의 첫 번째 단계입니다. 병이 있으면서도 없다고 무시하거나 외면해서는 안 됩니다.

이는 신앙과 영적인 삶에도 동일하게 적용됩니다. 잘한 것, 잘못한 것, 좋은 것, 나쁜 것, 걱정되는 것, 기쁜 것, 감사한 것, 무엇이든지 있는 그대로 하나님 앞에 드리십시오. 그렇게 하지 않고 자기 안에 감춰 두면 병이 됩니다. 내 속에 있는 것들을 모두 주님 앞에 꺼내 놓아야만 영혼이 치유되고, 영적 건강을 회복할 수 있습니다.

부부 사이에는 어떻습니까? 속상하고 서운한 일이 있는데 혼자 끙하니 속앓이를 한다면 해결할 수 없습니다. 오히려 관계가 멀어지고, 자기 마음에 응어리가 생깁니다. 혼자 끙끙 참고 참다가 한 번에 갑자기 빵 터지면 상대방도 어리둥절하고 당황하게 됩니다. 그래서 그동안 쌓인 감정들을 쏟아 내면 상대방도 제대로 이해하지 못하고 뭐 그런 일로 야단이냐며 오히려 비난을 합니다. 그러나 당사자는 그동안 말하지 못하고 계속 참고 서운함을 쌓아 왔기 때문에 단단히 속병이 든 상태일 것입니다. 속병이 생기면 몸까지 아픕니다. 미리 조금씩 이야기하고 풀면 병이 되지는 않습니다. 혼자 끙끙 앓지 말고 하나님께 나아가 다 이야기하십시오. "하나님, 제가 지금 너무 속상해서 죽을 지경입니다!"라고 털어놓으십시오. 하나님께서는 "너는 왜 그렇게 비관적이냐?"라고 야단치지 않으십니다. 화가 나면 화가 난다고, 미우면 밉다고, 슬프면 슬프다고, 있는 그대로 고백하고 쏟아 내십시오. 그래야만 우리 영혼이 다시 살아납니다.

고백도 훈련이 필요합니다. 있는 그대로 털어놓는 훈련을 해야 합니다. 하나님과의 대화에서는 비밀이 철저히 보장됩니다. 걱정하지 말고 주님께 이야기하십시오. 이 훈련을 하지 않으면 인간관계도 어려워지고 심신에 병이 날 수 있음을 꼭 기억하십시오.

정신 분석학자들의 책을 읽어 보니 정신병에 걸린 사람들을 치유하는 방법 중 하나가 그 사람 마음속의 생각을 끄집어내는 것이라고 합니다. 물론 처음에는 잘 이야기하려 하지 않습니다. 그래도 자꾸 질문을 던져서 마음속에 잠재된 생각들을 쏟아 놓게 합니다. 그런 작업이 어느 정도 진행되면 그때부터 환자가 조금씩 회복되어 갑니다. 우리의 정신 건강도 마찬가지입니다. 우리가 가진 문제와 걱정과 근심을 하나님께 내어 드릴 때 온전한 치유와 회복을 기대할 수 있습니다.

> "만일 우리가 우리 죄를 자백하면 그는 미쁘시고 의로우사 우리 죄를 사하시며 우리를 모든 불의에서 깨끗하게 하실 것이요"(요일 1:9).

하나님 앞에서 죄를 고백하면 속사람이 깨끗해집니다. 심리학에서는 '카타르시스(catharsis)'라는 용어를 자주 사용합니다. '카타르시스'는 요한일서 1장 9절에서 나온 말입니다. 고민, 불안, 두려움, 걱정, 이 모든 것을 하나님께 이야기하면 하나님께서 우리의 깨끗하지 못한 성품과 생각을 씻어 주신다는 뜻입니다.

고백의 과정을 잘 거치면 얼굴과 영혼에 평안함과 즐거움이 나타납니다. 그리스도인이라고 얼굴에 씌어 있지 않지만 그 얼굴을 보면 곧바로 알 수 있습니다. 주님과 만나는 '조용한 시간'을 꾸준히 가지며 진심 어린 고백을 통해 깨끗하게 되는 작업을 오래도록 해 왔기 때문에 아름답고 깊은 그리스도인의 모습이 자연스럽게 드러나는 것입니다.

죄의 고백이 필요한 이유

그렇다면 특별히 '죄의 고백'이 필요한 이유는 무엇일까요? 이는 우리의 영적 건강을 위해서도 필요하지만, 무엇보다 하나님과의 관계를 바르게 맺기 위해서 꼭 필요합니다.

"내가 나의 마음에 죄악을 품었더라면 주께서 듣지 아니하시리라"(시 66:18).

우리가 가슴속에 악한 마음을 품고 있으면 하나님께서 우리 기도를 듣지 않으신다는 말씀입니다. 이는 너무나 큰 손해이자 고통입니다. 기도를 통해 하나님을 찬양하고, 감사를 드리고, 내 문제와 고민을 의논하며 힘과 지혜와 능력을 구해야 하는데, 그 통로가 막혀 버린다면 어떻게 되겠습니까? 우리가 하나님과 대화할 수 없고 하나님께 기도드릴 수 없다면 우리 삶이 어떻게 될까요? 그래서 우리 죄를 고백하고 깨끗함을 받아야 하는 것입니다.

"여호와의 산에 오를 자가 누구며 그의 거룩한 곳에 설 자가 누구인가 곧 손이 깨끗하며 마음이 청결하며 뜻을 허탄한 데에 두지 아니하며 거짓 맹세하지 아니하는 자로다"(시 24:3-4).

하나님 앞에 설 수 있는 사람이 누구냐고 질문합니다. 그리스도인이라면 모두가 하나님 앞에 서려는 사람들일 것입니다. 이 말씀에서는 '손이 깨끗한 자'라고 말씀합니다. 손을 살펴보아야 손이 깨끗한지 더러운지 알 수 있습니다. 더러워진 손을 씻는 것은 하나님 앞에서 나의 더러움을 고백함으로써 깨끗함을 받는 일입니다. 또한 마음이 청결하고, 허탄한 데 마음을 두지 않으며, 거짓 맹세를 하지 않는 사람이라고 말씀합니다. 하나님 앞에 서게 되는 이런 사람들은 결국 어떻게 됩니까?

"그는 여호와께 복을 받고 구원의 하나님께 의를 얻으리니"(시 24:5).

자기 자신을 살피고 성찰한 후 회개하고 자백하면 하나님께 복을 받을 뿐만 아니라 하나님 앞에서 의롭게 된다는 말씀입니다. 하나님께서는 우리에게 복 주시기를 원합니다. 우리가 스스로를 말씀에 비추어 살피고, 모든 문제를 주님께 가져와 해결하고, 손을 깨끗하게 하며, 마음을 정결하게 하고, 입술로 허탄한 말을 하지 않으며, 거짓 맹세를 하지 않으면 하나님 앞에 당당히 설 수 있습니다. 그리고 하나님이 주시는 복된 삶을 누릴 수 있습니다.

'복되다'는 것은 행복하다는 말입니다. 여러분은 지금 "아, 나는 참 행복하구나!"라고 말할 수 있습니까? 그렇다면 아주 큰 축복을 받은 사람입니다. 찬양하고 감사하고 자기를 살피고 죄를 고백하는 기도를 통해 하나님의 은혜를 체험하며 더욱 복된 삶을 사시길 바랍니다.

무엇을 어떻게 구할까

"너희가 악할지라도 좋은 것을 자식에게 줄 줄 알거든 하물며 너희 하늘 아버지께서 구하는 자에게 성령을 주시지 않겠느냐 하시니라"

눅 11:13

지금까지 기도의 필수 요소인 찬양, 감사, 죄의 고백을 살펴보았습니다. 이번 장에서는 기도의 네 번째 요소인 '간구'에 대해 생각해 보려고 합니다.

| 간구

'간구'란 무엇입니까? 우리에게 필요한 것을 하나님께 구하는 행위입니다. 어떤 사람은 너무 작고 사소한 것까지 하나님께 구하기가 죄송스럽다고 말합니다. 결혼할 배우자를 달라는 기도를 하는 것도 어색해합니다. 하지만 결혼 적령기의 청년에게 있어서 믿음의 가정을 이룰 배우자를 달라는 간구보다 중요한 기도가 있을까요? 미안해하거나 민망해하지 말고 구하십시오. 하나님께서는 우리가 중요하지 않다고 여기며 시시해하는 것까지도 모두 소중히 여기십니다. 그분은 우리가 작고 사소한 일부터 큰일에 이르기까지 모든 일을 주님께 아뢰고 간구하길 원하십니다.

이제부터는 '간구'와 관련된 성경 구절을 하나씩 살펴볼 것입니다. 하나님께서 주신 말씀을 새겨듣고, 간구하는 삶의 축복과 비밀을 체험하기 위해서는 어떻게 간구할 것인지 알아야 합니다.

첫째, 기쁨의 충만함을 위하여 구하십시오. 하나님은 우리 삶이 기쁨으로 충만해지기를 원하십니다. 친히 그 방법도 일러 주셨습니다.

"지금까지는 너희가 내 이름으로 아무 것도 구하지 아니하였으나 구하라 그리하면 받으리니 너희 기쁨이 충만하리라"(요 16:24).

무엇이든지 주님의 이름으로 구하면 우리 삶이 기쁨으로 채워진다는 말씀입니다. 예수님을 믿은 지 얼마 안 되는 사람은 어색하고 생소해서 그런지 세세한 것들을 달라고 하지 않습니다. 중요하거나 급한 일이 있을 때만 주님을 찾습니다.

주님께 구하는 것은 그리스도인의 특권입니다. 구하면 받습니다. 그 결과 삶에 기쁨이 나타납니다. 백 번 구한 사람과 열 번 구한 사람 중 누가 더 기쁘게 받을까요? 백 번 구한 사람이 훨씬 더 기쁘게 받습니다. 백 번 구한 사람이 오십 번 응답을 받았고, 열 번 구한 사람이 열 번 모두 응답을 받았다고 할 때, 누가 더 기쁠까요? 오십 번 응답을 받은 사람이 열 번 응답을 받은 사람보다 다섯 배는 더 기쁘지 않겠습니까?

일상생활에서 주님을 체험할 수 있는 가장 빠르고 정확한 길은 '간구하는 삶'을 사는 것입니다. 꼭 크고 대단한 일이 아니라도 하나하나 주님께 구하다 보면 주님의 살아 계심을 친히 체험하게 될 것입니다.

언젠가 성도 한 분이 제게 찾아와서 이제는 예수님을 믿는 삶이 어떤 것인지 알겠다고 이야기했습니다. 어떻게 알게 되었는지 물었더니 기도를 하다 보니 자꾸 응답이 오더랍니다. 이를 통해 하나님이 살아 계시다는 것을 깨닫게 되었다는 것입니다. 그렇습니다. 간구하는 삶은 살아 계신 하나님을 체험하는 삶이고, 기쁨이 충만한 삶입니다.

둘째, 하나님의 영광을 위하여 구하십시오. 우리가 기도하면 하나님께 영광이 됩니다. 이는 성경에 기록된 말씀입니다.

"너희가 내 이름으로 무엇을 구하든지 내가 행하리니 이는 아버지로 하여금 아들로 말미암아 영광을 받으시게 하려 함이라"(요 14:13).

우리가 하나님께 계속해서 간구하면 주님께서 응답하시고, 그 응답 속에서 우리는 기쁨을 얻습니다. 이를 통해 우리는 하나님께 영광을 돌리고 감사를 드리며 하나님을 더욱 사랑하게 됩니다.

무엇을
구할 것인가

첫째, 일용할 것을 구하십시오. 마태복음 6장 9절 이하를 보면 우리가 잘 아는 주기도문이 시작됩니다. 주기도문을 매일 읽고 암송하는 사람은 절대 굶지 않습니다. 매일 그날의 일용할 양식을 주실 것이기 때문입니다.

"오늘 우리에게 일용할 양식을 주시옵고"(마 6:11).

미리 앞날을 걱정해 내일 먹을 양식이나 모레 먹을 양식을 구하지 말고 오늘 일용할 양식을 구하라고 말씀하십니다. 구약 시대의 '만나'에 대해 아실 것입니다. 이스라엘 백성들이 광야를 유랑할 때, 하나님께서는 그들에게 만나와 메추라기를 내려 주셨습니다. 그때 하나님은 반드시 딱 하루 먹을 만큼의 양만 거두게 하셨습니다. 이 명령을 어기고 더 많은 분량을 거둔 경우 그 양식은 모두 썩어 버렸습니다. 하나님께서는 매일 신선한 것을 주셨습니다. 이는 오늘날 우리에게도 동일하게 적용됩니다. 우리는 매일 일용할 양식만을 구하면 됩니다.

양식 외에도 일용할 지혜, 건강, 용기, 은혜 등을 구할 수 있습니다. 매일 필요한 것을 필요한 만큼 구하십시오. 인생은 하루씩 살아가면 됩니다. 우선 주어진 하루를 성실하게 계획하고, 일하고, 주님을 섬기며 살면, 언제 세상을 떠난다 해도 후회하지 않을 것입니다. 제가 권하고 싶은 삶의 방식은 하루하루 성실하게, 차곡차곡 쌓아 가는 것입니다. '난 언젠가는 성공할 거야!'라는 식의 허망한 말만 늘어놓지 마십시오. 언제 주님이 부르셔도 부끄럽지 않도록 날마다 주님께 나아가고, 구하고, 감사하고, 순종하면서 성실하게 삶에 임하십시오.

둘째, 염려하지 말고 모든 것을 구하십시오. 염려는 불신앙입니다. 염려하지 않는 방법이 있습니다. 바로 주님께 기도하는 것입니다.

"아무 것도 염려하지 말고 다만 모든 일에 기도와 간구로, 너희 구할 것을 감사함으로 하나님께 아뢰라"(빌 4:6).

온갖 생각과 고민을 껴안고 사는 사람이 많습니다. 그들은 푸념이나 하소연 늘어놓기를 좋아합니다. 그러나 걱정 스위치를 딱 올려 버리면 기도가 나옵니다. 어떻게 스위치를 올릴까요? 푸념을 늘어놓을 때 그 앞에 "주여!"라는 말을 붙이십시오. "삶이 너무나 고달프네!"라고 한탄하고 싶을 때도 "주여, 삶이 너무나 고달픕니다!"라고 하면 기도가 됩니다. 여러분이 혼자 있을 때 어떤 내용의 독백을 하는지 스스로 한번 점검해 보십시오. 혼자 중얼거리는 내용이 부정적이라면, 삶 역시 그러할 것입니다.

언젠가 할머니 한 분이 자기 딸과 대화를 나누는 것을 들었습니다. 할머니는 목 놓아 통곡하시며 인생이 너무 서글프고 고통스럽다고 말씀하셨습니다. 왜 자신은 일찍 남편을 여의고 딸들을 데리고 어렵게 살아야 하는 거냐며 넋두리를 늘어놓으셨습니다. 이야기를 듣고 있자니 하나님을 알지 못한 채 일생을 보낸 할머니의 삶이 너무나 안쓰러웠습니다. 하나님을 알았다면, 속상하고 아픈 마음을 다 내려놓는 기도를 하나님께 드렸다면, 그토록 처량하고 서글픈 넋두리는 하지 않아도 될 텐데 말입니다.

그런 반면 그리스도인들은 얼마나 행복하고 감사한 사람인지 모릅니다. 우리는 혼자서 가슴을 치며 통곡할 필요가 없습니다. 설령 가슴 아픈 일이 있다 해도 주님께 기도하면서 토로할 수 있습니다. 그래서 하나님께서는 우리에게 아무것도 염려하지 말라고 하십니다. 오직 감사함으로 아뢰라고 명령하십니다. '아뢰라'는 것은 이야기하라는 뜻입니다. 앞 장에서도 언급했지만 감사를 고백하면 우리 마음이 밝아지고 생각이 긍정적으로 전환됩니다.

하나님께서
응답하시는 방법

여기서 한 가지 우리가 주목할 것이 있습니다. 우리가 할 일은 '아뢰는 것'까지라는 사실입니다. 즉, 우리가 아뢴 것을 하나님께서 어떻게 처리하고 해결하실지는 우리가 상관할 바가 아닙니다. 모든 것을 우리보다 잘 아시고 이해하시는 하나님께서 우리에게 가장 유익하고 선한 방법으로 일하실 것입니다. 그렇다면 하나님께서는 우리의 기도에 어떻게 응답하실까요?

첫째, 하나님께서는 우리에게 좋은 것으로 주십니다. 적극적으로 주님께 구하고 찾고 두드리는 사람들에게 하나님께서는 좋은 것으로 채워 주십니다.

"너희 중에 아버지 된 자로서 누가 아들이 생선을 달라 하는데 생선 대신에 뱀을 주며 알을 달라 하는데 전갈을 주겠느냐 너희가 악할지라도 좋은 것을 자식에게 줄 줄 알거든 하물며 너희 하늘 아버지께서 구하는 자에게 성령을 주시지 않겠느냐 하시니라"(눅 11:11-13).

성도들과 이런저런 대화를 하다 보면 인간적인 생각으로 불가능해 보이는 일들이 참 많습니다. 그러나 성도들이 "기도하고 있으니 하나님께서 해 주시겠지요!" 하고 웃으며 이야기하는 것을 들으면 제가 얼마나 무안해지는지 모릅니다. 제가 그들의 신앙의 깊이에 미치지 못하는 것이 참으로 부끄럽습니다. 제 판단에는 절대로 안 될 것 같았는데 나중에 보면 그들의 믿음대로 하나님께서 일하십니다. 그래서 '아, 목사가 함부로 말해서는 안 되겠구나!' 하는 생각을 합니다. 아무리 영적으로 뛰어난 사람이라 해도 그 역시 사람이기 때문에 모든 것을 다 알고 판단할 수는 없습니다. 그러나 하나님께 구하고 찾으면 결국에는 하나님의 방법으로 이루어지게 되어 있습니다.

죄성이 있는 인간도 자기 자식에게는 좋은 것을 주려고 노력하는데, 하나님이야 오죽 하실까요? 누가복음에는 구하는 자에게 성령을 주신다고 기록되어 있습니다. 마태복음의 병행 구절에는 "하물며 하늘에 계신 너희 아버지께서 구하는 자에게 좋은 것으로 주시지 않겠느냐"라고 기록되어 있습니다. 우리가 믿을 수 있는 것은 하나님께서 '좋은 것'을 주신다는 사실입니다. 우리가 열을 구했는데 하나님이 다섯을 주셨다 해도 그만한 이유가 있어서입니다. 하나님께서는 우리보다 모든 것을 잘 아시는 분이기에 열보다는 다섯이 좋다고 판단하여 그렇게 행하셨을 것입니다. 물론 각 사람이 가진 믿음의 분량에 따라 이를 믿을 수도 있고 믿지 않을 수도 있습니다.

신앙이 성숙한 사람은 언제나 하나님께서 좋은 것으로 주셨음을 믿습니다. 그것이 바로 감사입니다. 이런 사람은 하나님 보시기에 참으로 어여쁠 것입니다. 그러니 또 부어 주시고 채워 주실 것입니다. 달란트 비유에서 한 달란트 받은 사람처럼 주님을 원망하고 불평하는 사람은 감사할 줄을 모릅니다.

둘째, 하나님께서는 모든 것을 풍성하게 채워 주십니다. 하나님께서는 우리에게 필요한 것을 잘 알고 계시기에 모든 필요한 것을 채워 주신다고 약속하십니다.

"나의 하나님이 그리스도 예수 안에서 영광 가운데 그 풍성한 대로 너희 모든 쓸 것을 채우시리라"(빌 4:19).

"풍성한 대로"라는 말은 '하나님의 풍성한 은혜 가운데'라는 뜻입니다. 풍성한 대로 단순히 우리의 쓸 것을 채우신다는 것이 아니라, 우리의 '모든' 쓸 것을 채우신다는 말씀입니다. '쓸 것'이라 함은 필요한 것을 말합니다. 즉, 하나님께서 우리에게 필요한 것을 채워 주신다는 약속입니다.

많은 사람들이 필요와 욕심을 구분하지 못합니다. 사도 바울이 말한 것처럼 먹을 것, 입을 것, 잠잘 곳만 있으면 적어도 최소한의 필요는 충족된 삶입니다. 그것으로 충분히 만족할 수 있습니다. 그런데 지금 우리의 삶은 어떻습니까? 먹을 것, 입을 것, 잠잘 곳보다 훨씬 더 많은 것이 채워져 있지 않습니까? 하나님께서는 더 좋은 것으로 더 많이 주셨습니다.

우리의 만족은 소유의 많고 적음에 달려 있지 않습니다. 우리 자신의 필요를 아느냐 알지 못하느냐에 달려 있습니다. 우리에게 필요한 것은 하나님께서 반드시 채우십니다. 반면, 욕심으로 구하는 것은 주지 않으십니다.

셋째, 하나님께서는 욕심으로 구하지 말라고 명하십니다. 하나님께서는 욕심이 없는 사람들, 받은 것에 감사하는 사람들에게 더 많이 주십니다.

"너희는 욕심을 내어도 얻지 못하여 살인하며 시기하여도 능히 취하지 못하므로 다투고 싸우는도다 너희가 얻지 못함은 구하지 아니하기 때문이요"(약 4:2).

이 구절은 "욕심을 내어도 얻지 못하여"가 아니라 '욕심을 부리니까 얻지 못한다'라고 번역해야 합니다. 달란트 비유에서 다섯 달란트 받은 사람이 열심히 일해서 다섯 달란트를 더 남기니 주님께서 어찌하셨습니까? 악하고 게으른 자가 가진 한 달란트를 빼앗아 열 달란트 가진 자에게 주셨습니다. 또한 작은 것에 충성하였으니 더 많은 것을 맡기겠다고 말씀하십니다. 이것이 하나님의 방법입니다. 하나님 나라의 이 원리를 아는 사람은 자기가 가진 것을 다른 사람들에게 나누어 줍니다. 하나님이 채워 주신다는 것을 알기 때문입니다.

어떤 자세로 구할 것인가

이제 하나님 앞에 나아와 간구할 때, 어떤 자세를 취해야 하는지 살펴보겠습니다.

첫째, 담대하게 구해야 합니다. 우리가 담대하게 구할 수 있는 이유는 우리가 구하면 하나님께서 들으신다는 사실을 알기 때문입니다. 기도를 많이 해본 사람은 이 사실을 압니다. 경험이 있으면 자신 감이 생기고 더욱 담대할 수 있습니다.

"그를 향하여 우리가 가진 바 담대함이 이것이니 그의 뜻대로 무엇을 구하면 들으심이라 우리가 무엇이든지 구하는 바를 들으시는 줄을 안 즉 우리가 그에게 구한 그것을 얻은 줄을 또한 아느니라"(요일 5:14-15).

여기서는 '그의 뜻대로' 구하면 들으신다고 말씀합니다. 주님 뜻대 로 구하라는 말은 우리의 인간적인 소망을 모두 무시하라는 말이 아 닙니다. 사람의 판단이 항상 옳을 수 없으니 결정권은 항상 주님께 드리라는 말입니다. "주님, 제 생각에 이것은 꼭 필요한 것 같으니 꼭 주십시오. 그러나 주님이 원하시는 대로 응답해 주시기를 원합니다!”
라고 기도하는 것입니다. 여러 차례의 기도 응답 경험을 통해 우리는
자신의 바람과 소망이 하나님의 뜻에 맞는지 맞지 않는지를 분별할
수 있습니다. 따라서 주님의 뜻이라는 확신이 선다면, 담대하게 믿음
으로 구해야 할 것입니다.

15절에서는 “구한 그것을 얻은 줄을 또한 아느니라”고 말씀합니
다. 믿음이란 보이지 않는 것을 보이는 것처럼 여기고 사는 일입니다.
실제로는 보이지 않지만 마음의 눈으로 보면 볼 수 있습니다. 이 역
시 훈련이 필요합니다. 신앙의 눈, 영적인 눈, 믿음의 눈으로 우리의
삶을 바라보는 훈련을 해야 합니다. 하나님께 기도하다 보면 이런 훈
련이 자연스럽게 될 것입니다.

최고 경영자 모임에서 기업 경영과 관련하여 훈련하는 모습을 본
적이 있습니다. 각 회사의 CEO들이 모였는데, 처음에는 각자에게 나
눠 준 종이에 5년 동안의 사업 목표를 적으라고 합니다. 그다음 그
종이를 방과 사무실에 붙여 놓고 매일 아침, 점심, 저녁으로 한 번씩
읽게 합니다. 한 달에 90번을 읽는 셈입니다. 이는 자기가 원하는 바
를 마음의 눈으로 볼 수 있게 만드는 훈련입니다. 이런 훈련을 계속
하면 실제로 자기가 원하는 목표들을 성취하게 됩니다.

결국 믿음은 바라는 것들의 실상이며, 보지 못하는 것들의 증거
입니다. 육안으로는 보이지 않지만 마음으로는 확실하게 보는 것입니
다. 영의 눈으로 보는 훈련이 잘 되어 있는 사람들은 자신의 기도가
응답될 것을 믿고 하나님께 담대하게 나아갈 수 있습니다. 많이 구
해서 많이 응답받게 되면 그 삶에 기쁨이 넘칠 뿐만 아니라 하나님

께는 큰 영광이 됩니다. 우리에게 필요한 것을 주님께 모두 간구하며 살아갈 때, 우리의 삶은 더욱 풍성해질 것입니다.

께는 큰 영광이 됩니다. 우리에게 필요한 것을 주님께 모두 간구하며 살아갈 때, 우리의 삶은 더욱 풍성해질 것입니다.

누구를 위해 기도할까

"모든 기도와 간구를 하되 항상 성령 안에서 기도하고 이를 위하여 깨어 구하기를 항상 힘쓰며 여러 성도를 위하여 구하라" 엡 6:18

많은 성도들이 저를 찾아와서 "목사님, 기도가 잘 안 됩니다. 무엇을 기도해야 할지 잘 모르겠습니다."라고 말합니다. 그런 분들은 지금까지 배운 기도의 요소들을 기억하고, 기도할 때마다 훈련을 하면 큰 도움이 될 것입니다.

오른손을 펴서 손가락을 하나씩 꼽아 보십시오. 기도의 다섯 가지 요소가 무엇이었습니까? 첫째가 찬양, 둘째가 감사, 셋째가 죄의 고백, 넷째가 간구! 그리고 마지막이 이번 장에서 다룰 중보 기도입니다. 이렇게 한 손가락씩 꼽아 가면서 기도 훈련을 하다 보면, 시간이 모자랄 수는 있어도 기도 제목이 모자라지는 않습니다. 기도의 다섯 가지 요소들이 잘 훈련되면, 어떤 때는 한 요소만으로도 오랜 시간 집중해서 기도할 수 있습니다.

중보 기도

중보 기도는 말 그대로 다른 사람을 위해 하는 기도입니다. 우리 주변에는 기도를 필요로 하는 사람이 너무나 많습니다. 아직 그리스도를 만나지 못한 사람, 교회를 다니긴 하지만 예수님을 인격적으로 만나지 못한 사람, 아직 미성숙하여 쉽게 낙심하는 사람, 말씀을 잘 깨닫지 못하고 찬양에서도 은혜를 받지 못하는 사람, 그리스도를 알지 못해 삶에 아무 소망과 기쁨이 없는 사람, 상처와 고통에서 벗어나지 못한 사람 등등. 이뿐만이 아닙니다. 육체의 질병과 문제, 사회생활 속에서 만나는 여러 가지 상황과 갈등 때문에 기도를 필요로 하는 사람도 많습니다.

중보 기도의 능력은 진실로 크고 위대합니다. 제가 오래전 미국에서 목회할 때의 일입니다. 성도 한 명이 교통사고를 당해 완전히 혼수상태에 빠졌다는 소식을 들었습니다. 뇌를 다쳤는데, 뇌 속의 피가 염증을 일으켜 당장 그 피를 빼내는 수술을 해야 했습니다. 그 소식을 들은 즉시 저는 성도 한 분에게 전화를 걸었습니다. 그때 저희 교회에는 기도 연락망이 조직되어 있었습니다. 제가 그분에게 연락을 하면 한 시간 이내에 전 성도에게 소식이 전달되어 함께 기도할 수 있었습니다. 이상하게도 그날은 기도하면 하나님께서 곧 응답해 주실 것 같은 생각이 들었습니다. 그래서 모든 교인이 함께 기도하기 시작했는데, 전혀 의식이 없던 사람이 한 달 만에 완전히 회복되는 기적이 일어났습니다. 저는 그 사람이 깨어나는 것을 보고 '기도의 힘이 이렇게 크구나!' 하는 것을 다시 한번 깨달았습니다.

우리의 대제사장이신 예수님께서 지금 하고 계시는 가장 중요한 일이 무엇일까요? 바로 우리를 위한 중보 사역입니다. 하나님과 우리 사이에 거하시며 우리를 위해 기도하시고 우리를 변호하십니다. 그러므로 우리가 하나님과 다른 사람들 사이에서 그들의 필요를 위해 기도하는 것은 예수님의 중보 사역에 동참하는 일입니다. 예수님께서도 친히 우리에게 그 사역을 하라고 말씀하셨습니다.

우리는 세계 곳곳에서 고통받는 사람들을 위해서 기도할 수 있습니다. 우리가 앉아 있는 그 자리에서 아프리카 선교사들을 위해 기도할 수 있고, 남미에 있는 가난한 사람들을 위해, 중동에서 전쟁으로 고통받는 난민들을 위해, 일본에서 지진과 홍수로 삶의 터전을 잃은 사람들을 위해 기도할 수 있습니다. 중보 기도는 우리에게 전 세계를 방문할 수 있는 특권을 줍니다. 다른 사람을 위한 기도 제목을 적어 날마다 하나님의 보좌 앞에서 그들을 위해 꾸준히 기도하는 훈련을 해 보십시오.

성경 속 중보 기도

성경에서는 중보 기도와 관련해서 뭐라고 이야기하는지 찾아보겠습니다.

첫째, 성도를 위해 항상 기도하라고 합니다. 예수님께서는 언제 어디서든 기도하는 '기도의 생활화'를 강조하셨습니다.

"모든 기도와 간구를 하되 항상 성령 안에서 기도하고 이를 위하여 깨어 구하기를 항상 힘쓰며 여러 성도를 위하여 구하라"(엡 6:18).

'항상 기도한다'라는 것은 '기도의 생활화'를 의미합니다. 언제 어디서든, 무엇을 하든 잠깐이라도 기도하는 습관을 들이는 것이 중요합니다. 주님은 교회에만 계신 분이 아니시기 때문에 꼭 교회에 가서 기도하지 않아도 됩니다. 주님은 우리 마음속에 계십니다. 언제 어디서든, 아무 때나 자유롭게 기도할 수 있습니다. 기도할 때 꼭 눈을 감아야 하는 것도 아닙니다. 자유로운 자세와 어떤 방식으로든 기도할 수 있습니다.

기도를 생활화한 성경 인물에는 누가 있을까요? 느헤미야입니다. 느헤미야가 하루는 왕 앞에 나아갔습니다. 왕이 말하길 "전에는 네 얼굴에서 걱정의 빛을 본 적이 없는데 어쩐 일로 얼굴에 그늘이 드리워졌느냐?"라고 묻습니다. 느헤미야가 왕에게 그 이유를 말하니, 왕은 자신이 어떻게 도와주면 되는지 묻습니다. 이때 느헤미야가 어떻게 했습니까? 곧바로 "이런 방법으로 도와주십시오!"라고 대답하지 않았습니다. 느헤미야 2장 4-5절에 보면 "내가 곧 하늘의 하나님께 묵도하고 왕에게 아뢰되"라고 기록되어 있습니다. 여기서 '묵도'란 기도를 뜻합니다. 느헤미야는 기도가 생활화되어 있었기 때문에, 그 짧은 순간에 기도하고 하나님의 지혜를 얻어 대답했던 것입니다. 이는 느헤미야 같은 특별한 성경 인물에게만 국한된 이야기가 아닙니다. 우리도 할 수 있습니다.

제가 북한에서 중학교에 입학할 때의 이야기입니다. 입학시험을 치르고 2차로 구두시험을 보러 갔습니다. 제 차례가 되어 "주님, 제게 지혜를 주옵소서!"라고 기도하며 들어갔습니다. 그런데 면접관이 대뜸 "너 예수 믿지?"라고 묻는 게 아니겠습니까? 그래서 그렇다고

대답했습니다. 그랬더니 "너, 주일날 학교 올 거야? 안 올 거야?"라고
묻더군요. 제 생활기록부에 "주일에는 교회 가야 해서 학교에 안 온
다"는 기록이 있어서 그렇게 질문한 것 같았습니다. 그래서 "매일 학
교에 오겠습니다! 주일날만 빼놓고요!"라고 대답했습니다. 제 대답이
떨어지자마자 면접관이 눈을 부릅뜨고는 "너 같은 놈은 공부할 필
요 없어! 당장 나가!"라며 소리치더니 제 입학 원서에 줄을 좍 그어
버렸습니다. 그것으로 구두시험이 끝났습니다. 저는 면접장을 나오기
전에 그 선생님에게 인사를 했습니다. 그러고는 "선생님, 저는 꼭 공
부하고 싶습니다. 제 장래와 제가 공부를 하느냐 못 하느냐는 선생님
손에 달려 있습니다!"라고 말씀드린 후에 면접장을 나왔습니다.

　합격자를 발표하는 날이 되었습니다. 가 볼 필요도 없었지요. 떨어
졌다고 생각했기 때문에 하루 종일 집에서 신나게 놀았습니다. 그런
데 제일 친한 친구가 자기랑 합격자 발표를 보러 가자더군요. 그래서
구두시험 이야기를 해 주었습니다. 떨어졌을 게 분명하니 안 가겠다
고 말했습니다. 하지만 "너는 내 제일 친한 친구잖아! 같이 좀 가자!"
라고 하도 졸라 대서 하는 수 없이 같이 갔습니다. 저는 그 친구의
수험 번호를 확인하려고 왼쪽으로 가고 그 친구는 제 수험 번호를
확인하러 오른쪽으로 갔습니다. 친구의 수험 번호는 떡하니 붙어 있
었습니다. 그래서 친구를 찾아서 막 달려갔습니다. 그런데 친구도 제
쪽으로 뛰어오면서 합격이라고 소리치지 뭡니까? 저는 어리둥절해서
"아니야! 잘못 본 걸 거야. 내 번호가 있을 리 없어!"라고 말했습니다.
그러자 친구가 저를 끌고 가서 확인시켜 주었습니다. 합격자 명단에
제 수험 번호가 틀림없이 적혀 있었습니다.

‘이상하다. 그 선생님이 내 입학 원서에 줄을 긋는 것을 분명히 보았는데…. 또 너 같은 놈은 공부할 필요 없다고 소리치셨는데….’

아무리 생각해도 그것은 하나님이 도와주신 것 같았습니다. 시험장을 나오기 전에 했던 말이 선생님의 마음을 움직인 게 분명합니다. 하나님께서 그런 지혜를 주시지 않았으면, 열한 살짜리가 어떻게 그런 말을 할 수 있었겠습니까?

합격하고 나서 어떻게 되었는지 아십니까? 그때가 6. 25 전쟁 중이어서 북한에는 먹을 게 거의 없었습니다. 그런데 공립학교에 붙은 학생들은 한 달에 두 말씩 쌀을 배급해 주었습니다. 제가 그때 저희 식구 여덟 명을 다 먹여 살렸습니다. 합격자 발표장에 다녀온 후, 집에 와서 가족들에게 구두시험 치른 이야기를 다 했습니다. 물론 기도하고 시험장에 들어간 이야기도 했습니다. 하도 어릴 적 일이라 분명하게 기억나지는 않지만, 제 누님이 나중에 그 이야기를 해 주었습니다. 그때 가족들이 저에게 똑똑하게 말을 참 잘했다고 칭찬을 많이 해 주었답니다. 그것은 저의 지혜로 한 말이 아닙니다. 하나님께서 제게 주신 지혜로 한 말이 분명합니다.

구두시험 전에도 시험이 하나 더 있었던 게 기억납니다. 그때도 고민하며 기도했습니다. 시험 치르는 방식이 조금 특이했는데, 작은 종이에 질문을 적어서 책상 위에 놓고는 학생에게 골라서 가져가라고 합니다. 학생이 나와서 종이를 집은 다음에, 거기에 적힌 질문에 대한 답을 적은 후 선생님 앞에 서서 읽어야 합니다. 배운 것을 확인함과 동시에 조리 있게 글을 쓸 수 있는 능력도 보는 것입니다. 제가 고른 종이에는 세 가지의 질문이 있었는데, 지금은 하나밖에 기억나지 않습니다.

'다윈의 종의 기원에 의하면 인간의 시조는 무엇인가?'라는 질문입니다. 이 문제로 고민을 참 많이 했습니다. 원숭이에게서 진화되었다고 적을 수도 없고 하나님이 창조하셨다고 적자니 불합격할 것 같았습니다. 그래서 한참을 기도했는데, 하나님께서 제가 믿는 대로 쓰라고 하시는 것 같았습니다. 그래서 창세기의 말씀을 떠올리고 '태초에 하나님이 천지를 창조하시니라 땅이 혼돈하고 공허하며 흑암이 깊음 위에 있고… 하나님이 자기 형상 곧 하나님의 형상대로 사람을 창조하시되…'라고 썼습니다. 그리고 선생님 앞에 가서는 "태초에 하나님이 천지를 창조하시니라…" 하면서 답안지에 적은 대로 읽었습니다. 그랬더니 선생님들이 눈이 휘둥그레져서 저를 바라보았습니다. 그러나 아무 말씀도 하지 않았습니다. 그래서 나머지 두 개도 적어 온 답을 그대로 읽은 뒤 종이를 제출하고 나왔습니다. 시험장을 나오니 바로 옆 교실로 가서 구두시험을 치라고 안내해 주었습니다.

필기시험에서 "태초에 하나님이 천지를 창조하시니라…"라고 적어 발표하고, 구두시험에서 주일에는 절대로 학교에 못 온다고 얘기했으니 저는 누가 봐도 불합격이었습니다. 그런데 합격되었습니다. 이게 도대체 어떻게 된 일일까요? 저도 잘 모릅니다. 제가 시험을 치를 때 했던 기도를 하나님이 들으셔서 합격시켜 주신 것이라 믿습니다. 한참 먹고살기 어려운 시기에 쌀을 배급받게 된 것도 하나님이 하신 일입니다. 저는 짧은 순간이지만 간구하는 자에게 응답하셨던 하나님을 여러 번 경험했습니다. 하나님께서도 그래서 항상 기도하라고 말씀하신 것입니다. 기도를 한꺼번에 몰아서 하려면 바쁘고 힘듭니다.

순간순간 서로를 위해서, 다른 사람을 위해서도 기도하는 습관을 기르는 게 좋습니다.

많은 성도들이 중보 기도는 목사님이나 사역자들이 하는 기도인 줄 압니다. 기도할 제목이 많아서 바쁘긴 해도 목사에게 있어서 중보 기도는 하나의 즐거움이자 특권입니다. 그러나 하나님께서 목사의 기도라고 해서 특별히 잘 들어주시는 것은 아닙니다. 하나님께서는 누구의 기도든 기도 듣기를 기뻐하십니다. 오히려 목사보다 훨씬 더 기도 응답을 많이 받은 성도도 있습니다. 우리는 모두 중보 기도자가 될 수 있습니다. 통화하다가 상대방을 위한 기도 제목이 생각나면 서로 기도해 줄 수 있습니다. 이런 게 잘 되지 않는 것은 그리스도인 모두가 중보 기도자임을 모르기 때문입니다. 목사님이나 장로님이 기도해야만 중보 기도가 되는 게 아닙니다. 성도들끼리 서로 기도해 주면 더욱 좋습니다. 이것이 바로 평신도 목회입니다. 목회자들이 하는 것처럼 평신도들도 서로를 위해 기도하는 것이 중요합니다. 신앙생활에서 꼭 필요한 일입니다. 우리 그리스도인들 가운데 이런 움직임이 활발해지면 참으로 좋겠습니다.

둘째, 윗사람들을 위하여 기도하라고 합니다. 높은 지위에 있는 사람들을 위해 기도해야 합니다. 대통령, 국회위원과 같은 나라의 위정자, 학교 선생님, 직장의 대표, 교회의 사역자들, 그 밖의 모든 지도자들을 위해 기도해야 합니다.

"그러므로 내가 첫째로 권하노니 모든 사람을 위하여 간구와 기도와

도고와 감사를 하되 임금들과 높은 지위에 있는 모든 사람을 위하여
하라 이는 우리가 모든 경건과 단정함으로 고요하고 평안한 생활을 하
려 함이라"(딤전 2:1-2).

우리가 왜 지도자들을 위해 기도해야 할까요? 이 말씀의 마지막
부분에 "고요하고 평안한 생활을 하려 함"이라고 되어 있습니다. 즉,
그리스도인들이 조용하고 평안한 가운데 신앙생활을 해 나가려면 윗
사람들을 위해 부지런히 기도해야 한다는 뜻입니다. 중보 기도를 할
때마다 나라에서 정치하는 사람들을 위해 기도하면 좋습니다. 교회
의 목회자들을 위해 기도하는 것도 꼭 필요합니다. 장로님들, 권사님
들, 집사님들, 구역장님들, 선생님들, 이렇게 모든 윗사람들을 위해 기
도하는 것은 하나님께서 우리에게 특별히 명령하신 일입니다. 모든
사람들을 위해 기도하되 특별히 윗사람들을 위해 기도하라고 말씀
하셨기 때문입니다.

셋째, 교회를 위하여 기도하라고 합니다. 그리스도의 신실한 일꾼
인 에바브라는 골로새 교회 출신의 그리스도인입니다. 사도 바울은
그가 자기 교회를 위해서 항상 애써 기도한다고 말합니다. 그는 교회
를 위해서 어떻게 기도합니까?

"그리스도 예수의 종인 너희에게서 온 에바브라가 너희에게 문안하느
니라 그가 항상 너희를 위하여 애써 기도하여 너희로 하나님의 모든
뜻 가운데서 완전하고 확신 있게 서기를 구하나니"(골 4:12).

사도 바울은 이 말씀에서 에바브라가 기도할 때 "너희로 하나님의 모든 뜻 가운데서 완전하고 확신 있게 서기"를 간구한다고 말합니다. 우리도 에바브라를 본받아 우리가 속한 교회와 성도가 하나님의 뜻 안에서 완전하고 확신 있게 설 수 있도록 기도해야 합니다.

넷째, 예수님께서 우리를 위해 기도하고 계심을 기억해야 합니다. 하나님의 은혜로 구속받은 하나님의 자녀들은 이 땅에서 온전히 구원받을 수 있습니다. 예수님께서 우리를 위해 기도하시기 때문입니다. 우리가 연약할 때나 어려운 문제를 만났을 때 예수님께서 우리를 위해 계속 기도하시기 때문에 우리가 이 땅에서도 안심하고 평안하게 살 수 있습니다. 구원받은 사람은 타락해서 방황하는 삶을 살았다 해도 죽기 전에 회개하고 하나님께 돌아올 수밖에 없습니다. 거듭난 사람은 죽을 때도 믿음 안에서 죽게 되어 있습니다. 예수님께서 항상 우리를 위해 기도하고 계시기 때문입니다.

"그러므로 자기를 힘입어 하나님께 나아가는 자들을 온전히 구원하실 수 있으니 이는 그가 항상 살아 계셔서 그들을 위하여 간구하심이라"
(히 7:25).

예수님께서 우리를 위해 중보 기도를 하신다는 사실을 잊어버리거나 믿지 못하는 사람은 참 불행합니다. 손해도 막심합니다. 생각해 보십시오. 예수님께서 하늘에서 중재자로서 우리를 위해 기도하시고, 우리 마음속에 계신 성령님께서 우리가 어떻게 기도해야 할지 몰라 답답해할 때 우리 대신 하나님께 기도해 주십니다. 이 사실을 믿기만 하면 마음에 크고 깊은 평안이 찾아옵니다. 물론 우리는 연약한 사람이기 때문에 마음이 흔들릴 때도 있지만, 예수님께서 우리를 위해 항상 기도하고 계신다는 사실을 기억한다면 기도할 때 담대함으로 나아갈 수 있습니다.

다섯째, 제사장처럼 중보자가 되라고 합니다. 제사장은 하나님과 인간 사이에서 인간을 대신해 하나님 앞으로 나아가는 사람입니다. 사람들에게 하나님의 말씀을 선포하는 예언자나 선지자와는 다릅니다.

"그의 아버지 하나님을 위하여 우리를 나라와 제사장으로 삼으신 그에게 영광과 능력이 세세토록 있기를 원하노라 아멘"(계 1:6).

하나님께서 우리를 나라와 제사장으로 삼으셨다고 말씀합니다. 우리가 제사장으로 부름을 받았다는 것은, 우리 한 사람 한 사람이 하나님 앞에서 다른 사람을 위해 하나님 앞으로 나아가는 제사장 역할을 해야 한다는 뜻입니다.

많은 가정들을 보면 아내가 남편을 위해 기도하고, 부모가 자식을 위해 기도합니다. 그 반대 방향으로 기도하는 경우는 별로 없습니다. 그러나 기도도 쌍방 통행이어야 합니다. 남편도 아내를 위해 기도하고, 자식도 부모를 위해 기도해야 합니다. 제 자녀들이 저를 위해 기도하는 소리를 들을 때 어떤 유명한 목사님이 기도해 주시는 것보다 훨씬 좋습니다. 자녀가 부모를 위해 하는 기도는 하나님께서 더 잘 들어주실 것만 같습니다.

다른 사람을 위해 기도할 때 상대방에게 그 사실을 알려 주는 것도 아주 중요합니다. 사도 바울은 자기가 기도하고 있는 이들에게 "내가 너희를 위하여 항상 하나님께 감사하며 기도하고 간구한다."라고 꼭 알려 주었습니다. 누군가 나를 위해서 기도해 준다는 사실을 알면 큰 격려와 힘을 얻습니다.

제가 미국에서 사역할 때의 일입니다. 새 교우가 들어오면 곧 그 사람을 위한 기도 팀이 구성됩니다. 각자 한 사람씩 맡아 한 달 동안 기도합니다. 처음에 새 교우의 이름, 주소, 직업 등의 대략적인 정보를 받아서 기도하다 보면 점점 그에 대해 궁금해집니다. 그래서 전화를 걸게 됩니다.

"제가 교회에서 선생님을 위한 기도를 맡아서 하고 있습니다. 지금 2주째 기도하고 있어요. 선생님이 어떤 분이신지 궁금해서 전화를 드렸습니다. 혹시 특별한 기도 제목이 있으면 저한테 좀 알려 주시겠어요? 제가 남은 기간 동안 선생님을 위해 좀 더 구체적으로 기도하고 싶거든요."

이런 전화를 받은 새 교우는 자기가 알지 못하는 사람들이 한 달 동안 매일같이 자기를 위해 기도하고 있다는 사실에 깜짝 놀랍니다. 다음에 한 번 더 전화를 하게 되면, 주일 예배 후에 만나서 이야기하자는 대화가 오갑니다. 그렇게 해서 주일날 기도 팀과 새 교우가 만나 서로 반가워하며 교제하는 모습을 지켜볼 때면 얼마나 큰 감동이 있는지 모릅니다. 다른 사람을 위해 기도하고 있다는 사실을 본인에게 알려 줌으로써 얻는 유익은 참으로 큽니다.

중보 기도의 대상

도입 부분에서 손가락을 꼽으며 기도의 다섯 가지 요소를 기억하라고 말씀드렸습니다. 이제 기도의 대상을 기억할 수 있는 방법을 알려 드릴까 합니다.

왼손을 펴 보십시오. 첫 번째 손가락인 엄지는 바로 나 자신을 가리킵니다. 나 자신의 지혜와 능력을 위해 기도하십시오. 자신이 잘못되면 주위의 모든 것들이 난관에 봉착하게 됩니다. 그러므로 먼저 자기 자신을 위해 기도하십시오.

두 번째는 모든 사람들을 위해서 기도하는 것입니다. 집게손가락은 외부에 있는 많은 사람들을 가리킵니다. 아주 오래전 영국의 어떤 교회에서 세계 평화를 위해 기도하는 모습을 보았습니다. 아직도 잊히지 않는 참 인상 깊은 장면이었습니다. 그리스도인이라면 세계와 열방을 품고 기도해야 합니다. 또 나라와 민족을 위해서 기도하는 것도 꼭 필요합니다.

세 번째 가운뎃손가락은 다섯 손가락 중 가장 높으니 윗사람들을 가리킨다고 기억하십시오. 넷째 약손가락은 결혼반지를 끼는 곳입니다. 그러니 자기 아내, 자기 남편, 자기 자녀, 자기 부모, 자기 손자를 위해 기도하는 것입니다. 마지막으로 제일 작고 약한 새끼손가락이 남았습니다. 이는 어려움에 처해 있는 연약한 자들을 기억하며 기도하는 것입니다.

이런 식으로 왼손을 펼쳐 한 손가락씩 꼽아 가면서 기도하면 됩니다. 나를 위해, 나라와 민족과 세계를 위해, 윗사람들을 위해, 가족들을 위해, 연약한 사람들을 위해 기도하는 것입니다. 이렇게 자기 자신에서부터 온 세계와 열방까지 품고 기도하는 운동이 우리 그리스도인들 가운데 강하게 일어나기를 진심으로 바랍니다.

매 순간 성령 안에서

"내가 그리스도와 함께 십자가에 못 박혔나니 그런즉 이제는 내가 사는 것이 아니요 오직 내 안에 그리스도께서 사시는 것이라 이제 내가 육체 가운데 사는 것은 나를 사랑하사 나를 위하여 자기 자신을 버리신 하나님의 아들을 믿는 믿음 안에서 사는 것이라" 갈 2:20

이번 장은 1부의 마지막 장입니다. 1부에서는 주님과 동행하는 삶을 다루었습니다. 처음에는 그리스도인에게 구원의 확신 다음으로 '조용한 시간'을 생활화하는 것이 가장 중요하다고 언급했습니다. 그다음은 조용한 시간에 대한 정의와 조용한 시간을 갖는 구체적인 방법, 그리고 특별히 기도 훈련에 대해서 살펴보았습니다. 이번 마지막 장에서는 지금까지 배운 것을 바탕으로, 날마다 말씀과 기도를 통해 주님의 마음을 깨닫고 하나님의 능력을 의지해 살아가는 삶에 대해 이야기 나누고자 합니다.

주 안에서
그 힘의 능력으로

우리 그리스도인들이 세상에서 승리하는 삶을 살려면 힘이 있어야 합니다. 그 힘은 어디서 나옵니까?

"끝으로 너희가 주 안에서와 그 힘의 능력으로 강건하여지고 마귀의 간계를 능히 대적하기 위하여 하나님의 전신 갑주를 입으라 우리의 씨름은 혈과 육을 상대하는 것이 아니요 통치자들과 권세들과 이 어둠의 세상 주관자들과 하늘에 있는 악의 영들을 상대함이라"(엡 6:10-12).

먼저 "주 안에서" 강건해지라고 말씀합니다. 그리스도인은 주님 안에서 주님과 함께할 때 강건하게 살 수 있다는 의미입니다. 그리스도인들이 주님을 벗어나면 맥을 못 춥니다. 예수님께서는 요한복음 15장 5절에서 "나는 포도나무요 너희는 가지라 그가 내 안에, 내가 그 안에 거하면 사람이 열매를 많이 맺나니 나를 떠나서는 너희가 아무 것도 할 수 없음이라"고 말씀하셨습니다. "그 힘의 능력으로" 강건해지라는 것은 나의 힘이 아니라 주님의 능력과 힘으로 강건해지라는 뜻입니다.

저는 그동안 신앙생활을 하면서 주님 뜻대로 살고 싶어 열심히 노력해 왔습니다. 그 과정에서 저 자신의 힘으로 해보려고 할 때도 많았습니다. 우리가 '조용한 시간'을 통해서 날마다 주님과 만나 대화하고, 주님의 음성을 들으며 일용할 양식과 지혜와 힘과 능력을 구하는 이유가 무엇일까요? 아주 작고 사소한 일도 주님께 물어 가며 행하고자 하는 이유는 무엇일까요?

"내가 그리스도와 함께 십자가에 못 박혔나니 그런즉 이제는 내가 사는 것이 아니요 오직 내 안에 그리스도께서 사시는 것이라 이제 내가 육체 가운데 사는 것은 나를 사랑하사 나를 위하여 자기 자신을 버리신 하나님의 아들을 믿는 믿음 안에서 사는 것이라"(갈 2:20).

바로 이 말씀 속의 원리를 배우기 위함입니다. 주님의 일을 하겠다고 열심히 애쓸 때, 우리의 힘과 의지로 다 된다면 주님이 아니라 자기 자신만이 드러날 것입니다. 그러다 보면 자연히 교만해지고 하나님보다 마음이 높아집니다. 그리스도인들은 어떤 일을 할 때든지 다른 사람들로부터 "저 사람 속에서 성령께서 역사하고 계시는구나!"라는 소리를 들어야 합니다. 물론 나 자신이 드러날 때가 있고, 하나님이 드러나실 때도 있습니다. 그 구분이 분명하지 않은 것이 사실입니다. 그러나 우리가 매일 조용한 시간을 가짐으로써 육신과 마음과 생각이 나도 모르는 사이에 그리스도를 닮아 간다면, 삶 속에서도 자연스럽게 그리스도의 향기를 전하게 됩니다. 그때는 애쓰고 노력하지 않더라도 나 자신이 아닌 예수 그리스도가 드러나고 그분만이 영광을 받으십니다.

아주 오래전 미국에서 사진 기자와 카메라맨 세 사람이 저희 교회를 방문한 적이 있습니다. 저는 며칠 동안 그 젊은 사람들과 지내며 많은 감동을 받았습니다. 그들의 말과 행동, 표정에서 예수 그리스도의 향기가 전해졌기 때문입니다. 심지어는 농담하고 장난하는 것에서조차 예수님을 믿는 그리스도인의 향기가 전해졌습니다. 그들은 텔레비전에 나올 것이라며 제가 말하는 모습을 카메라에 담았습니다. 그 과정에서도 그리스도인다운 태도가 자연스럽게 묻어 나왔습니다. 처음에 여섯 포인트를 찍었는데, 시간이 6분 40초 걸렸습니다. 그러자 그들이 4분 정도로 줄여 보자면서 다시 한번 찍자고 했습니다. 그래서 다시 촬영을 했는데, 이번에는 너무 줄여서 3분이 되어 버렸습니다. 1분 정도 더 늘리기로 하고 표정을 좀 더 풍부하게 하며 다시 찍기로 했습니다. 그들의 지시대로 저는 마치 배우처럼 이렇게 저렇게 열심히 연습했습니다. 여섯 번을 시도한 끝에 드디어 촬영에 성공했습니다. 그렇게 오랜 시간에 걸쳐 여섯 번이나 반복해서 찍었는데도 저는 전혀 마음이 상하지 않았습니다. 마음에 들 때까지 여러 번 수정하고 지시하면서도 그들이 정말로 자상하게 설명해 주고 칭찬과 격려를 해 주었기 때문입니다. 말투 하나, 행동 하나가 예수님을 믿지 않는 사람들과는 너무도 달랐습니다. 한마디로 그들은 신앙이 생활화된 그리스도인이었습니다.

조용한 시간을 통해서 매 순간 나의 능력이나 힘이 아닌 그리스도 안에서 그분의 능력과 힘으로 살아가야 합니다. 그럴 때 우리 삶 자체가 신앙이 되고, 우리의 말과 행동과 태도가 곧 신앙이 됩니다.

성령 충만은 하나님의 뜻

하나님의 능력으로 사는 비결은 성령 충만입니다. 이 성령 충만에 대해 조금 더 생각해 보겠습니다. 에베소서 5장 17절에서는 "오직 주의 뜻이 무엇인가 이해하라"고 말씀합니다. 우리는 모든 일에서 주님의 뜻이 무엇인지 분별하면서 살아야 합니다. 성경에 명시된 주님의 뜻 가운데 하나가 바로 다음에 따라오는 성경 구절에 나옵니다.

"술 취하지 말라 이는 방탕한 것이니 오직 성령으로 충만함을 받으라" (엡 5:18).

성경에서 성령 충만했던 인물들은 많이 나오지만 "성령으로 충만함을 받으라"는 명령은 이 말씀뿐입니다. 성령으로 충만하다는 것은 어떤 의미입니까? 사도 바울은 술에 충만한 것과 성령에 충만한 것을 비교해서 말하고 있습니다. 우리가 보통 '영'으로 알고 있는 영어 단어에 'spirit'에는 '술'이라는 뜻도 포함되어 있습니다. 그런데 이 단어 앞에 'Holy'라는 단어를 붙이면 '성령'이라는 뜻이 됩니다. 이에 사도 바울은 '술(spirit)'에 취하지 말고 '하나님의 거룩한 영(Holy spirit)'에 취하라고 말합니다.

'충만하라'는 단어를 분석해 보면 그 깊은 의미를 알 수 있습니다. 이 단어는 명령형인 것과 동시에 2인칭 복수 현재형입니다. 2인칭 복수 현재형이 무엇일까요? 헬라어에서 동사의 현재형은 계속적이고 반복적인 현상을 가리킵니다. 반면 과거형은 단회적인 현상을 가리킵니다. 예를 들어 빈 컵에 물을 받기 위해 수도꼭지를 틀었다고 합시다. 수돗물이 컵에 가득 채워졌을 때 수도꼭지를 잠그면 컵은 물이 채워진 채로 가만히 있겠지요? 이런 경우가 과거형입니다. 그런데 수도꼭지를 튼 상태로 물이 흘러 컵을 채우고도 그치지 않을 경우를 생각해 보십시오. 물은 수도꼭지에서 계속 흐르고 컵의 물은 흘러넘칩니다. 이런 상태가 바로 현재형입니다. 그러므로 '충만하라'는 동사가 현재형이라는 의미는 반복적으로 계속해서 충만함을 받으라는 뜻입니다.

2인칭 복수는 무엇입니까? '너', '당신'이 2인칭 단수이므로 '여러분', '당신들'이 2인칭 복수가 됩니다. 사도 바울은 이 명령이 하나님의 백성들 전체에 해당된다고 말합니다. 예수님을 믿는 사람들은 누구를 막론하고 모두가 다 성령으로 충만함을 받아야 합니다. 성령 충만한 삶을 살아야 합니다. 이것이 그리스도인의 정상적인 신앙생활입니다.

'충만하다'라는 말은 완전한 지배를 받는다는 뜻입니다. 사람이 술을 자꾸 마시면 어떻게 될까요? 술이 그 몸속으로 들어가 모든 신경을 지배하게 됩니다. 그래서 술 취한 사람들이 자기는 똑바로 걷는다며 발을 내딛지만, 길이 휘청휘청 움직이는 것 같다고 말하는 겁니다. 술이 그 사람을 주관하기 때문입니다. 술의 영이 그 사람의 발과 정신과 혀를 움직입니다. 그 사람은 술에 충만한 사람입니다.

'성령으로 충만하다'는 개념을 생각해 보십시오. 성령 충만은 하나님의 거룩한 영이 우리의 입술과 표정과 태도와 사고와 행동 등 모든 것을 주관하시는 것을 뜻합니다. 예수님을 믿는 사람이라면 누구나 이런 삶을 살아야 합니다. 누구나 성령 충만한 삶을 살 수 있습니다. 그리스도인 안에는 그리스도께서 살고 계시기 때문입니다. 이 사실을 기억하고, 주님과 함께 모든 일을 해 나갈 때 성령으로 충만한 삶을 살게 됩니다. 그리스도와 함께 살기 때문에 그분이 가지 말라고 하는 곳은 가지 않게 됩니다. 그분이 하지 말라는 일은 하지 않게 됩니다. 주님이 하지 말라고 막으시는 말은 하지 않습니다. 이런 훈련이 꾸준히 지속되면 매일 성령으로 충만한 삶을 살 수 있습니다.

성령 충만한 삶의 특징

성령 충만한 삶에는 어떤 특징이 있을까요? 성령 충만한 사람의 삶에 드러나는 두드러진 특징 세 가지를 살펴보겠습니다.

첫째, 찬송하는 삶입니다. 성령 충만한 삶은 항상 주님을 찬송하는 삶입니다. 성령으로 충만함을 받으라는 18절 바로 다음 절을 보십시오.

"시와 찬송과 신령한 노래들로 서로 화답하며 너희의 마음으로 주께 노래하며 찬송하며"(엡 5:19).

작은 일이든 큰일이든 하나님을 찬양하고, 찬양으로 마음을 고백하는 사람들은 찬양을 통해 영혼에 힘을 얻으며 살 수 있습니다.

둘째, 감사하는 삶입니다. 성령으로 충만한 사람은 이것저것 감사의 제목을 찾습니다. 항상 하나님께 감사하는 마음으로 감사 고백을 하며 삽니다. 우리 입술에 불평과 불만이 가득하다면 이는 성령 충만한 상태가 아닙니다.

"범사에 우리 주 예수 그리스도의 이름으로 항상 아버지 하나님께 감사하며"(엡 5:20).

자꾸 불평이 나올 때는 "주님! 불평과 불만을 가진 저를 용서해 주시고, 성령으로 충만케 해 주셔서 감사한 마음을 갖고 새롭게 되게 해 주옵소서!"라고 기도하십시오. 그러면 우리의 감정이나 환경, 주변 사람이 우리를 지배하는 대신 성령께서 우리를 주관하실 것입니다.

셋째, 인간관계가 좋습니다. 상대방을 좋아하고 그를 소중히 여기며, 항상 섬기는 자세로 대한다면 인간관계가 좋을 수밖에 없습니다.

"그리스도를 경외함으로 피차 복종하라"(엡 5:21).

'복종한다'라는 말은 상대방을 귀히 여기고 존중한다는 뜻입니다. 자기를 무시하는 사람과는 좋은 관계를 맺을 수 없습니다. 최근 학교나 학원가에서 나타나는 안타까운 현상 중 하나가 스승을 존경할 줄 모르는 학생이 늘어난다는 점입니다. 그들이 내세우는 명분이 아무리 옳다고 해도, 사람을 존중하고 귀히 여기는 마음이 없다면 아무 소용이 없습니다.

저는 한국 사람들에게 부족한 것 중 하나가 다른 사람을 존중하는 마음이라고 생각합니다. 예수님을 믿는 사람들부터 이런 점에 대해 자각해야 합니다. 아무리 기도를 많이 하고 성경을 오래 읽어 왔다 하더라도 다른 사람을 존중하지 않고 무시한다면 아무 소용이 없습니다. 성령의 충만함을 받았는가의 여부는 그가 다른 사람을 어떻게 대하는가를 보면 됩니다.

"아내들이여 자기 남편에게 복종하기를 주께 하듯 하라 이는 남편이 아내의 머리 됨이 그리스도께서 교회의 머리 됨과 같음이니 그가 바로 몸의 구주시니라 그러므로 교회가 그리스도에게 하듯 아내들도 범사에 자기 남편에게 복종할지니라 남편들아 아내 사랑하기를 그리스도께서 교회를 사랑하시고 그 교회를 위하여 자신을 주심 같이 하라"(엡 5:22-25).

"자녀들아 주 안에서 너희 부모에게 순종하라 이것이 옳으니라 네 아버지와 어머니를 공경하라 이것은 약속이 있는 첫 계명이니 이로써 네가 잘되고 땅에서 장수하리라 또 아비들아 너희 자녀를 노엽게 하지 말고 오직 주의 교훈과 훈계로 양육하라 종들아 두려워하고 떨며 성실한 마음으로 육체의 상전에게 순종하기를 그리스도께 하듯 하라"(엡 6:1-5).

이 말씀들을 보면 '아내들이여', '남편들아', '자녀들아', '아비들아' 등으로 시작합니다. 감사와 찬송에 관한 구절은 한 절밖에 없는데, 인간관계에 대해서는 수십 절이 있습니다. 사업이나 정치, 목회에서도 사람과의 관계가 무엇보다 중요합니다. 성령 충만한 삶을 사는 사람들은 하나님과의 관계, 사람과의 관계를 중요시합니다. 좋은 관계가 형성되지 않은 상태에서는 다른 어떤 열매도 맺기가 어렵습니다.

지금까지 설명한 것처럼 성령 충만한 사람은 찬송과 감사의 삶, 서로 존중하고 귀히 여기며 사람들을 섬기는 삶을 삽니다. 이런 삶을 지속적으로 살기 위해서는 조용한 시간을 통해서 신앙의 성숙을 도모해야 합니다. "주여, 저에게 은총을 주시고 지혜를 주셔서 예수님을 믿는 사람답게 행하며 살 수 있게 하소서!"라고 매 순간 기도할 때, 우리 삶 속에서 반드시 예수 그리스도의 아름다운 향기가 나게 될 것입니다.

결론적으로 우리에게 조용한 시간을 통해 신앙을 생활화하는 것이 필요합니다. 기도와 말씀을 통해 성령님을 의지하고, 우리의 남은 생이 찬송하고 감사하며 사랑하는 삶이 될 수 있기를 진심으로 바랍니다.

은사대로 섬기십니까?

은사란 무엇인가

"은사는 여러 가지나 성령은 같고 직분은 여러 가지나 주는 같으며 또 사역은 여러 가지나 모든 것을 모든 사람 가운데서 이루시는 하나님은 같으니 각 사람에게 성령을 나타내심은 유익하게 하려 하심이라 어떤 사람에게는 성령으로 말미암아 지혜의 말씀을, 어떤 사람에게는 같은 성령을 따라 지식의 말씀을, 다른 사람에게는 같은 성령으로 믿음을, 어떤 사람에게는 한 성령으로 병 고치는 은사를, 어떤 사람에게는 능력 행함을, 어떤 사람에게는 예언함을, 어떤 사람에게는 영들 분별함을, 다른 사람에게는 각종 방언 말함을, 어떤 사람에게는 방언들 통역함을 주시나니 이 모든 일은 같은 한 성령이 행하사 그의 뜻대로 각 사람에게 나누어 주시는 것이니라" 고전 12:4-11

제가 거듭 강조하는 '구원의 확신'은 신앙생활의 가장 기본입니다. 구원의 확신이 있는 사람은 매일 주님과의 교제를 통해 신앙을 성장시킵니다. 신앙이 성장하려면 항상 주님과 동행하며 삶 자체가 신앙이 되어야 합니다. 우리가 구원의 확신을 갖고 주님의 뜻을 찾으며 그분의 인도하심을 따라 하루하루를 산다고 합시다. 그러한 은혜로운 삶을 살아가면서 우리는 무엇을 해야 하는 걸까요?

2부에서 다룰 주제가 바로 '우리는 무엇을 하며 살 것인가'입니다. 이 말을 '은사란 무엇인가', '나는 어떤 은사를 받았는가', '은사를 어떻게 사용해야 하는가'라고 바꾸어 말할 수도 있습니다.

사람은 누구든 자기에게 주어진 은사를 찾고 그것을 잘 사용해야 합니다. 그래야 자아실현을 하고 있다는 생각이 들고 성취감도 느끼며 보다 만족스러운 인생을 살 수 있습니다. 하나님이 주신 은사에 대해 깊이 생각해 보십시오. 은사에 대해 제대로 알지 못한다면 주님을 잘 믿고 은혜가 충만하더라도 자기의 은사를 하나님과 다른 사람을 위해 사용할 수가 없습니다. 하나님은 우리가 그런 상태로 살아가기를 원치 않으십니다.

‘은사’는 원어 성경에 있는 ‘카리스마타(carismata)’라는 단어를 번역한 것입니다. 우리가 자주 쓰는 ‘카리스마’라는 단어도 여기서 유래되었습니다. ‘카리스마’는 예언을 하고 기적을 일으킬 수 있는 초능력이나 절대적 권위를 뜻합니다. 그러나 ‘카리스마타’의 본래 의미는 ‘선물(gift)’입니다. 대개 사람들은 은사를 특별한 것으로 여깁니다. 평신도와는 상관없는, 부흥사나 목사님들만 가진 전유물로 생각합니다. 이는 잘못된 생각입니다. 은사는 누구에게나 주어진 하나님의 선물입니다.

일반적으로 ‘은사’라고 하면 치유와 방언의 은사를 떠올립니다. 그러나 치유와 방언의 능력이 있는 사람만 은사를 받았고, 그런 능력이 없는 사람은 은사를 받지 못했다고 생각해서는 안 됩니다. 치유와 방언의 은사를 받은 사람은 천국의 일등 시민이고 받지 못한 사람은 모두 이등 시민일까요? 그렇지 않습니다. 성경에서는 치유와 방언의 은사 외에 스물다섯 가지의 은사를 더 언급합니다. 하나님께서는 우리에게 모든 은사를 골고루 주셨습니다. 은사는 보편적입니다. 내게 ‘은사가 있느냐?’가 아니라 ‘어떤 은사가 있느냐?’를 묻고 살펴봐야 합니다. 누구든지 하나님이 주신 은사를 찾고 사용할 수 있습니다.

은사는 선물입니다. 선물은 타인이 나에게 주는 것입니다. 선물의 종류는 옷, 물건, 집, 재능, 시간 등 무척 다양합니다. 하나님이 우리에게 주시는 선물도 아주 다양합니다. 어떤 능력일 수도 있고, 재능일 수도 있습니다. 성경에서는 독신 생활도 은사라고 말씀합니다. 혼자 지내는 사람은 시간과 물질의 여유가 있기 때문에 다른 사람과 주님을 위해 봉사하고 헌신하기 좋습니다. 이들은 독신의 은사를 받은 사람입니다. 사도 바울과 세례 요한이 그렇게 살았습니다. 은사는 하나님이 주신 특별한 '영적 선물'임을 기억하십시오.

영적인 은사와 일반적인 재능

우리가 가진 모든 재능은 하나님께서 주신 것입니다. 그렇다면 태어날 때부터 타고난 선천적 재능과 성경에서 말하는 영적인 은사는 어떻게 다를까요? 선천적 재능에 대해 먼저 생각해 봅시다. 여섯 살 때부터 작곡을 시작한 모차르트는 천재적인 재능을 갖고 태어난 게 틀림없습니다. 우리 주위에서도 이렇게 천부적인 재능을 갖고 태어난 사람들을 종종 볼 수 있습니다.

제가 아는 몇몇 화가의 어린 시절 이야기를 들어 보면, 마치 태어날 때부터 붓을 쥐고 나온 사람들 같습니다. 어려서부터 무엇이든 손에 쥐고 그림을 그렸다고 합니다. 아무리 주변에서 말리고, 배를 곯아도 계속해서 그림을 그립니다. 그림이 팔리지 않아도, 집에서 쫓겨나도 계속 그림을 그립니다. 이들은 선천적으로 예술에 대한 재능과 열정을 갖고 태어난 사람들입니다.

이런 선천적이고 일반적인 재능의 목적은 무엇일까요? 사회에서의 성공입니다. 자신의 재능을 잘 계발하면 그 분야에서 성공할 수 있습니다. 그런 삶은 무척 만족스러울 것입니다. 대학도 마찬가지입니다. 본인이 원하는 학과에 들어가서 하고 싶은 분야를 전공해야 대학 생활이 즐겁습니다. 적성에 맞지 않고 재능도 없는데 순전히 입학만을 목적으로 엉뚱한 학과를 선택하면 4년 내내 고생만 합니다. 이는 너무나 불행한 일입니다.

제가 군 복무할 때 같은 중대에 있던 친구가 장사에 재주가 있어 군 생활 중에도 알뜰살뜰 돈을 잘 모았습니다. 신병으로 갓 입대한 친구가 무슨 수로 돈을 모았을까요? 이 친구는 빈 병을 주워서 팔았습니다. 어딜 가든지 빈 병을 주웠습니다. 빈 병을 100개 정도 모으면 그걸 모두 싣고 가서 팝니다. 그렇게 빈 병을 팔아 3년 동안 꽤 많은 돈을 모았습니다. 다른 군인들은 빈 병을 봐도 별 생각을 하지 않지만, 이 친구는 빈 병만 보면 모아서 팔 생각을 한 것입니다. 이처럼 어디서든 자신의 재주를 살릴 수 있으면 됩니다.

하나님께서 우리가 사회에서 비교적 성공하고 만족스럽게 살 수 있도록 각자에게 내려주신 것이 바로 '일반적인 재능'입니다. 일반적인 재능이 어려서부터 나타나는 사람이 있는가 하면, 교육을 통해 계발되는 사람도 있습니다. 저희 조카 한 명은 고등학교를 졸업하고 음대에 가겠다고 했습니다. 저는 '저 녀석이 음대 나와서 뭘 하려고 그러지?'라고 생각했습니다. 물론 조카는 노래를 좋아하고 잘하는 편에 속했습니다. 하지만 음대에 가겠다는 결정은 약간 의외였습니다. 4년 후, 저는 조카의 졸업 음악회에 초대받아 가게 되었습니다. 그 아이의 노래를 듣고 얼마나 깜짝 놀랐는지 모릅니다. 4년 전과는 아주 달랐기 때문입니다. 이렇듯 교육을 통해서도 일반적인 재능을 잘 계발할 수 있습니다.

그러나 일반적인 재능에는 한계가 있습니다. 재능을 통해 사회에서 성공을 거두고, 만족스럽게 살 수는 있어도 이를 통해 반드시 하나님께 영광을 돌리거나 성도들에게 영적인 은혜를 더하는 것은 아닙니다. 하나님께서 특별히 성령을 통해 그 사람을 선택해 거듭나게 하시고 그의 재능을 하나님의 영광을 위해 쓰시기로 작정하지 않는다면, 아무리 재주가 좋고 뛰어난 능력이 있어도 그것을 하나님 나라를 위해 사용할 수는 없습니다. 물론 일반적인 재능도 하나님이 주신 것이기에 하나님을 위해 써야 할 의무와 책임이 있으나, 스스로 그 사실을 깨닫고 행하기는 어렵습니다.

하지만 하나님이 사용하시기로 작정한 경우는 다릅니다. 가령 음악에 천부적인 재능이 있는 사람이 음대에서 잘 훈련받았다고 합시다. 그가 은사 없이 찬송을 제대로 할 수 있을까요? 사람들로부터 노래를 잘한다는 소리는 들을 수 있겠지요. 하지만 하나님이 그를 거듭나게 하시고 그 재능을 쓰기로 작정하셨다면, 그가 찬송을 부를 때 성도들의 입에서 "아멘!" 소리가 절로 나올 것입니다. 이것이 일반적인 재능과 영적인 은사의 엄청난 차이입니다.

거듭나지 않은 사람은 본성이 자기중심적입니다. 노래를 해도 '잘해야지! 청중을 만족시켜야지! 위대한 음악가가 되어야지! 그래서 성공해야지!'라고 생각합니다. 그러나 성령의 은사를 받아 하나님에게 쓰임 받는 사람은 찬송을 통해 하나님께 영광을 돌리고, 성도들에게 은혜를 끼칠 생각을 합니다. 자기 만족을 위해 재능을 사용하는 사람은 자기가 중요하지, 하나님과는 전혀 무관한 삶을 삽니다. 모든 것이 자기중심적이기 때문입니다. 하나님께 영광 돌리고 성도들에게 은혜를 끼치는 데 재능이 사용되도록 하는 것은 성령님의 일입니다.

신앙을 가진 운동선수들이 경기에서 승리한 후 소감을 말하는 모습을 본 적이 있습니다. 그들은 가장 먼저 하나님께 영광을 돌립니다. 그런 모습을 보면 성도들이 큰 은혜를 받습니다. 이렇듯 거듭난 사람과 거듭나지 않은 사람의 차이는 '하나님 중심이냐? 혹은 자기 중심이냐?'에 있습니다.

이제 성경에서 말하는 영적인 은사를 살펴보겠습니다. 영적인 은사는 하나님께 영광을 돌리기 위한 특수한 능력입니다. 성도에게 주시는 성령의 선물입니다. 예수님을 믿지 않는 사람에게는 영적인 은사가 없습니다. 영적인 은사의 목적은 하나님께 영광을 돌리고 성도의 성장을 도모하는 것입니다. 영적인 은사는 자신이 만들어 내는 것이 아닙니다. 이는 하나님이 그분의 뜻에 따라 성도에게 선물로 주시며, 성령의 특수한 역사가 성도를 통해 나타나게 됩니다.

예수님은 제자들을 파송하실 때 성령의 능력을 선물로 주셨습니다. 그리하여 제자들은 귀신을 쫓아내고 병든 자를 고치는 사역을 거뜬히 해냈습니다. 그런데 얼마 후 베드로와 요한과 야고보가 주님과 함께 변화산에 올라갔다가 내려왔을 때 큰 소동이 벌어집니다. 주님이 그 이유를 묻자, 무리 중의 한 사람이 대답하기를 제자들이 아무리 해도 귀신을 쫓아내지 못한다는 것입니다. 분명 똑같은 제자들인데 왜 나중에는 귀신을 쫓아내지 못했을까요? 처음에는 성령이 그들을 통해 역사하셨기 때문입니다. 이렇듯 성령의 역사가 나타나는 것이 바로 '은사'입니다.

사도 바울도 마찬가지입니다. 그는 사람들의 병을 여러 번 고치는 기적을 행했지만, 자신의 병과 디모데의 위장병은 고치지 못했습니다. 사도 바울이 사람들의 병을 고칠 수 있었던 것은 성령이 그를 통해 일하셨기 때문입니다. 그러므로 누군가가 사람들의 병을 고치는 기적을 행했다고 해서 그를 위대한 존재로 우러러보는 일은 경계해야 합니다. 사람들의 병이 나은 것은 그 사람의 능력이 뛰어나서가 아니라 하나님의 성령이 특별한 목적을 위해 역사하셨기 때문입니다. 위대하고 놀라운 결과가 나올 때는 반드시 하나님께 영광을 돌려야 합니다.

하나님께서는 성도에게 각기 다른 영적 은사를 주셨습니다.

"은사는 여러 가지나 성령은 같고"(고전 12:4).

"이 모든 일은 같은 한 성령이 행하사 그의 뜻대로 각 사람에게 나누어 주시는 것이니라"(고전 12:11).

'각 사람'에는 우리 모두가 포함됩니다. 우리 한 사람 한 사람에게 성령이 뜻하시는 대로 특수한 재능을 선물로 주셔서 이를 통해 하나님의 목적을 이루고, 하나님께 영광을 돌리게 하려는 것입니다. 여기서 우리는 이런 질문을 할 수 있습니다. "주님, 저에게도 하나님이 허락하신 성령의 은사가 있습니까? 저에게 있는 은사는 무엇입니까?" 성령이 나를 통해 어떻게 역사하는지를 발견하면, 그 은사를 조금씩 계발해 나갈 수 있습니다. 그럴 때 하나님은 우리를 통해 영광을 받으시고 성도들은 은혜를 받습니다. 하나님이 각자에게 주신 은사를 잘 찾아 사용함으로써 섬김의 은혜와 기쁨이 풍성한 삶을 살기를 바랍니다.

은사는 어디서 오는가

"우리가 다 하나님의 아들을 믿는 것과 아는 일에 하나가 되어 온전한 사람을 이루어 그리스도의 장성한 분량이 충만한 데까지 이르리니 이는 우리가 이제부터 어린 아이가 되지 아니하여 사람의 속임수와 간사한 유혹에 빠져 온갖 교훈의 풍조에 밀려 요동하지 않게 하려 함이라 오직 사랑 안에서 참된 것을 하여 범사에 그에게까지 자랄지라 그는 머리니 곧 그리스도라 그에게서 온 몸이 각 마디를 통하여 도움을 받음으로 연결되고 결합되어 각 지체의 분량대로 역사하여 그 몸을 자라게 하며 사랑 안에서 스스로 세우느니라" 엡 4:13-16

앞 장에서는 은사의 의미와 더불어 영적인 은사와 일반적인 재능의 차이를 살펴보았습니다. 영적인 은사는 하나님의 영광을 위해 특정한 사람을 선택해 사용하시는 성령의 사역입니다. 이번 장에서는 고린도전서 12장과 에베소서 4장을 중심으로 영적인 은사에 대해 좀 더 살펴보겠습니다.

"형제들아 신령한 것에 대하여 나는 너희가 알지 못하기를 원하지 아니하노니"(고전 12:1).

여기서 '신령한 것'이란 '영적인 은사'입니다. 후반부의 "알지 못하기를 원하지 아니하노니"를 쉽게 풀이하자면 '알기를 원한다'입니다. 즉, 1절을 풀어 쓰면 이렇습니다. "사랑하는 형제 여러분, 영적인 은사라는 것이 있는데 저는 여러분이 그것에 대해 분명히 알기를 원합니다."

은사는 여러 가지나
근원은 한 분

각 사람에게 주신 은사는 다 다르지만 모든 은사의 근원은 성령 한 분이십니다. 우리 각 사람이 가진 은사가 다르기에 하나님이 우리를 통해 이루시려는 일 역시 모두 다릅니다. 그러나 우리가 섬기는 분은 주님 한 분입니다. 이것은 아주 중요한 개념입니다. 이 사실을 염두에 둔다면 우리는 다른 사람의 은사를 질투할 필요도 없고, 자기 은사에 대해 열등감이나 우월감을 가질 이유도 없습니다.

"은사는 여러 가지나 성령은 같고"(고전 12:4).

어느 도시에서 시무할 때 목사님 여러 분이 저희 교회를 방문한 적이 있습니다. 1년에 한 번씩 여러 교회를 방문해 그 교회가 어떻게 운영되는지 돌아보고 노회에 보고하는 '노회 시찰단'이었습니다. 시찰단이 이것저것 질문하는 대로 저는 성실히 답변했습니다. 제가 '평신도 목회'라는 용어를 자주 사용하자 목사님들은 "목회는 목사가 하는 것입니다. 평신도는 사역은 할 수 있지만 목회는 하지 않습니다!"라고 말씀하시더군요. 그래서 제가 "평신도들도 목회를 합니다!"라고 말씀드렸습니다. 사역이나 목회나 똑같이 'ministry'입니다. 따라서 '평신도 목회'라는 말도 가능합니다. 목사가 하는 것을 평신도도 할 수 있습니다. 물론 교회법상 축도나 성례처럼 목사만 해야 하는 일을 제외하고는 대부분의 사역을 할 수 있습니다. 서로를 축복하는 기도도 할 수 있습니다. 우리 그리스도인들은 한 성령으로부터 다양한 은사를 받았습니다. 사역의 모양은 다르지만, 섬김의 대상은 동일합니다.

> "또 사역은 여러 가지나 모든 것을 모든 사람 가운데서 이루시는 하나님은 같으니"(고전 12:6).

여기서 '사역'은 'operation'으로 '일을 행하신다'는 뜻입니다. 우리는 하나님이 일하시는 통로입니다. 물을 받기 위해 수도꼭지를 틀 때 수도가 중요할까요, 수도꼭지를 튼 사람이 중요할까요? 하나님은 '나'라는 수도를 사용해 '수돗물'이라는 하나님이 원하시는 일을 성취하십니다. 그러므로 나는 아무것도 자랑할 게 없습니다.

은사의 목적은 교회의 유익

성령이 우리의 은사를 사용하실 때는 그로 인한 유익이 반드시 나타납니다. 바로 교회의 유익입니다. 또 교회란 성도의 모임이므로 성도에게 유익이 되는 것입니다.

> "각 사람에게 성령을 나타내심은 유익하게 하려 하심이라"(고전 12:7).

은사를 사용할 때 내 이름이 드러나고 내가 인정과 칭찬을 받으려 하면 그 은사는 교회에 덕을 끼치지 못합니다. 또 자신에게 있는 은사로 다른 사람을 판단하거나 그들을 낙심하게 해서도 안 됩니다. 우리에게 있는 은사는 반드시 교회와 성도에게 유익이 되어야 합니다. '유익'은 영어 성경에 'common good'이라고 기록되어 있습니다. 은사는 공동의 선(善), 즉 교회와 성도 전체에게 유익을 주어야 한다는 뜻입니다.

어느 교회 수양회의 강사로 갔을 때의 일입니다. 오후에 다 같이 자유롭게 쉬는 시간이 있었는데 한 분만 나무 밑에 떨어져 앉아 있었습니다. 그래서 제가 옆에 있던 집사님에게 "집사님, 저분도 오시라고 하시죠."라고 했더니 "저분은 안 오십니다. 워낙 기도를 많이 하시는 분이라 지금도 나무 밑에서 기도하고 있을 거예요. 절대로 저희들과 어울리지 않으십니다."라고 대답했습니다. 물론 극단적인 예이기는 합니다. 그러나 아무리 기도의 은사를 받았다고 해도 그렇게 따로 행동하는 것은 유익이 되지 않습니다. 이는 은사가 제 기능을 발휘하지 못한 경우입니다. 우리는 "하나님, 제게 주신 은사를 통해 주님의 교회에 유익이 되게 하옵소서."라고 기도해야 합니다. 은사의 목적이 바로 '교회의 유익'이기 때문입니다.

고린도전서 12장에는 여러 은사들이 등장합니다.

"이 모든 일은 같은 한 성령이 행하사 그의 뜻대로 각 사람에게 나누어 주시는 것이니라"(고전 12:11).

'이 모든 일'이란 앞부분에서 언급한 은사들을 가리킵니다. 이 말씀에서는 뒷부분을 주목해야 합니다. 성령이 성도들이 원하는 대로가 아니라 '그의 뜻대로' 은사를 주신다는 말씀입니다. "하나님, 제게는 이런 은사를 주십시오."라고 간구한다고 해서 그 은사가 주어지는 것이 아닙니다. 우리에게 주실 은사의 종류를 결정하는 분은 성령이십니다.

마태복음 25장의 달란트 비유를 잘 살펴보면, 달란트 양을 결정하는 것은 달란트를 받는 사람이 아니라 나눠 주는 '주인'이라는 사실을 알 수 있습니다. 한 달란트 받은 사람이 나중에 "당신은 심보가 고약해서 저 사람한테는 다섯 달란트를 주고, 이 사람한테는 두 달란트를 주고, 나한테는 한 달란트밖에 안 주니 무척 속이 상해 달란트를 땅에 묻어 놨다가 그대로 가져왔습니다!"라고 불평합니다. 이 이야기가 주는 교훈은 내게 주신 은사에 대해 불평할 것이 아니라 그것을 잘 사용해서 주님께 바쳐야 한다는 것입니다. 주인이 돌아온 후 다섯 달란트 받은 사람과 두 달란트를 받은 사람을 칭찬했습니다. 그때 주인이 칭찬하는 내용이 같다는 사실을 주목하십시오. 한 달란트 받은 사람이 자기가 받은 것으로 열심히 일해서 한 달란트를 더 남겨 왔다면, 아마 다른 두 사람과 똑같은 칭찬을 받았을 것입니다.

하나님께서는 각 사람에게 다른 은사들을 주셨지만, 그 은사들은 모두 교회를 세우는 데 똑같이 필요하고 중요합니다. 은사는 빛이 프리즘을 통과할 때 나타내는 색깔과 같습니다. 똑같은 한 빛이 들어왔지만 프리즘을 거치면 일곱 가지 색깔로 나뉘어 나타납니다. 이때 노란색이 빨간색보다 우월하다고 말할 수 없습니다. 은사도 마찬가지입니다. 어떤 은사가 다른 은사보다 더 우월하거나 부족하다고 말할 수 없습니다.

하나 됨을 위한 은사

이제 성령이 허락하신 은사를 통해 어떤 역사가 일어나는지 살펴보겠습니다.

"우리 각 사람에게 그리스도의 선물의 분량대로 은혜를 주셨나니"(엡 4:7).

'우리'는 예수님을 믿는 성도를 가리킵니다. '선물'은 은사, 은혜입니다. 즉, 우리 각자에게 영적인 은사가 이미 주어졌다는 말씀입니다.

"우리가 다 하나님의 아들을 믿는 것과 아는 일에 하나가 되어 온전한 사람을 이루어 그리스도의 장성한 분량이 충만한 데까지 이르리니"(엡 4:13).

에베소서 4장 11-12절에서 사도 바울은 여러 은사들을 나열하며, 그 은사들을 통해 그리스도의 몸을 세우려 하신다고 기록했습니다. 13절은 성령을 통해 여러 은사들이 사용됨으로써 신앙에서 하나가 되는 역사가 일어난다고 말씀합니다. 어떤 교회에서는 어느 한 그룹의 사람들이 특별한 은사를 받았다면서 교회를 갈라놓기도 합니다. 은사를 제대로 사용하지 못한 경우입니다. 은사가 제대로 사용되면 깨졌던 교회도 다시 하나가 됩니다. '온전한 사람'을 이룬다는 말씀은 성숙한 그리스도인이 되어 자기중심이 아니라 그리스도를 중심으로 많은 사람들을 포용하고 하나 되게 한다는 의미입니다.

사랑 안에서의 진리

교회에서 진리 혹은 사랑만 강조하다 보면 종종 문제가 생깁니다. 그러나 하나님의 참된 은사가 나타날 때는 진리와 사랑이 함께 나타납니다.

"오직 사랑 안에서 참된 것을 하여 범사에 그에게까지 자랄지라 그는 머리니 곧 그리스도라"(엡 4:15).

한국 교회의 슬픈 모습 가운데 하나가 보수 신앙을 고수하는 교파가 몇십 개로 나뉘진 것입니다. 한국에 개신교 교파만 무려 120개가 넘습니다. 진리를 찾고 지키고자 하는 노력은 좋지만 사랑 없이 진리만을 강조하다 보니 결국 분열에 이르게 되었습니다. 에베소서 4장 15절 "오직 사랑 안에서 참된 것을 하여"는 "오직 사랑 안에서 진리를 말하여"라고 번역해야 정확합니다. 사랑 안에서 진리를 말할 때 13절 말씀처럼 우리가 다 하나 될 수 있습니다. 그것이 진정한 하나님의 일이고 역사입니다. 15절에서는 사랑 안에서 진리를 말하여 그리스도에게까지 자라가라고 말씀합니다. 모든 성도가 각자의 은사를 사용함으로써 서로에게 유익을 주고 그리스도의 장성한 분량에까지 자라가라는 것입니다. 이것이 은사의 특징입니다.

서로 도움을 주고받으라

은사의 목적은 하나님께 영광을 돌리고 성도들에게 유익과 은혜를 끼치는 것입니다. 자신의 은사를 잘 사용하면 상대방은 물론 공동체 모두에게 유익이 됩니다. 또한 다른 사람의 은사로 인해 내가 도움을 얻기도 합니다. 그럴 때 성령의 은사로 인해 교회가 바로 세워지게 됩니다.

"그에게서 온 몸이 각 마디를 통하여 도움을 받음으로 연결되고 결합되어 각 지체의 분량대로 역사하여 그 몸을 자라게 하며 사랑 안에서 스스로 세우느니라"(엡 4:16).

'각 마디'는 성도 각각을 가리킵니다. 이 말씀은 각 사람의 은사로 인해 그리스도의 몸인 교회가 세워지는 모습을 보여 줍니다. 자기 은사를 제대로 사용하고 있는지를 알아보려면 '내가 은사를 사용함으로써 하나님께서 영광을 받으시고 성도들이 도움을 받고 있는가?'를 자문해 보면 됩니다. 긍정적인 답이 즉각 나오지 않는다면 이는 성령의 은사라고 볼 수 없습니다.

성령은 우리 모두에게 그리스도의 은혜의 분량에 따라 은사를 주셨습니다. 우리는 "하나님, 저의 은사는 무엇입니까? 하나님께서는 교회를 세우기 위해 저를 어떻게 사용하기 원하십니까? 제가 그것을 분명히 알 수 있도록 저에게 친히 보여 주옵소서."라고 기도할 필요가 있습니다. 주님이 여러분에게 은혜를 베푸셔서 각자의 은사를 발견하게 하시고 또 그것을 잘 사용하게 함으로써 하나님께는 영광, 성도들에게는 큰 유익이 되게 하시기를 바랍니다.

13

—

은사의 범주

"그가 어떤 사람은 사도로, 어떤 사람은 선지자로, 어떤 사람은 복음 전하는 자로, 어떤 사람은 목사와 교사로 삼으셨으니" 엡 4:11

우리에게 각기 다른 은사를 주시는 분은 성령이십니다. 그러므로 자기에게 주어진 은사를 마치 자기 것인 양 생각해서는 안 됩니다. 이는 우리 모두가 경계하고 주의해야 할 모습입니다. 우리가 가진 것 가운데 스스로의 힘과 능력으로 얻은 것은 하나도 없습니다. 모든 것이 하나님의 은혜라는 것을 깨달을 때에야 비로소 하나님께 감사하는 마음과 우리에게 맡겨 주신 은사를 잘 사용해야겠다는 마음이 생깁니다.

내가 다섯 가지를 가졌든 두 가지를 가졌든 그것은 나의 능력이나 책임이 아닙니다. 불평하거나 자랑할 것도 못 됩니다. 내게 주어진 은사를 통해 하나님 나라와 교회를 위해 어떻게 충성하느냐 하는 것이 가장 중요합니다.

이번 장에서는 은사를 크게 두 가지로 분류해서 생각해 보고자 합니다. 은사는 크게 '사람으로 주신 은사'와 '개인의 능력으로 주신 은사'로 분류할 수 있습니다.

사람으로 주신
은사

'사람으로 주신 은사'란 그리스도께서 교회를 위해 세우신 사람들을 가리킵니다.

"그러므로 이르기를 그가 위로 올라가실 때에 사로잡혔던 자들을 사로잡으시고 사람들에게 선물을 주셨다 하였도다"(엡 4:8).

"내리셨던 그가 곧 모든 하늘 위에 오르신 자니 이는 만물을 충만하게 하려 하심이라 그가 어떤 사람은 사도로, 어떤 사람은 선지자로, 어떤 사람은 복음 전하는 자로, 어떤 사람은 목사와 교사로 삼으셨으니"(엡 4:10-11).

여기서 '그'가 누구입니까? 그 앞 절인 7절을 보면 '그'가 누구인지 알 수 있습니다.

"우리 각 사람에게 그리스도의 선물의 분량대로 은혜를 주셨나니"(엡 4:7).

바로 '그리스도'입니다. 그리스도께서 사도, 선지자, 복음 전하는 자, 목사 혹은 교사를 교회에 보내 주셨습니다. 사도, 선지자, 복음 전하는 자, 목사 혹은 교사, 이들은 한마디로 '영적 지도자'입니다. 즉,

'사람으로 주신 은사'란 그리스도께서 교회에 주신 영적 지도자를 가리킵니다. 이제 '사람으로 주신 은사'들을 더욱 구체적으로 살펴보겠습니다.

첫째, 사도와 선지자입니다. '사도'란 예수님께서 친히 선택하신 제자들입니다. 모두 12명이었으나 자살한 가룟 유다를 제외하면 11명입니다. 사도행전에는 가룟 유다의 자리를 맛디아가 보충한다고 기록되어 있습니다. 일부에서는 "하나님이 맛디아를 뽑도록 지시하신 적이 없다. 맛디아는 사도들이 뽑은 사람일 뿐이다. 오히려 열두 번째 사도로 부를 수 있는 사람은 바울이다!"라고 주장합니다. 어떤 주장이 옳은지는 우리가 판단할 수 없지만, 열두 명의 사도가 하나님께서 교회에 '사람으로 주신 은사'라는 사실은 분명합니다. 그러나 그들은 현재 모두 천국에 있기 때문에 지금 이 시대는 사도가 존재하지 않는다고 해야 옳습니다. '몰몬교'에서는 지금도 스스로를 사도라 칭하는 자들이 있지만, 성경에 의하면 사도들은 그때 이후 더 이상 존재하지 않습니다.

다음으로 '선지자'들은 하나님의 직접적인 계시를 선포하도록 하나님께 택함 받은 자들입니다. 이들 역시 지금은 존재하지 않습니다. 예수님이 이 땅에 오신 후로는 선지자로 택함을 입은 이들이 없기 때문입니다.

둘째, 복음 전하는 자입니다. '복음 전하는 자'는 복음을 쉽게 효과적으로 설명할 수 있는 은사를 받은 사람들입니다. 미국의 빌리 그레이엄(Billy Graham, 1918-2018) 목사가 그 대표적인 사람입니다. 그레이엄 목사는 "예수 그리스도를 믿으면 구원을 받는다!"라는 메시지 하나로 전 세계를 돌아다니며 수많은 사람들에게 복음을 전했습니다. 기독교 역사상 그분을 통해 예수님을 믿게 된 사람이 가장 많다고 전해질 정도로 큰 은사를 받은 사람입니다. 우리 중에도 복음을 전하는 일에 특별히 관심이 많은 사람들이 있습니다. 그로 인해 예수님을 믿게 되는 사람의 수가 늘어난다면 그 사람은 복음 전하는 은사를 받은 사람입니다. 복음 전하는 은사를 받은 사람은 누구를 만나든 그가 예수님을 믿는지의 여부에 관심을 갖습니다. 혹 복음을 접하지 못한 사람을 만나면 그 영혼이 사망에서부터 생명으로 옮겨지도록 적극적으로 복음을 전합니다.

시카고에 사는 어느 여의사는 제 설교 테이프를 듣고 내용을 모두 암기해 복음을 전했다고 합니다. 그분 덕분에 시카고에 사는 많은 사람들이 예수님을 믿게 되었습니다. 그분도 전에는 자기에게 복음 전하는 은사가 있다는 것을 몰랐다고 합니다. 그러나 자기 안에 구원의 확신과 그로 인한 기쁨이 생기니 복음을 전하지 않을 수 없었답니다. 그리고 자기 덕분에 예수님을 믿는 사람이 하나둘씩 늘어나자 기쁨이 넘쳐흘러 더욱 열심히 복음을 전했다고 합니다.

제가 미국 벧엘교회에서 목회할 때, 저를 통해 예수님을 믿게 된 부인이 있었습니다. 저에게 복음을 전해 들은 후 주님을 영접한 것입니다. 그 후로 전도 훈련을 받고 실제로 복음을 전하기 시작했는데 얼마나 전도를 잘하는지 모릅니다. 그 부인을 통해서도 많은 사람들이 예수님을 믿게 되었습니다. 그분은 불교 신자인 자기 아버지도 전도하겠다고 오랫동안 기도한 뒤 한국으로 나와 아버지에게 복음을 전했습니다. 그분이 한국에 있는 동안 저희 교회가 그분의 아버지를 위해 함께 기도했습니다. 지금은 그 아버지가 예수님을 믿고 집사님이 되셔서 훌륭하게 신앙생활을 하십니다.

복음 전하는 은사를 받은 사람이라도 처음에는 자기에게 그런 은사가 있다는 사실을 잘 모를 수 있습니다. 그런데 신기하게도 은혜가 깊어질수록 전도하고 싶은 마음이 강하게 일어납니다. 거기서부터 시작되어 복음 전하는 방법을 배우고, 실제로 전도에 매진하게 됩니다.

언젠가 신학대학생 한 명이 저에게 와서 복음 전하는 방법을 가르쳐 달라고 부탁했습니다. 저는 그 자리에서 종이를 꺼내 전도 방법을 요약하여 설명해 주었습니다. 그 후 그 학생은 메릴랜드 대학에 가서 제가 가르쳐 준 대로 복음을 전했다고 합니다. 그랬더니 많은 학생들이 예수님을 믿더랍니다. 얼마나 신이 났겠습니까? 그때부터 그 학생은 자기가 전도해서 주님을 영접한 사람들의 명단을 성경책 앞표지에 적어 두고 저를 만날 때마다 보여 주었습니다. 그를 통해 2년 동안 25명이나 되는 학생들이 예수님을 영접했습니다. 체구도 작고 말도 시원치 않은 데다 여학생 앞에서는 얼굴이 빨개지고 수줍음을 많이 타는 학생이었습니다. '저런 학생이 신학을 해서 무슨 일을 하려나' 싶어 내심 걱정스러울 정도였습니다.

그러나 훗날 그 학생은 시카고 길거리에서 방황하는 청소년들의 사역자가 되었습니다. 좋은 전도자가 된 것입니다. 나중에 하나님께서는 미네소타 주의 큰 산에 청소년 야영장을 만들어 청소년들을 훈련하는 일도 하게 하셨습니다. 이 젊은이에게는 전도의 은사가 있었고 그것을 발견한 것이었습니다. 전도에 관심이 생겨서 전도방법을 배웠고, 그대로 전도하니 많은 청소년들을 구원해 대학에 보내는 큰 사역으로 이어졌던 겁니다. 이처럼 여러분에게도 전도의 은사가 있는데 아직 발견하지 못했을 수 있습니다. 그러므로 복음 전하는 방법을 구체적으로 배우고 실습해 볼 필요가 있습니다.

어린 시절 제가 다니던 교회 목사님은 늘 전도하라고 말씀하셨습니다. 그래서 중학생 때부터 부산 광복동 거리에서 용기를 내어 전도를 해봤는데 그다지 효과가 없었습니다. 고등학생 때도 남산 꼭대기에 올라가 고함을 질러 대며 전도를 했고, 교회 고등부 교사를 할 때는 남대문시장 앞에서 고등학생들과 함께 전도를 했습니다. 광화문에서도, 파고다공원에서도, 시청 앞에서도 열심히 해봤는데 효과는 미미했습니다. 어떻게 전도하는지 배워 본 적이 없었기 때문입니다. 그런데 복음이 무엇인지, 복음을 어떻게 전해야 하는지를 배운 후에 전도를 하니 많은 이들이 제 이야기에 귀를 기울였습니다. 그때서야 '아, 나에게 전도의 은사가 있구나!' 하는 사실을 깨달았습니다.

저는 미국에서 여러 해 동안 전도 집회를 다녔습니다. 가는 곳마다 예수님을 새로 영접한 사람들이 생겼습니다. 복음을 어떻게 전하는지 알게 되니 어떤 때는 한 주에 160여 명이 주님을 영접하기도 했습니다. 제가 권고하고 싶은 것은 전도하고 싶은 마음이 생기면 전도팀에 들어가 전문적인 훈련을 받으라는 것입니다. 물론 정도의 차이는 있겠지만 전도의 은사를 가진 사람이라면 훈련을 받고 직접 전도할 때 분명 효과가 나타납니다. 전도는 목사님이나 전도사님이 하는 일이라고 생각합니까? 그렇지 않습니다. 또 목사님이라고 다 전도의 은사가 있는 것도 아닙니다. 여러분에게도 전도의 은사가 있을 수 있습니다. 복음 전도에 마음이 뜨거워진다면 전도 훈련을 받고 실제로 사람들에게 복음을 전해 보십시오.

한번은 60세 되신 목사님이 저희 교회에 전도 훈련을 받으러 온 적이 있습니다. 전도 훈련을 받고 나서 하시는 말씀이 "저는 35년 목회를 했는데 한 번도 전도를 해본 적이 없습니다. 전도를 이렇게 하는 줄도 몰랐습니다."였습니다. 전도 훈련을 사흘 동안 하고 나흘째에 동네로 전도를 하러 나갔는데 이 목사님이 제대로 말을 하지 못하고 헤매더랍니다. 그래서 전도 훈련을 받은 저희 평신도 전도자가 옆에서 어느 정도 도와준 다음 다시 목사님에게 인계해 주었습니다. 그러면 목사님이 거기서부터 복음을 전했습니다. 그리고 마지막에 가서 목사님이 결신을 권고하자 그 사람이 예수님을 영접했습니다. 이 목사님은 그렇게 전도 실습을 마치고 돌아와 간증을 했습니다. 35년 동안 목회를 하면서 자기 눈앞에서 예수님을 믿기로 결신하는 사람을 처음 보았다고 했습니다. 그러면서 자신이 복음을 전해서 한 사람이 예수님을 믿게 된 일을 얼마나 기뻐하며 감사해했는지 모릅니다.

시카고에 있는 어느 교회에서 집회를 인도한 후, 한 가정을 방문한 적이 있습니다. 그 가족들은 모두 주님을 알지 못하는 사람들이었기에 못 본 척 그냥 떠날 수가 없었습니다. 그 집에서 점심까지 먹었는데 보답을 해야 할 것 같아 그 자리에서 찬찬히 복음을 설명했습니다. 그랬더니 부부가 그 자리에서 기도하고 예수님을 영접했습니다. 나중에 동행한 집사님들이 놀라서 "아니, 그럴 수도 있습니까?"라고 하더군요. 그분들도 눈앞에서 그렇게 쉽게 예수님을 믿기로 작정하는 경우는 처음 보았답니다.

꼭 신학을 공부해야 전도할 수 있는 것은 아닙니다. 심오한 신학적 지식이 없더라도 예수 그리스도의 복음을 정확히 알고 설명할 수만 있으면 전도할 수 있습니다. 그렇게 실제로 직접 전도해 볼 때 자기에게 있는 전도의 은사를 발견할 수 있습니다. 이렇듯 하나님께서는 교회에 '전도자'라는 사람을 은사로 주셨습니다.

셋째, 목사와 교사입니다. '목사'는 하나님이 교회를 세우기 위해 그 교회에 주신 은사입니다. 목회는 안수를 받은 목사만 할 수 있는 것이 아닙니다. 평신도들도 목회의 은사를 갖고 있습니다. 그리고 목회를 할 수 있는 은사의 분량도 다양합니다. 어떤 사람은 네 명 정도 되는 한 가정을 인도할 수 있는가 하면 어떤 사람은 열 가정, 스무 가정, 서른 가정을 영적으로 인도할 수 있습니다. 그러나 여섯 가정을 목회할 수 있는 사람에게 200명을 맡겨 놓으면 쩔쩔매겠지요? 그 사람에게는 여섯 가정 정도가 적당합니다.

목회의 소양을 갖춘 성도들을 보면 저는 깜짝 놀랍니다. 너무나 잘하기 때문입니다. 그분들은 사람을 보면 그의 개인적인 필요를 알아차리고 어떻게 그것을 채워 주어야 할지 생각합니다. 또 성도들을 격려해 주고 세워 주는 데서 기쁨을 얻습니다. 그러므로 이런 분들은 "하나님이여, 저에게 목회의 은사를 주셨으면 제 평생 그 은사를 주님의 교회를 세우는 데 사용하게 하여 주옵소서!"라고 기도하면서 계속 그 은사를 계발해야 합니다.

'교사'는 다른 사람이 이해하기 쉽게 진리를 설명할 수 있는 사람입니다. 평신도 중에 이런 은사를 받은 분을 많이 찾아서 새로 온 교우들에게 혹은 아직 예수님을 모르는 사람들에게 성경을 가르치는 일을 맡겨 주어야 합니다. 주님을 영접한 사람들의 신앙이 성장할 수 있도록 돕는 것이 바로 하나님의 교회를 세우는 일입니다.

"이는 성도를 온전하게 하여 봉사의 일을 하게 하며 그리스도의 몸을 세우려 하심이라"(엡 4:12).

여기서 '봉사'는 사역(ministry)입니다. 하나님께서 사도와 선지자와 복음 전하는 자와 목사와 교사 등의 영적 지도자들을 교회에 은사로 주신 것은 이들을 통해 교회를 세우기 위함입니다.

개인의 능력으로 주신 은사

우리는 '은사'라고 하면 주로 방언과 신유의 은사를 생각합니다. 하지만 성경은 아주 다양한 은사를 보여 줍니다.

"내게 주신 은혜로 말미암아 너희 각 사람에게 말하노니 마땅히 생각할 그 이상의 생각을 품지 말고 오직 하나님께서 각 사람에게 나누어 주신 믿음의 분량대로 지혜롭게 생각하라 우리가 한 몸에 많은 지체를 가졌으나 모든 지체가 같은 기능을 가진 것이 아니니 이와 같이 우리 많은 사람이 그리스도 안에서 한 몸이 되어 서로 지체가 되었느니라 우리에게 주신 은혜대로 받은 은사가 각각 다르니 혹 예언이면 믿음의 분수대로, 혹 섬기는 일이면 섬기는 일로, 혹 가르치는 자면 가르치는 일로, 혹 위로하는 자면 위로하는 일로, 구제하는 자는 성실함으로, 다스리는 자는 부지런함으로, 긍휼을 베푸는 자는 즐거움으로 할 것이니라"(롬 12:3-8).

여기에 기록된 은사들은 개인의 능력으로 주신 은사입니다. 각각의 은사마다 나름의 중요성이 있습니다. 우리가 할 일은 하나님께서 각자에게 주신 은사가 무엇인지 찾고 계발해서 그리스도의 교회를 세우는 것입니다.

지금까지 '사람으로 주신 은사(people gift)'와 '개인의 능력으로 주신 은사(personal gift of ability)'에 대해 생각해 보았습니다. 그리스도인이라면 누구든지 하나님께서 주신 영적인 은사를 갖고 있습니다. 하나님께서 우리 각자에게 주신 성령의 지혜를 통해 자신이 받은 은사를 찾고, 이를 은혜롭게 사용하여 하나님께 영광 돌리는 삶을 살길 바랍니다. 그리스도인에게 은사의 발견은 자신의 삶의 목적과 방향을 발견하는 것과 같기 때문입니다.

은사는 당신에게도 있다

"내게 주신 은혜로 말미암아 너희 각 사람에게 말하노니 마땅히 생각할 그 이상의 생각을 품지 말고 오직 하나님께서 각 사람에게 나누어 주신 믿음의 분량대로 지혜롭게 생각하라 우리가 한 몸에 많은 지체를 가졌으나 모든 지체가 같은 기능을 가진 것이 아니니 이와 같이 우리 많은 사람이 그리스도 안에서 한 몸이 되어 서로 지체가 되었느니라 우리에게 주신 은혜대로 받은 은사가 각각 다르니 혹 예언이면 믿음의 분수대로, 혹 섬기는 일이면 섬기는 일로, 혹 가르치는 자면 가르치는 일로, 혹 위로하는 자면 위로하는 일로, 구제하는 자는 성실함으로, 다스리는 자는 부지런함으로, 긍휼을 베푸는 자는 즐거움으로 할 것이니라" 롬 12:3-8

성경에는 아주 다양한 여러 은사들이 등장합니다. 어떤 사람은 열아홉 가지라고 주장하고, 어떤 사람은 스물일곱 가지라고 주장합니다. 또 은사는 성령께서 쓰고 싶은 만큼 만들어 내신다고 말하는 사람도 있습니다. 영적인 은사에 관해 서술하고 있는 성경 본문은 로마서 12장, 고린도전서 12장, 에베소서 4장입니다. 이들 성경 말씀을 종합해 보면 최소한 스무 가지의 은사를 찾을 수 있습니다. 그러나 고린도전서 3장, 7장, 14장, 베드로전서 4장, 에베소서 3장에 몇 가지 은사가 더 등장하니 이 모두를 합하면 최소한 스물일곱 가지 이상은 될 것입니다. 이 성령의 은사들은 서로 다르긴 하지만 모두 동등하게 중요합니다. 이 은사들의 목적은 하나님의 영광과 그리스도의 몸 된 교회를 세우는 일입니다.

로마서 12장에 기록된 은사들

로마서 12장 3-8절에는 일곱 가지 은사가 나옵니다. 어떤 은사들이 소개되고 있는지 말씀과 함께 살펴보도록 하겠습니다.

"내게 주신 은혜로 말미암아 너희 각 사람에게 말하노니 마땅히 생각할 그 이상의 생각을 품지 말고 오직 하나님께서 각 사람에게 나누어 주신 믿음의 분량대로 지혜롭게 생각하라 우리가 한 몸에 많은 지체를 가졌으나 모든 지체가 같은 기능을 가진 것이 아니니 이와 같이 우리 많은 사람이 그리스도 안에서 한 몸이 되어 서로 지체가 되었느니라 우리에게 주신 은혜대로 받은 은사가 각각 다르니 혹 예언이면 믿음의 분수대로, 혹 섬기는 일이면 섬기는 일로, 혹 가르치는 자면 가르치는 일로, 혹 위로하는 자면 위로하는 일로, 구제하는 자는 성실함으로, 다스리는 자는 부지런함으로, 긍휼을 베푸는 자는 즐거움으로 할 것이니라"(롬 12:3-8).

첫째, 예언의 은사입니다. 예언의 은사는 하나님의 말씀을 선포하는 은사입니다. 고린도전서 12장, 에베소서 4장에도 예언의 은사가 나옵니다. 반드시 그런 것은 아니지만, 예언의 은사는 많은 경우 목회자나 사역자들에게서 발견할 수 있습니다.

둘째, 돕는 은사입니다. 다른 사람을 돕는 대단히 중요한 은사입니다. 돕는 은사를 받은 사람들 덕분에 하나님의 종들이 교회를 위해 많은 일을 할 수 있습니다. 돕는 은사를 받은 사람들은 저마다 도울 수 있는 위치에서 일하며 섬기게 되는데, 그럴 때 이들의 가치가 더욱 빛을 발합니다.

셋째, 가르치는 은사입니다. 가르치는 은사는 진리를 이해하기 쉽게 잘 설명할 줄 아는 은사입니다. 이에 대해서는 다음 장에서 자세히 살펴보겠습니다.

넷째, 권위(勸慰)하는 은사입니다. 이는 격려의 은사로 바꿔 말할 수 있습니다. 낙심한 사람에게 위로와 격려의 말로 권고함으로써 그 사람을 일으켜 주고 용기를 갖게 해 주는 은사입니다. 상담의 은사도 여기에 속한다고 볼 수 있습니다.

다섯째, 구제하는 은사입니다. '구제'라고 하면 주로 경제적, 물질적 지원을 떠올립니다만, 꼭 물질이 넉넉한 사람만 구제하는 은사를 가진 것은 아닙니다. 어떤 사람은 가진 물질이 적은데도 누가 무엇이 필요한지를 알고 그때그때 공급해 주며 이를 통해 기뻐합니다. 이들은 구제가 필요한 사람을 찾아 다른 사람과 연결시켜 도움을 주기도 합니다.

여섯째, 다스리는 은사입니다. 다시 말하면 행정의 은사입니다. 교회에는 다스리는 은사를 가진 분들이 꼭 필요합니다. 이 은사를 가진 분들이 있어야 교회의 크고 중대한 일들을 잘 처리할 수 있습니다.

일곱째, 긍휼을 베푸는 은사입니다. 자비의 은사라고도 합니다. 긍휼을 베푸는 은사는 고통받는 사람의 고통을 덜어 주는 은사입니다. 다른 사람의 아픔에 같이 눈물을 흘리고, 끌어안고 위로하며 기도해 줄 때 아픔이 치유되기도 합니다. 긍휼을 베푸는 은사를 지닌 사람들이 이런 귀한 일을 할 수 있습니다.

고린도전서 12장에
기록된 은사들

이제 고린도전서 12장에 소개된 여러 가지 은사들을 함께 살펴보도록 하겠습니다.

"어떤 사람에게는 성령으로 말미암아 지혜의 말씀을, 어떤 사람에게는 같은 성령을 따라 지식의 말씀을, 다른 사람에게는 같은 성령으로 믿음을, 어떤 사람에게는 한 성령으로 병 고치는 은사를, 어떤 사람에게는 능력 행함을, 어떤 사람에게는 예언함을, 어떤 사람에게는 영들 분별함을, 다른 사람에게는 각종 방언 말함을, 어떤 사람에게는 방언들 통역함을 주시나니"(고전 12:8-10).

첫째, 지혜의 은사입니다. 지혜의 은사는 여러 가지 상황에 합당한 지혜를 공급하는 능력입니다. 이 은사는 교육 수준과 비례하지 않습니다. 할머니, 할아버지, 혹은 나이가 어린 아이들에게서도 지혜의 은사가 발견됩니다.

둘째, 지식의 은사입니다. 지식의 은사는 영적인 진리를 깨닫고, 학문의 깊이와 넓이를 통달한 사람들에게서 찾아볼 수 있습니다. 제가 신학교 다닐 때 에파트 박사라는 분이 있었습니다. 그분은 비록 가르치는 은사는 없었지만 지식의 은사는 많았습니다. 그분의 강의는 지루하고 재미가 없었습니다. 그러나 백과사전이라는 별명을 얻을 만큼 영적인 진리를 많이 깨우쳐 알고 계신 분이었습니다. 성령께서 허락하신 지식의 은사를 가진 경우입니다.

셋째, 믿음의 은사입니다. 이 은사를 가진 사람은 미래의 일에 대한 가능성을 볼 수 있습니다. 그리고 그 가능성을 확신과 믿음으로 실현해 나갑니다.

넷째, 병 고치는 은사입니다. 달리 말하면 치유의 은사입니다. 하나님은 이 은사를 통해 지금도 수많은 주님의 자녀들을 회복시키시고 치료하십니다.

다섯째, 능력 행함의 은사입니다. 여기서 '능력'은 기적을 행하는 것입니다. 이 은사 역시 교회를 일으키는 데 사용됩니다.

여섯째, 예언의 은사입니다. 이 예언의 은사는 로마서 12장에도 나온 은사로, 하나님의 음성을 듣고 그것을 선포하는 은사입니다. 이 은사를 가진 사람은 선과 악을 잘 분별할 수 있습니다.

일곱째, 영 분별의 은사입니다. 이 은사를 가진 사람은 어떤 이의 말과 행동이 하나님의 영에 의한 것인지, 악령에 의한 것인지, 혹은 인간의 영에 의한 것인지를 판단할 수 있습니다. 교회에는 이렇게 영적 분별력이 있는 사람이 꼭 필요합니다. 왜냐하면 악령의 세계라는 것이 실제로 존재하기 때문입니다. 간혹 이 은사가 잘못 쓰이는 경우도 있습니다. 보는 것마다 모두 악령이라고 단정지어 버림으로써 도리어 교회에 해를 끼치는 경우입니다.

여덟째, 방언의 은사입니다. 방언에는 두 가지가 있습니다. 하나는 성령의 능력을 통해 자기가 정식으로 배운 적 없는 외국어를 말하는 것이고, 또 하나는 우리가 알지 못하는 미지의 언어를 사용하는 것입니다.

아홉째, 통역의 은사입니다. 통역의 은사는 우리가 알아듣거나 이해할 수 없는 방언을 듣고 우리가 이해할 수 있는 말로 풀어서 이야기해 주는 은사입니다.

고린도전서 12장 28절에 "하나님이 교회 중에 몇을 세우셨으니 첫째는 사도요 둘째는 선지자요 셋째는 교사요 그 다음은 능력을 행하는 자요"라며 또다시 여러 은사들이 열거됩니다. 이를 통해 성령께서 허락하신 은사들이 교회를 세우는 여러 자리에서 쓰임받는다는 사실을 알 수 있습니다.

로마서와 고린도전서에 나온 은사는 모두 스무 가지입니다. 물론 몇 가지는 중복되기도 합니다. 흥미롭게도 은사의 종류가 나오는 성경 본문에 공통으로 속해 있는 두 가지 은사가 있습니다. 바로 '가르치는 은사'와 '말씀을 선포하는 은사'입니다. 이 두 가지 은사가 여러분 교회에서도 성령의 뜻대로 쓰임받을 수 있기를 간절히 바랍니다.

그 외의
은사들

이제 로마서와 고린도전서, 에베소서 외에서 나타난 은사들을 살펴보고자 합니다.

먼저 '독신의 은사'가 있습니다. 독신의 은사는 혼자 살 수 있는 능력입니다. 세례 요한과 예수님, 그리고 사도 바울에게 이 은사가 있었습니다. 독신의 은사가 있는 사람은 혼자 사는 것이 그렇게 불편하거나 외롭지 않습니다. 이 은사를 받은 사람들은 혼자 사는 장점을 살려 하나님께 영광 돌리는 일을 충성스럽게 할 수 있습니다.

다음으로는 '가난의 은사'가 있습니다. 이 은사는 얼마든지 돈을 벌 수 있고 또 실제로 벌기도 하지만, 아주 검소하게 살기로 작정하고 자발적으로 가난을 선택하면서 다른 사람들에게 도움을 주는 능력입니다. 스스로 청빈을 택한 것입니다. 가톨릭 신부나 수녀들 중에 가난의 은사를 받은 분들이 많습니다. 그들은 월급이 거의 없습니다. 지금 가톨릭교회가 강성하게 일어날 수 있었던 것은 그 많은 노동력이 무보수로 충당되었기 때문입니다. 그들은 교회에서 주는 옷과 집에 만족하면서 자기의 시간과 모든 것을 바쳐서 주님을 위해 일합니다. 노벨 평화상을 받은 인도의 테레사 수녀도 좋은 집안에서 태어나 편안하고 유복하게 살 수 있었지만 지극히 소박하고 검소한 삶을 살았습니다. 가난을 자처하며 다른 사람들을 섬김으로써 주님께 영광을 돌리고 교회를 세울 수 있었습니다.

다음으로는 '순교의 은사'가 있습니다. 그리스도인이라고 해서 모두가 다 순교할 수는 없습니다. 순교의 은사가 있어야 합니다. 과거 기독교는 오랜 시간 동안 핍박을 받았고, 그때마다 수많은 사람들이 믿음을 지키기 위해 목숨을 잃었습니다. 그러나 예수님을 믿는 사람들이 다 순교한 것은 아닙니다. 많은 사람이 도망가거나 몸을 숨겼고, 그게 아니면 배교를 했습니다. 그리스도인들 중에서도 순교하는 영적인 은사를 받은 사람만이 목숨을 내놓았습니다.

또 하나는 '손님 대접하는 은사'입니다. 이 은사를 받은 사람은 참으로 축복받은 사람들입니다. 그들의 집에는 늘 사람들이 드나듭니다. 일단 그 집에 가면 집주인이 이것저것 대접을 잘하고 사람을 편안하고 즐겁게 해 줍니다. 손님을 잘 대접하는 것도 하나님이 주신 은사임에 틀림없습니다.

다음으로 '선교의 은사'입니다. 다른 민족, 다른 문화권에 가서 적응하고 현지 사람들에게 복음을 전하는 능력입니다. 목회자들 중에는 우리나라에서 힘들게 목회를 하다가도 외국의 선교지에 가서는 적응도 잘하고 많은 사람들을 주님께로 인도하는 이들이 있습니다. 그런 사람들은 어디를 가든지 적응을 잘합니다. 선교의 은사를 받은 사람이기 때문입니다.

오래전 선교를 위해 한국을 찾아왔던 미국의 성결교 선교사 한 분이 계셨습니다. 그는 초가집이 너무나 좋아 평생을 초가집에 살았고 한국인과 같은 옷을 입고 다니면서 선교를 했다고 합니다. 선교의 은사가 충만했던 분입니다. 그로 인해 복음을 접한 많은 이들이 복음을 배척하지 않고 그리스도를 영접했습니다.

'중보의 은사'도 있습니다. 기도하는 은사 중에서도 다른 사람을 위해 중보 기도하는 은사가 있습니다. 이 은사를 가진 사람들을 보면 "제가 당신을 기억하고 기도하겠습니다!"라고 말하고는 약속대로 꼭 기도합니다. 몇 년이고 그 사람을 위해 날마다 중보 기도를 합니다. 제 주위에도 저를 위해서 수십 년 동안 중보 기도를 하시는 분들이 있습니다. 제가 어디에 있는지 모를 때도 제 이름을 기억하고 계속 기도해 주십니다. 다른 사람을 위해 기도하는 일은 정말 중요합니다. 한국 교회에서는 권사님들이 주로 이 일을 감당하십니다. 우리 가운데도 이런 분들이 많아졌으면 좋겠습니다. 목회자나 권사가 아니더라도 자꾸만 누군가를 위해 기도하고 싶은 마음이 생긴다면, 이는 중보의 은사를 받은 사람입니다.

다음으로 '귀신 쫓는 은사'가 있습니다. 악령이 들어왔을 때 그 악령을 쫓아낼 수 있는 은사입니다. 이 귀신 쫓는 은사를 통해 성도의 영을 지키며 주님의 권세를 선포합니다.

'찬송의 은사'도 있습니다. 이 은사는 반드시 음악적 재능이 뛰어난 사람만 받는 것은 아닙니다. 훌륭한 가창력을 가진 사람이 아니더라도 찬송의 은사를 가진 사람이 찬송을 부르면 모두에게 큰 은혜가 됩니다. 빌리 그레이엄 목사님이 설교하기 전에 꼭 조지 베블리쉬어라는 분이 찬송을 불렀습니다. 그분은 쉬운 곡조의 찬송만 불렀지만, 가사 한 마디 한 마디가 너무나 큰 은혜가 되었습니다. 음악적 재능은 뛰어나지 않지만 분명 찬송의 은사를 받은 사람입니다.

다음으로 '손재주의 은사'를 가진 분들이 있습니다. 어떤 물건이든,

쉽게 잘 고치는 분들은 하나님께서 손재주의 은사를 주신 것입니다. 이런 분들 역시 교회 안에서 자신에게 주어진 은사를 아낌없이 사용할 수 있습니다.

'이름을 암송하는 은사'도 있습니다. 이것을 은사라고 할 수 있느냐고 의문을 가질 수도 있겠지만, 저는 이것이 교회 안에서 쓰일 때 주님이 주신 은사가 확실하다고 생각합니다. 제가 아는 한 목사님은 15,000명의 성도들의 이름을 다 알고 계셨습니다. 이름을 다 알고 있으니 목회를 하는 데 큰 은혜가 됩니다. 그래서 그 교회에는 갈수록 성도들이 많이 모입니다. 이 은사는 사람들을 연결시켜 주고 용기를 북돋워 주는 역할을 합니다.

다시 한번 강조합니다. 성령의 은사는 하나님이 우리에게 주셔서 하나님께 영광이 되고 복음 사역에 도움이 될 뿐만 아니라, 예수 그리스도의 교회가 일어나는 데 영적으로 유용하게 쓰이는 능력입니다. 제가 지금까지 말씀드린 은사들 외에도 교회와 복음 사역에 유용하게 사용되는 특별한 은사들이 있을 것입니다. 성경에 소개된 은사 외에도 하나님의 영광과 성도들의 유익을 위해 그때그때마다 필요한 은사들을 하나님께서 우리에게 허락하셨을 것입니다. 우리 각 사람에게 주신 독특한 은사를 잘 발견하고 계발하여 주님의 나라와 교회 공동체를 위해 유용하게 쓸 수 있기를 기도합니다.

가르치는 은사

"우리에게 주신 은혜대로 받은 은사가 각각 다르니 혹 예언이면 믿음의 분수대로, 혹 섬기는 일이면 섬기는 일로, 혹 가르치는 자면 가르치는 일로, 혹 위로하는 자면 위로하는 일로, 구제하는 자는 성실함으로, 다스리는 자는 부지런함으로, 긍휼을 베푸는 자는 즐거움으로 할 것이니라" 롬 12:6-8

이번 장부터는 성경에 나온 각양 은사들을 한 가지씩 구체적으로 알아볼 것입니다. 여러분 각자에게 어떤 은사가 있는지도 찾아보면 좋겠습니다. 먼저 로마서 12장의 여러 은사들 중 '가르치는 은사'부터 살펴보겠습니다.

가르치는 은사

'가르치는 은사'는 하나님의 말씀을 분명하게 설명하고, 삶 속에서 효과적으로 적용할 수 있도록 도와주는 능력입니다. 이 은사를 가진 사람이 하나님의 말씀을 설명하면 듣는 사람은 그 속에 담긴 진리를 쉽게 이해할 수 있습니다. 또 이들은 복음을 다른 사람에게 잘 설명할 수 있을 뿐만 아니라 자신의 삶에 적용하는 단계에까지 이릅니다. 하나님이 주신 '가르치는 은사'는 일반적으로 타고난 '가르치는 재주'와 다음 네 가지 면에서 다릅니다.

첫째, 가르치는 재주는 태어날 때부터 갖고 나온 재주지만 영적인 가르치는 은사는 거듭난 후 성도에게 나타나는 은사입니다. 둘째,

가르치는 재주는 사회에서 사용되지만 가르치는 은사는 교회와 하나님 나라를 위해 사용됩니다. 셋째, 가르치는 재주를 타고난 사람은 세상 지식을 두루 가르칠 수 있지만, 가르치는 은사를 받은 사람은 성경의 진리를 탁월하게 설명할 수 있습니다. 넷째, 가르치는 재주를 타고난 사람은 일부 지식들을 잘 이해하게 하는 데서 그 능력이 그치지만, 가르치는 은사를 받은 사람들은 성경의 내용을 잘 설명해 줄 뿐 아니라 그 말씀에 순종하는 삶을 살도록 이끌어 줍니다. 영적인 은혜와 축복이 있기에 듣는 사람의 삶이 성장할 수 있도록 돕는 것입니다.

만약 여러분이 하나님의 말씀을 잘 깨닫고 그것을 다른 사람이 이해하기 쉽도록 설명해 주었을 때, 그 사람이 영적으로 깨어나고 그 말씀으로 인해 변화가 나타난다면 여러분은 가르치는 은사를 받은 사람일 것입니다. 만일 여러분에게 그런 경험이 있다면 하나님께서 여러분에게 가르치는 은사를 주셨음을 믿고 그 은사를 계발할 필요가 있습니다. 다른 교인들을 위해서 가르치는 은사는 너무도 중요하고 필수적입니다. 교회에서 성경을 가르칠 일은 아주 많습니다. 여러분이 진리를 깨달아 복음을 잘 설명해 줌으로써 다른 사람들의 삶에 변화가 나타난다면, 그것은 예수 그리스도의 교회를 일으키는 일입니다. 교회 안에서 가르치는 은사는 그만큼 중요합니다.

예수님도 아버지이신 하나님으로부터 가르치는 은사를 받으셨습니다. 성경에는 예수님이 설교했다는 말보다 가르치셨다는 표현이 많습니다. 예수님에게는 많은 은사가 있었지만 그중 가르치는 은사가 가장 독보적이었습니다. 예수님은 복음을 어렵지 않게, 아주 단순하게 가르치셨습니다. 그럼에도 수천 년이 지나도록 그 가르침이 전 세계 사람들의 삶을 변화시키고 있습니다. 예수님과 더불어 사도 바울과 바나바에게도 가르치는 은사가 있었습니다.

> "그들이 날마다 성전에 있든지 집에 있든지 예수는 그리스도라고 가르치기와 전도하기를 그치지 아니하니라"(행 5:42).

> "안디옥 교회에 선지자들과 교사들이 있으니 곧 바나바와 니게르라 하는 시므온과 구레네 사람 루기오와 분봉 왕 헤롯의 젖동생 마나엔과 및 사울이라"(행 13:1).

가르치는 은사는 사람마다 정도나 방식이 다릅니다. 어떤 사람은 많은 무리를 한꺼번에 가르칠 수 있는 은사를 받았는가 하면, 어떤 사람은 적은 무리를 가르치는 은사를 받았습니다. 적은 무리를 가르치는 은사를 받은 사람에게 한 번에 천 명을 맡겨 놓으면 무척 힘겨워할 것입니다. 하지만 많은 무리 앞에서 주눅 들지 않고 복음을 거침없이 전하는 은사를 받은 이에게는 그리 힘들지 않은 일입니다. 어떤 사람은 대여섯 명을 가르치라고 하면 힘겨워하는데, 딱 한 사람을 맡기면 그 한 사람에게 집중해 진리를 잘 가르쳐 영적인 변화를 이끌어 냅니다. 또 어떤 사람은 자매들을 잘 가르치고, 어떤 사람은 유독 형제들을 잘 가르칩니다. 어린아이들을 잘 가르치는 사람이 있는가 하면, 청년들이나 어른들을 잘 가르치는 사람이 있습니다. 미디어를 통해 성경을 잘 가르치는 은사가 있는 사람도 있고, 얼굴과 얼굴을 직접 마주하고 가르치는 데 탁월한 은사를 지닌 사람도 있습니다.

가르치는 은사를 가진 사람은 그 은사를 계발하고 사용하는 데 자신의 모든 시간을 사용합니다. 누군가에게 무엇을 가르치려면 자기 자신이 먼저 공부해야 합니다. 또 복음을 더욱 잘 가르치기 위해서는 여러 자료를 수집하고 교본과 시청각 교재도 만들어야 합니다. 목사들은 신학을 오래 공부했으니 다른 사람들보다 쉽게 가르칠 수 있을 거라고 생각하지만, 저 또한 가르치는 은사를 올바로 사용하기 위해 끊임없이 공부하고 많은 준비를 합니다. 그렇지 않고서는 이 은사를 오래 유지할 수 없습니다. 하나님이 저에게 가르치는 은사를 주셔서 계속 공부하게 하시고, 교재를 만들며 설교를 준비하게 하시기에 저는 이 일을 통해 아주 큰 기쁨을 만끽합니다. 말씀을 전하는 일이 제게 너무나 큰 은혜이기 때문입니다.

은사의
확인 단계

그렇다면 자신이 가르치는 은사를 받았는지의 여부는 어떻게 알 수 있을까요? 다음 다섯 단계를 거쳐서 확인해 보면 됩니다. 이 단계들은 다른 은사를 확인하는 데도 적용될 수 있습니다.

첫째, 성경에 나타난 은사들을 먼저 연구합니다. 어떤 은사들이 있는지 살펴보고, 자신은 어떤 은사를 받았는지 생각해 봅니다.

둘째, 자신에게 주어졌다고 여겨지는 은사를 실험해 봅니다. 가르치는 은사의 경우에는 직접 말씀을 가르쳐 보면 됩니다. 저는 1972년에 신학 대학에서 처음 학생들을 가르쳐 보았는데, 첫 시간이라 별로 준비한 것 없이 가벼운 마음으로 들어갔습니다. 그런데 학생들이 모두 열중해서 듣고 수업이 끝났는데도 돌아가지 않았습니다. 흐뭇한 미소를 짓는 학생, 심각하고 진지한 고뇌에 빠진 학생, 감동과 환희에 차 있는 다양한 학생들의 모습을 보면서 '아, 내가 이것을 위해서 태어났구나!'라는 생각을 했습니다. 그때 저는 하나님께서 저에게 가르치는 은사를 주셨다는 사실을 깨달았습니다. 그리고 지금까지 수십 년 동안 실험과 적용을 통해 저에게 그 은사가 있다는 사실을 더욱 확신하게 되었습니다.

셋째, 하나님이 자신에게 주신 은사를 활용하는 것이 재미있는지 확인합니다. 가르치는 은사의 경우는 가르치는 사람도 배우는 사람도 무척 재밌고 즐겁습니다. 손님 대접하는 은사를 가진 사람은 손님을 대접하고 나면 몸은 피곤해도 영적으로 매우 행복하고 충만합니다.

넷째, 하나님이 주신 은사를 사용했을 때 그 효과가 나타납니다. 열심히 가르쳤는데도 다른 사람들에게 아무런 효과가 나타나지 않으면 가르치는 은사가 없다고 봐야 합니다.

다섯째, 다른 사람에 의해 자신에게 주어진 은사가 확인됩니다. 가르치는 은사의 경우, 다른 사람들이 그에게 배우고 나서 깨달음을

얻고 큰 은혜를 받았다고 고백합니다. 그럴 때 우리는 기쁜 마음으로
자신에게 주어진 은사를 계발하려고 노력하게 됩니다.

하나님은 우리 각자에게 최소 한 가지 이상의 은사를 주셨습니다.
그러므로 앞 장에서 열거한 서른 가지의 은사 가운데 자신에게 주어
진 은사가 무엇인지 찾아보시기 바랍니다. 그리고 하나님이 주신 그
은사를 직접 실험해 보시기 바랍니다. 은사로 인해 자신이 재미를 느
끼고, 열매가 나타나며, 사람들이 영적으로 긍정적인 반응을 보인다
면 당신에게 그 은사가 있는 것입니다. 그렇게 자신에게 주신 은사에
확신이 생기면, 그 은사를 하나님의 영광을 위해, 예수 그리스도의
몸 된 교회를 세우는 데 사용하십시오. 그럼으로써 자신의 삶뿐만
아니라 다른 사람의 삶에도 풍성한 은혜를 끼치시기를 바랍니다.

사도의 은사

"이러하므로 요한의 세례로부터 우리 가운데서 올려져 가신 날까지 주 예수께서 우리 가운데 출입하실 때에 항상 우리와 함께 다니던 사람 중에 하나를 세워 우리와 더불어 예수께서 부활하심을 증언할 사람이 되게 하여야 하리라 하거늘" 행 1:21-22

성령의 은사는 크게 '사람으로 주신 은사'와 '개인의 능력으로 주신 은사'로 구분됩니다. 이번 장에서 다룰 은사는 사람으로 주신 은사 가운데 '사도의 은사'입니다. 물론 오늘날에는 사도가 존재하지 않지만, 성경에서 사도를 어떻게 임명하고 그 은사를 허락했는지 살펴본다면 우리에게 큰 도움이 될 것입니다.

사도의 의미

에베소서 4장 11절에서 하나님께서 교회에 '사람으로 주신 은사' 중 가장 처음으로 언급하는 것이 바로 사도의 은사입니다.

"그가 어떤 사람은 사도로, 어떤 사람은 선지자로, 어떤 사람은 복음 전하는 자로, 어떤 사람은 목사와 교사로 삼으셨으니"(엡 4:11).

오늘날에도 사도의 은사가 있다고 믿는 사람들이 있습니다. 몰몬교에서는 참된 교회는 살아 있는 예언자들과 사도의 지도가 없이는 제대로 기능할 수 없다고 주장하며 사도전승을 하고 있습니다. 그렇지만 오늘날 대부분의 교회는 '사도'라는 직분을 세우지 않습니다.

'사도'라는 직분은 복음서에도 기록되어 있듯 사도행전 이후에 본격적으로 쓰입니다. 원래 사도는 '보냄을 받은 자'라는 의미입니다. 예수님이 '아버지께서 나를 보냈다'고 하실 때 '보내다'라는 단어가 '사도'와 같은 어원을 갖고 있습니다. '사도'의 의미를 좀 더 자세히 풀어 설명하자면 '보낸 사람의 모든 권한을 갖고서 그를 대신할 수 있는 자'입니다. 즉 전권 대사입니다. 마가복음 3장 14절에 예수님이 열두 명을 세워 보낸다고 말씀하실 때도 '보내다'라는 단어의 어원이 '사도'의 어원과 같습니다.

성경에서 말하는 사도는 하나님께서 직접 뽑은 사람을 가리킵니다. 예수님이 선택한 열두 사도 중 가룟 유다가 죽은 뒤 그 자리를 채우기 위해 사도들이 두 사람을 천거합니다. 요셉과 맛디아입니다. 사도행전 1장 24-25절에서 사도들은 "뭇 사람의 마음을 아시는 주여 이 두 사람 중에 누가 주님께 택하신 바 되어 봉사와 및 사도의 직무를 대신할 자인지를 보이시옵소서"라고 기도합니다. 결국 제비를 뽑아 맛디아로 결정됩니다. 그가 바로 하나님께서 택하신 자였습니다.

사도의 자격

사도행전 1장 21-22절에는 가룟 유다의 자리를 대신할 사도를 뽑을 때의 조건들이 기록되어 있습니다.

"이러하므로 요한의 세례로부터 우리 가운데서 올려져 가신 날까지 주 예수께서 우리 가운데 출입하실 때에 항상 우리와 함께 다니던 사람 중에 하나를 세워 우리와 더불어 예수께서 부활하심을 증언할 사람이 되게 하여야 하리라 하거늘"(행 1:21-22).

이는 예수님이 세례를 받으시던 때부터 승천하실 때까지의 사역을 직접 목격하고 함께 다니던 증인들 가운데 한 사람을 택해야 한다는 말입니다. 예수님의 사역을 눈으로 직접 목격한 사람은 많았습니다. 그러한 이들 중에서 항상 함께 다니던 사람을 세워야 한다는 뜻입니다. 22절 후반부를 보면 새로 선택된 사도가 해야 할 일이 기록되어 있습니다.

"항상 우리와 함께 다니던 사람 중에 하나를 세워 우리와 더불어 예수께서 부활하심을 증언할 사람이 되게 하여야 하리라 하거늘"(행 1:22).

사도의 임무는 예수 그리스도의 부활에 대해 증거 하는 것입니다. 사도행전 1장 8절에서 예수님이 "너희는 내 증인이 되어라"라고 말씀하신 것을 기억하십시오. 또 예수님이 성령에 대해 말씀하실 때도 성령이 예수님 자신에 대해 증거 할 것이라고 하셨습니다. 즉, 사도는 예수 그리스도의 세례와 승천과 부활을 잘 알고 믿는 자로서 하나님의 선택을 받아 예수님을 증거 하도록 부름받은 자입니다. 이 같은 사도의 자격을 갖춘 사람이 예수님이 선택하신 열한 명의 사도와 가룟 유다의 죽음 이후에 선택된 맛디아입니다. 그러나 성경에서는 바울과 바나바와 디모데도 사도로 칭합니다. 이를 통해 우리는 열두 명의 사도 주위에서 그들과 함께 동역한 자들 역시 사도로 불렸다는 사실을 알 수 있습니다.

한편 예수님의 동생인 야고보는 예수님의 부활 이후 주님을 믿고 예루살렘 교회의 당회장이 되었지만, 그를 사도라고 부르지는 않습니다. 왜냐하면 교회의 지도자로서 사도라고 불린 다른 사람들과의 차이점이 있었기 때문입니다. 사도라고 불린 사람들은 한 교회를 맡아서 그 교회만 책임지는 것이 아니라 세계 곳곳을 돌아다니며 예수 그리스도의 부활과 그분이 하나님의 아들이라는 사실을 증거 했습니다. 야고보는 이런 면에서 다른 사도들과 달랐습니다.

성경을 보면 사도들에게 특별한 능력이 주어지는 경우가 있습니다. 예수님이 열두 제자를 사도로 보내실 때 병 고치는 권능과 마귀를 쫓아내는 권능을 주었던 것을 기억하십니까? 그러나 사도라고 해서 항상 이런 권능을 행사할 수 있는 것은 아닙니다. 예수님이 변화산 위에 계셨을 때 산 밑에 있던 제자들이 귀신을 쫓아내지 못한 일이 그 예입니다. 사도의 능력은 예수님이 허락하실 때에만 발휘될 수 있습니다.

바울이
사도가 된 이유

바울이 사도가 되었을 때, 믿는 사람들 사이에서 그가 정말 사도인지에 대한 논란이 벌어졌습니다. 그래서 바울은 직접 자기가 사도가 된 이유를 세 가지로 설명합니다.

첫째, 바울은 8개월 반 만에 태어난 자기와 같은 사람에게도 부활하신 예수님이 직접 나타나셨다고 말합니다. 사도행전 22장 6절과 고린도전서 9장 1절에 바울이 부활하신 예수님을 직접 체험한 내용이 나옵니다.

"가는 중 다메섹에 가까이 갔을 때에 오정쯤 되어 홀연히 하늘로부터 큰 빛이 나를 둘러 비치매"(행 22:6).

"내가 자유인이 아니냐 사도가 아니냐 예수 우리 주를 보지 못하였느냐 주 안에서 행한 나의 일이 너희가 아니냐"(고전 9:1).

둘째, 바울은 자신도 사도로 부름받았다고 말합니다. 로마서 1장 1절이나 고린도전서 1장 1절, 갈라디아서 1장 1절에서 바울은 스스로를 '사도로 부름받은 종 바울'이라고 소개합니다. 예수 그리스도가 직접 자신을 사도로 부르셨다는 것입니다. 사실 이 두 가지 경험은 우리 모두에게도 있습니다. 물론 사도 바울과 똑같은 경험을 하지는 않았지만 부활하신 예수 그리스도를 만나서 믿게 되었고, 능력자이신 예수 그리스도를 체험하고, 또 복음을 전하라는 소명을 받았기 때문입니다.

바울 자신이 사도가 된 세 번째 이유로 제시한 것은 사도의 징표가 자신에게 있다는 점이었습니다. 고린도후서 12장 12절에서 사도 바울은 자신도 열두 사도가 공통적으로 갖고 있던 특징 중 하나인

표적과 기사와 능력을 행했다고 말합니다.

"사도의 표가 된 것은 내가 너희 가운데서 모든 참음과 표적과 기사와 능력을 행한 것이라"(고후 12:12).

바울이 자신의 사도 된 이유를 이렇게 논리정연하게 설명하니 다른 사도들도 반박하지 못했습니다. 갈라디아서 2장 8-9절을 보십시오.

"베드로에게 역사하사 그를 할례자의 사도로 삼으신 이가 또한 내게 역사하사 나를 이방인의 사도로 삼으셨느니라 또 기둥 같이 여기는 야고보와 게바와 요한도 내게 주신 은혜를 알므로 나와 바나바에게 친교의 악수를 하였으니 우리는 이방인에게로, 그들은 할례자에게로 가게 하려 함이라"(갈 2:8-9).

이렇게 하여 바울은 사도로 인정을 받았습니다. 오늘날에는 성경에서 말하는 열두 사도나 바울과 바나바 같은 사도 집단은 없습니다. 부활하신 예수 그리스도를 만난 우리는 복음을 전하는 증인으로 살라는 부름을 받았습니다. 우리에게 병든 자를 고치는 기적을 행할 능력은 없지만, 그리스도의 부활을 증거 하는 사도와 같은 삶을 살아야 할 사명은 있습니다. 그러므로 그리스도인은 모두 넓은 의미에서 사도라고 할 수 있습니다. 각자에게 주신 은사를 계발함으로써 어디서든지 복음을 전하는 사역에 힘쓰시기를 바랍니다.

예언의 은사

"어떤 사람에게는 능력 행함을, 어떤 사람에게는 예언함을, 어떤 사람에게는 영들 분별함을, 다른 사람에게는 각종 방언 말함을, 어떤 사람에게는 방언들 통역함을 주시나니" 고전 12:10

고린도전서 12장 10절에 능력 행하는 은사에 이어 바로 나오는 것이 예언의 은사입니다. 이번 장에서는 이 예언의 은사를 받은 사람의 특징에 대해 알아보겠습니다.

예언의 은사를 받은 사람의
열 가지 특징

예수 그리스도의 열두 제자 중 예언의 은사를 받은 사람이 누구일까요? 대표적으로는 베드로를 꼽을 수 있습니다. 예언의 은사를 받은 사람의 열 가지 특징을 살펴보면서 그 이유를 짚어 보겠습니다.

첫째, 예언의 은사를 받은 사람들은 선악에 대한 자기 의사를 표현하기 좋아합니다. 좋은 것은 좋고 나쁜 것은 나쁘다고 분명하고도 즉각적으로 말합니다. 좋은 습관이긴 하지만, 잘못하면 골치가 아픕니다. 왜냐하면 다른 사람의 잘못을 보았을 때 상황에 따라 덮어 주거나 모르는 체하면서 넘어가지 않고 곧바로 지적하는 경향이 있기 때문입니다.

베드로를 보십시오. 자기가 본 것에 대해 말을 잘하니 결국 초대 교회의 대변인이 되었습니다. 예수님과 이야기를 나눌 때도 언제나 다른 제자들보다 베드로가 먼저 나서서 말했습니다. 예수님이 제자들에게 "사람들이 나를 보고 누구라고 하더냐?"라고 물으시니 다들 들은 말을 전합니다. 그 말을 듣고 난 뒤 예수님이 다시 "너희들은 나를 누구라고 생각하느냐?"라고 묻자 곧바로 베드로가 나서서 "주는 그리스도시요! 살아 계신 하나님의 아들입니다!"라고 대답합니다. 이처럼 예언의 은사를 받은 사람은 선과 악, 옳은 것과 그른 것, 진리와 진리가 아닌 것에 대해 알아볼 뿐만 아니라 그것을 금방 이야기하고 싶어 합니다.

둘째, 예언의 은사를 받은 사람들은 보고 들은 것에 대해 신속하게 판단합니다. 마태복음 14장 28절을 보면 밤에 제자들이 노를 저어 갈릴리 바다를 지나는 중에 심한 바람이 불었습니다. 그때 누군가 바다 위를 걸어 가까이 다가왔습니다. 여러 제자들이 그 모습을 보고 유령인가 싶어 겁을 내며 소리를 지르자, 예수님이 "안심하라 나니 두려워하지 말라!"고 말씀하십니다. 이때 가장 처음 입을 연 제자가 바로 베드로입니다.

"베드로가 대답하여 이르되 주여 만일 주님이시거든 나를 명하사 물 위로 오라 하소서 하니"(마 14:28).

이렇듯 예언의 은사를 받은 사람은 신속하게 판단하고 움직이는 경향이 있습니다.

셋째, 예언의 은사를 받은 사람들은 잘못된 것을 즉시 알아보고 강한 반응을 보입니다. 잘못된 것을 보고도 오래 참거나 이해해 주는 사람도 있지만, 예언의 은사를 받은 사람은 좋지 않은 것이나 잘못된 것, 거짓된 것을 보면 즉각적으로 알아보고 강한 반응을 나타냅니다. 베드로도 이 같은 반응을 보였습니다. 사도행전 5장 3절 이하에 아나니아와 삽비라 이야기가 나옵니다. 아나니아와 삽비라는 자신들의 재산을 모두 판 후에 그중 일부분만 사도들에게 바치고 그것이 전부라고 말했습니다. 물론 다른 제자들도 그들의 거짓말을 알아챘을 테지만, 그중 베드로가 가장 먼저 크게 호통을 칩니다.

악한 것이나 부정직한 것을 보면 금방 알아차리는 은사는 저에게도 있습니다. 제가 미국에 가기 전에 직장에서 3년 반 동안 일을 했습니다. 미국인과 한국인 사이에 갈등이나 문제가 발생했을 때 직접 조사해서 처리하는 업무를 맡았습니다. 3년 반 동안 이런 일을 하다 보니 별의별 상황을 다 겪었습니다. 어쩌면 그렇게 인생이 악한지 모릅니다. 하나같이 거짓말을 너무 잘합니다. 그런데 제 앞에서는 거짓말을 하지 못했습니다. 엉뚱한 소리를 하면 제가 바로 알아보고 심하게 질타했기 때문입니다. 학생 때도 그랬고 군대 있을 때도 그랬습니다. 옳지 않은 것을 보면 신랄하게 비판하니 사람들이 제 앞에서는 허튼소리를 하지 않았습니다. 하나님의 은혜로 지금은 조금 너그러워졌지만, 불의를 보면 못 참는 경향이 여전히 있습니다.

다시 베드로 이야기로 돌아가 보겠습니다. 베드로가 아나니아에게 말합니다.

"베드로가 이르되 아나니아야 어찌하여 사탄이 네 마음에 가득하여 네가 성령을 속이고 땅 값 얼마를 감추었느냐 땅이 그대로 있을 때에는 네 땅이 아니며 판 후에도 네 마음대로 할 수가 없더냐 어찌하여 이 일을 네 마음에 두었느냐 사람에게 거짓말한 것이 아니요 하나님께로다"(행 5:3-4).

베드로는 아나니아가 성령을 속이려 한 사실에 분노하며 심하게 질책합니다. 결국 아나니아는 이 말을 듣고 그 자리에서 쓰러져 죽고 말았고, 나중에 들어온 삽비라도 베드로의 발 앞에 쓰러져 혼이 떠나고 말았습니다. 하나님의 백성들 사이에 악이 있을 때, 하나님께서는 예언의 은사를 가진 사람들을 통해 악을 폭로하시고 사람들에게 경고할 수 있습니다.

부흥사들 가운데서도 악한 영을 알아보고 지적하는 이들이 있습니다. 그럴 때 교인들은 마음에 찔림을 받고 자신의 죄를 깨달아 크게 회개하는 일이 일어납니다. 교회 역사에서 예언의 은사를 받은 부흥사로 조나단 에드워즈(Jonathan Edwards, 1703-1758)라는 목사가 있었습니다. 어느 주일 아침, 조나단 에드워즈 목사가 강대상에 올라서서 '진노하시는 하나님의 손에 붙잡힌 죄인들'이라는 제목으로 설교를 했습니다. 그 설교가 교인들의 심령을 강타해 온 교인이 설교 도중에 앞으로 나와 어떻게 해야 되느냐고 울며불며 애통해했습니다. 그 자리에서 굉장한 회개 운동이 일어났습니다. 소위 말하는 '대각성 운동(Great Awakening; 신앙 부흥 운동)'입니다. 조나단 에드워즈 목사가 일으킨 성령의 바람과 회개 운동이 미국 전역을 휩쓸었습니다. 수많은 사람들이 회개하고 주님께 돌아오는 신앙 부흥 운동이 일어났습니다. 하나님께서는 예언의 은사를 받은 사람을 이렇게 쓰시기도 합니다.

넷째, 예언의 은사를 받은 사람들은 불의에 대해 즉각적으로 이의를 제기하고 공의를 요구합니다. 이러한 경고를 받으면 사람들은 조심하게 됩니다. 또 예언의 은사를 받은 사람들은 다른 사람의 잘못에 대해 쉽게 용서하지 않습니다. 베드로가 예수님께 잘못한 사람을 몇 번 용서해야 하는지 물으며, 일곱 번이면 되느냐고 했습니다. 그러자 예수님은 일흔 번씩 일곱 번이라도 용서해야 한다며 무조건 용서하라고 말씀하셨습니다. 이 같은 상황을 볼 때 베드로는 불의한 사람을 한없이 용서하는 것에 대해 탐탁지 않게 생각했던 것 같습니다. 아마도 공의로움이 강해서인 듯합니다.

다섯째, 예언의 은사를 받은 사람들은 개인의 흠이나 실수에 대해 공개적으로 말하는 것을 주저하지 않습니다. 하나님의 말씀에 비추어 잘못되었다고 판단되면 당사자를 직접 야단칩니다. 이러한 특성이 긍정적으로 사용되면 하나님의 교회에 덕이 되고 은혜를 끼치지만, 잘못 사용되면 불편한 상황이 발생합니다. 흥미로운 사실은 예언의 은사를 받은 사람들이 자기 자신의 흠과 실수에 대해서도 솔직하게 판단하고 인정한다는 점입니다. 누가복음 5장 8절에 나타난 베드로의 모습을 보면 알 수 있습니다.

"시몬 베드로가 이를 보고 예수의 무릎 아래에 엎드려 이르되 주여 나를 떠나소서 나는 죄인이로소이다 하니"(눅 5:8).

베드로는 갈릴리 호수에서 밤새 그물질을 했지만 고기를 한 마리도 잡지 못했습니다. 그때 예수님이 다가와 배에 오르시더니 깊은 데로 가서 그물을 던지라고 말씀하십니다. 그 말씀대로 베드로가 깊은 곳으로 가 그물을 던지자, 그물이 찢어질 정도로 많은 고기가 잡혔습니다. 이때 베드로는 즉시 예수님 앞에 엎드려 "나는 죄인이로소이다!"라고 고백합니다. 다른 사람은 가만히 있는데, 베드로는 죄인 된 자기 모습을 깨닫고 많은 사람 앞에서 공개적으로 솔직히 고백합니다. 예언의 은사를 받은 사람들에게는 이런 은혜가 있습니다.

여섯째, 예언의 은사를 받은 사람들은 다소 즉흥적으로 행동합니다. 마태복음 14장 28절에서 베드로가 물 위를 걸어 주님께 가게 해 달라고 요청합니다. 그때 예수님이 "오라!"고 말씀하니 베드로는 그 즉시 물 위를 걸어갔습니다. 저 같으면 그렇게 하지 못했을 것입니다. 배 위에 걸터앉아 발로 물을 건드려 보며 과연 내가 걸을 수 있는지 살펴본 다음 겨우 한 발을 뗐을 것 같습니다. 그러나 베드로는 전혀 망설이지 않고 단번에 물 위를 걸었습니다. 그만큼 즉흥적인 사람이었습니다.

예수님께서 잡혀가실 때의 장면을 기억하시나요? 군인들이 뒤에서 있는 상황에서 몇 사람이 나아와 예수님을 잡으려고 하니 베드로가 칼을 뽑고 막아섰습니다. 하나님의 아들이신 예수님을 보호하겠다고 대제사장의 종인 말고의 귀를 쳤습니다(요 18:10). 사실 하나님의 아들이신 예수 그리스도께서 한마디 명령만 하시면 천군 천사들이 내려와 그 군인들을 전멸시킬 수 있습니다. 그런데 베드로는 고기 잡을 때 쓰는 작은 칼을 들고 하나님의 아들을 보호하겠다고 나섰습니다. 이런 모습에서 우리는 베드로가 얼마나 즉흥적인 성향을 지녔는지를 보게 됩니다.

또한 요한복음 13장 6절에는 다락방에서 성만찬을 하는 장면이 나옵니다. 성만찬 직전, 예수님께서 제자들의 발을 씻기십니다. 다른 제자들은 다 가만히 있는데, 베드로는 사양하며 말합니다.

"베드로가 이르되 내 발을 절대로 씻지 못하시리이다 예수께서 대답하시되 내가 너를 씻어 주지 아니하면 네가 나와 상관이 없느니라"(요 13:6).

베드로는 주님께서 발을 씻어 주시려는 이유를 알지 못한 채 자기 발을 씻으시면 안 된다고 극구 사양합니다. 그러면 나와 상관이 없다고 예수께서 말씀하시니 베드로는 발뿐만 아니라 손과 머리도 씻겨 달라고 말합니다. 예언의 은사를 받은 사람 중에는 이렇듯 행동부터 먼저 하고 보는 경향이 눈에 띄게 나타납니다.

일곱째, 예언의 은사를 받은 사람들은 아주 직설적으로 잘못을 지적합니다. 앞에서 다른 사람의 잘못을 공개적으로 말하는 성향을 언급하기도 했지만, 예언의 은사를 받은 사람들은 상대가 고통스러울 정도로 직설적으로 지적합니다. 예레미야와 이사야도 그랬습니다. 예언의 은사가 하나님의 은혜로 올바르게 사용되었을 때는 진정한 회개를 일으키지만, 잘못 쓰이면 상대방의 가슴만 아프게 할 뿐입니다.

마가복음 8장 31-32절에 나타난 베드로의 모습을 통해 예언의 은사를 받은 사람들이 불의하다고 생각하는 것에 어떻게 반응하는지 보십시오.

"인자가 많은 고난을 받고 장로들과 대제사장들과 서기관들에게 버린 바 되어 죽임을 당하고 사흘 만에 살아나야 할 것을 비로소 그들에게 가르치시되 드러내 놓고 이 말씀을 하시니 베드로가 예수를 붙들고 항변하매"(막 8:31-32).

예수님은 자신이 며칠 후에 예루살렘으로 가서 장로들과 바리새인들과 이스라엘의 지도자들에게 잡혀 죽임을 당할 것이고, 사흘 만에 다시 살아날 것이라고 말씀하셨습니다. 그러자 베드로가 예수님을 붙들고 난리를 칩니다. 우리말 성경에는 아주 완곡하게 표현되어 있지만 사실 베드로는 예수님을 한쪽으로 끌어당겨 놓고 막 야단쳤습니다. 자기 생각에 예수님 말씀이 틀렸다고 판단되어 꾸짖은 셈입니다. 베드로의 이러한 행동은 하나님의 일보다는 자신의 생각이 우선되어 잘못 판단한 것이었습니다. 그러나 성령 충만을 받고 난 후에는 완전히 달라집니다. 베드로의 이런 성품들이 은혜롭게 사용되어 예수 그리스도의 교회를 세우는 데 지도적 역할을 하고, 초대 교회의 대변자가 됩니다.

여덟째, 예언의 은사를 받은 사람들은 자신의 충성심과 헌신을 보여 주길 원합니다. 마태복음 26장 33절에서 베드로가 자기는 죽어도 예수님을 버리지 않겠다고 호언장담합니다.

"베드로가 대답하여 이르되 모두 주를 버릴지라도 나는 결코 버리지 않겠나이다"(마 26:33).

예수님이 "오늘 밤 닭 울기 전에 네가 세 번 나를 부인하리라"(마 26:34)라고 말씀하셨는데도 그렇지 않을 것이라고 단호하게 말합니다. 절대로 부인하지 않을 것이라고 다짐합니다. 이렇게 예언의 은사를 받은 사람들은 자신의 충성심을 표현하길 아주 좋아합니다. 앞서 말했듯이 다른 제자들은 가만히 있는데 베드로가 나서서 자기가 예수님을 보호하겠다면서 말고의 귀를 쳤습니다. 예언의 은사를 받은 사람들은 이처럼 헌신과 충성을 겉으로 드러내며 표현하는 경향이 있습니다.

아홉째, 예언의 은사를 받은 사람들은 옳은 일을 위해 희생하는 것을 두려워하지 않습니다. 이들에게는 진리냐 아니냐가 중요하기 때문에 일단 옳다고 판단되면 어떤 희생도 감수합니다. 이들은 의(義)를 위해 고난받는 것을 두려워하지 않습니다. 과거의 순교자들 가운데 이런 사람들이 많았습니다. 주기철 목사님도 그런 분이었습니다. 주기철 목사님은 일본 사람들의 잘못된 모습을 가만히 보고만 있지 않았습니다. 다른 목사님들은 다 가만히 있는데, 주기철 목사님은 혼자 일어나서 그것들을 지적하셨습니다. 생의 마지막 순간에도 주님을 위해서는 죽어도 좋다는 굳은 의지를 보였습니다. 그분은 한국 교회의 위대한 지도자이셨습니다. 예언의 은사를 받은 사람들에게는 이처럼 진리를 위해 희생할 수 있는 각오와 실천이 있습니다.

사도행전 5장 18-32절에서는 베드로가 복음을 전하다가 감옥에 잡혀 들어가 심하게 매를 맞고 다시는 예수의 이름으로 사람들을 선동하지 말라는 경고를 받습니다. 그러나 베드로는 다시 예수 그리스도의 이름으로 가르치다가 붙잡힙니다. 대제사장이 왜 그랬는지를 묻자 베드로는 이렇게 대답합니다.

"베드로와 사도들이 대답하여 이르되 사람보다 하나님께 순종하는 것이 마땅하니라"(행 5:29).

베드로는 사람보다 하나님께 순종하는 것이 옳다고 말합니다. 그러니 매를 맞아도, 감옥에 다시 들어가도 예수 그리스도를 전하겠다는 것입니다. 이렇게 예언의 은사를 받은 사람들은 정의와 하나님의 일을 위해서는 서슴지 않고 행동합니다.

열째, 예언의 은사를 받은 사람들은 선과 악을 정확하게 지적하고 선을 행하도록 설득력 있게 권고합니다. 사도행전 2장 14-47절에서 베드로는 오순절 설교를 하며 선과 악에 대해 명확하게 지적합니다.

"그가 하나님께서 정하신 뜻과 미리 아신 대로 내준 바 되었거늘 너희가 법 없는 자들의 손을 빌려 못 박아 죽였으나"(행 2:23).

그러자 거기 모인 사람들이 가슴이 뜨끔해서 "우리가 어찌할꼬!"라는 반응을 보입니다. 이에 베드로는 너희가 회개하고 예수를 믿어 성령을 선물로 받으라고 강권합니다. 그리하여 그날 하루 동안에 삼천 명이 회개하고 예수님을 믿었습니다. 이렇게 예언의 은사를 받은 사람들은 악에 대해 정확하게 지적하고 사람들이 선을 행하도록 설득력 있게 종용합니다.

지금까지 예언의 은사를 받은 사람들의 열 가지 특징을 살펴보았습니다. 우리의 가정과 교회와 사회와 국가에 이런 사람들이 꼭 필요합니다. 그러나 모든 사람이 다 예언의 은사를 가진 것은 아닙니다. 예언의 은사를 받지 못한 사람이 이런 특징을 드러낸다면 은혜로운 일보다는 갈등이 더 많이 일어날 것입니다.

하나님께서는 각 영역에 필요한 사람들을 골고루 두어 적절하게 사용하십니다. 따라서 각 사람은 자신의 은사가 선하게 사용될 수 있도록 기도해야 하며, 그 모든 은사가 사랑 안에서 사용되도록 애써야 합니다. 사랑 안에서 자기 은사를 사용할 때 스스로의 삶이 즐겁고, 그로 인해 다른 사람들이 유익을 얻습니다.

지금까지 여러 은사를 구체적으로 살펴보았는데, 자신에게 어떠한 은사가 있는지 발견하셨나요? 자신에게서 발견된 은사가 있다면 주저하지 말고 실천에 옮기십시오. 주님 안에서 은사를 계발하는 데 집중하십시오. 주님의 교회를 일으키는 데 그 은사가 유용하게 사용 되기를 바랍니다.

목자의 은사

"그가 어떤 사람은 사도로, 어떤 사람은 선지자로, 어떤 사람은 복음 전하는 자로, 어떤 사람은 목사와 교사로 삼으셨으니" 엡 4:11

이번 장에서는 에베소서 4장 11절에 나온 '목자의 은사'에 대해 자세히 살펴보고자 합니다. 성경 본문에는 '목사'라고 번역되어 있지만 '목자'라는 단어가 더 적절합니다. 일반적으로 목사는 신학교를 졸업하고 시험을 통과한 뒤 안수를 받고 전적으로 목회 일을 하는 사람입니다. 그러나 그런 특별한 과정을 거치지 않은 사람도 본문에서 말하는 목회자의 은사를 받을 수 있기 때문에 '목자'라는 좀 더 보편적인 의미의 단어를 사용하고자 합니다.

제가 신학교에서 공부할 때였습니다. 한번은 교수님이 과제를 주셨습니다. '목사의 역할'이라는 제목으로 10-15쪽 정도의 짧은 논문을 써 오라는 것이었습니다. 당시 저는 목사의 역할에 대해 아는 것이 없었습니다. 그래서 여러 책을 참조해서 목사가 무슨 일을 하는지 간략하게 요약해 논문을 제출했습니다. 그후 저는 목사가 되지 못하겠다는 결론을 내렸습니다. 왜일까요? 과제를 하며 연구해 보니 목사가 하는 일이 서른두 가지나 되었는데, 그 모든 일을 다 잘해야 했습니다. 한마디로 만능 목사여야 하는 것이지요. 만일 어느 한 부분이 부족해 보이면 교인들이 우리 목사님은 별 볼 일 없다 생각하고 다른 만능 목사를 찾는다고 합니다. 그러면 교회가 원하는 만능 목사가 어떤 목사인지 한번 살펴봅시다.

목사는 우선 능변가여야 합니다. 목사가 설교만 해도 교인들이 그 대로 움직일 정도로 설교를 잘해야 합니다. 또 교인들에게 무슨 문제가 있을 때 이를 해결해 줄 수 있는 뛰어난 상담자여야 합니다. 또한 만능 목사는 성경과 신학에 능통해 신학적으로나 성경적으로나 부족함이 없어야 합니다. 그리고 어디를 가든 자기 교회의 선한 이미지를 대외적으로 부각시킬 수 있는 교섭 능력이 있어야 합니다.

그뿐인가요? 마치 기름 친 기계처럼 목회 행정을 척척 해내는 유능한 행정가여야 하고, 지역 사회에서도 윤리와 도덕 운동의 중심 역할을 해야 합니다. 이 정도에서 그치지 않습니다. 어떤 모임이든 잘 이끌 수 있는 리더십이 있어야 하고, 회의를 원만하게 진행시킬 수 있어야 합니다. 또 자기 교회에 운동팀이 구성되면 유능한 매니저 역할도 할 수 있어야 하고, 예수님을 믿지 않는 사람을 만나면 즉시 회개하고 예수님을 영접하게 만들 정도로 전도의 전문가여야 합니다.

뿐만 아닙니다. 말씀을 재미있고도 효과적으로 잘 가르치는 교사여야 하고, 훌륭한 장의사, 탁월한 결혼식 주례자여야 합니다. 또 교회를 돌아다니며 떨어진 쓰레기를 줍고 바닥을 닦는 관리자여야 하고, 주보와 교회 신문을 발행할 수 있는 인쇄소 사장이 되어야 하고, 교회 건물을 잘 짓는 괜찮은 건축가여야 하고, 때를 따라 교회 재정에 필요한 헌금도 잘 모금하는 능력까지 지닌 사람이어야 합니다.

목사가 이토록 수많은 역할을 수행해야 한다는 것을 알고 나니 저는 도무지 목사가 될 엄두가 나지 않았습니다. 그래서 목사를 못 하겠다는 결론을 내렸습니다. 목사가 이런 역할들을 제대로 수행하지 못하면 교회에서 이러쿵저러쿵 말이 나옵니다. 부임한 첫 해에는 그 럭저럭 좋은 모습들만 보입니다. 마치 신혼 때처럼 말입니다. 그러나 시간이 갈수록 부족한 부분이 하나둘씩 보이기 시작하면 교인들은 실망하고 다른 곳에서 만능 목사를 모셔 옵니다. 그러다가 새로 초빙 해 온 목사에게 또다시 부족한 면이 보이면 또 다른 만능 목사를 찾 습니다. 이런 식이면 어느 누가 목사를 할 수 있을까요? 물론 교회가 건강하게 성장하고 교인들 간에 원만한 교제가 있기 위해서는 목사 의 역할이 무엇보다 중요합니다. 그러나 세상 그 어디에도 만능 목사 는 없습니다. 그러면 성경에서 말하는 '목사'와 '목자의 은사'는 어떤 것인지 다시 한번 짚어 보도록 하겠습니다.

목자의
일

목자는 영어로 'pastor' 또는 'shepherd'입니다. '양을 치는 사람' 이란 뜻입니다. 목자의 은사는 교인들의 영적 상태를 파악하고 잘 돌 봐줄 수 있는 능력을 말합니다. 영적 상태를 파악하고 잘 돌봐준다 는 말에는 여러 의미가 포함되어 있는데, 이는 목자의 역할과 바로 연결됩니다.

목자는 여러 가지 일을 합니다. 우선 성도들의 아픈 상처를 싸매 줍니다. 교회의 단결을 도모하고, 교인들이 각자의 은사를 계발하도 록 도와주며, 그들의 신앙이 지속적으로 성장하도록 이끌어 줍니다.

성경에서는 목자 또는 목사를 다른 이름으로도 부릅니다. 우선

'장로'라는 이름이 있습니다. 한국 교회에서는 전통적으로 장로를 목회자로 생각하지 않고 행정인으로 여기지만, 성경에서 장로는 목자를 뜻합니다. 그러므로 장로님들은 행정가로서의 역할만 생각하지 말고 하나님께서 자신을 목자로 부르셨다는 사실을 깨달아야 합니다. 양 떼를 돌보고 심방하고 가르치며, 신앙생활을 격려하는 목자로서의 자세와 사명감을 갖고 일해야 합니다.

성경에서는 목사를 장로 외에 '감독(bishop)'이라고도 칭합니다. 하나님께서 책임을 맡겨 준 사람이기에 '감독'이라고 부른 것입니다. 즉, 목사, 목자, 장로, 감독은 성경에서 모두 비슷한 의미로 쓰입니다.

목사와 교사

에베소서 4장 11절에서는 '목사' 뒤에 곧바로 '교사'를 언급하고 있습니다.

"그가 어떤 사람은 사도로, 어떤 사람은 선지자로, 어떤 사람은 복음 전하는 자로, 어떤 사람은 목사와 교사로 삼으셨으니"(엡 4:11).

'목사와 교사'는 하나님의 백성을 거느리면서 영적인 진리를 가르치고, 영적인 상태를 돌봐 주는 책임을 맡은 자입니다. 영적인 진리를 가르친다는 것은 말을 통해 전달함과 동시에 삶의 본을 보여 주는 것을 의미합니다. 물론 가르치는 은사를 받은 사람과 목자의 은사를 받은 사람은 그 강조점이 다릅니다. 가르치는 은사를 받은 사람은 가르치는 내용 자체와 그것을 삶에 적용하도록 동기 부여를 하는 것을 중요하게 여기지만, 목자는 한 사람 한 사람을 소중히 여기며 영혼을 돌보는 데 집중합니다.

목사가 '목자의 은사'와 '가르치는 은사'를 둘 다 갖추고 있다면 좋지만, 항상 그렇기는 어렵습니다. 어떤 목사는 목자로서의 은사는 없고 가르치는 은사만 있습니다. 그런 목사는 말씀 선포에 주력하고 목자의 은사를 가진 다른 목사가 교우들을 돌보는 일을 맡으면 됩니다. 교인을 돌보고, 상담과 심방을 통해 교인들의 영적 상태를 돌보는 목자로서의 은사는 없으나 목회는 참 잘하는 목사도 얼마든지 있습니다. 목사에게 목자의 은사가 있는 것이 바람직하지만 모든 경우가 다 그럴 수는 없습니다.

앞에서도 말했듯이 목사에게만 목자의 은사가 있는 것은 아닙니다. 평신도 중에 목자의 은사를 받은 사람도 많습니다. 다음 단락에서는 하나님께서 평신도들에게 목자의 은사를 허락해 주신 경우에 대해 깊이 있게 살펴보겠습니다.

목자의 은사를 받은 평신도

저는 그동안 목자의 은사를 받아 교회를 섬기는 데에 잘 활용한 평신도를 여럿 보았습니다. 목자로서의 역할을 그들이 얼마나 잘 감당하는지 모릅니다. 보통 목사보다도 몇 배나 훌륭하게 목자의 은사를 사용하고 있기에 볼 때마다 무척 놀라곤 했습니다. 넓게는 한 지역이나 구역을 담당하고, 좁게는 일가친척들을 대상으로 목자의 은사를 사용합니다. 어떤 경우든 그들은 놀라운 열매들을 풍성하게 맺었습니다. 그런 모습을 보며 하나님께서 그들에게 목자로서의 은사를 주셨음을 분명히 알게 되었습니다.

그들 모두 성경을 가르치는 은사를 받았을까요? 그렇지 않습니다. 그러나 그들은 사람들을 영적으로 돌보고 격려하고 인도하는 일을 아주 잘합니다. 이렇듯 목자의 은사를 받은 평신도는 타인에 대해 마음이 활짝 열려 있고, 사람에게 관심이 많습니다. 그러다 보니 다른 사람의 영혼을 인도하는 데 누구보다 열심을 냅니다.

그러면 한 교회에서 목자로서의 사역을 가장 효과적으로 감당할 수 있는 교인 수는 몇 명 정도일까요? 40명에서 120명 사이가 가장 적당하다고 합니다. 성가대든 선교회든 120명이 넘으면 한 그룹으로써 제대로 된 기능을 하는 게 힘들어집니다. 500명의 회원이 있다고 가정할 때, 사실상 모이는 인원은 40-50명밖에 안 됩니다. 기관의 임원들은 사람이 적게 모이니 속상하고 짜증도 나겠지만 그것이 현실입니다. 120명이 넘으면 친교도 쉽지 않습니다. 주일날 교회에 와도 사람이 너무 많아 누가 누군지 모르니 친밀한 교제를 하기 어렵습니다. 교회가 성장할수록 친교를 위해서는 소그룹 공동체 모임이 필수입니다.

목자의 은사를 받은 사람들이 50명 정도의 그룹들을 맡아 자신의 은사를 사용해 섬길 수 있으면 가장 좋습니다. 그러나 교회 규모가 작을 때는 친교도 용이하고 온 교인이 야외 예배를 드리러 나가

기도 좋습니다. 그러나 교회 규모가 크면 날짜와 시간을 맞추는 것
부터 장소 선정도 마땅치 않습니다. 또 야외로 나가더라도 그 많은
인원이 서로 친교하기도 어렵습니다. 즉, 목자의 은사를 받은 사람의
지도 아래 그룹별로 운영되는 시스템이 가장 적절합니다.

이보다 작은 규모의 그룹으로는 7-12명 정도가 적당합니다. 주일
학교 분반이나 구역별 그룹이 그렇습니다. 하나님의 말씀을 같이 배
우면서 서로 마음을 나눌 뿐 아니라, 기도하고 격려하며 깊이 교제할
수 있는 장점이 있습니다. 교회가 원만하게 움직이려면 이런 그룹들
이 활발하게 살아 있어야 합니다. 물론 목자의 은사를 받은 사람이
각 그룹을 맡아 인도할 수 있어야 합니다. 자신에게 목자의 은사가
있다고 생각된다면, 이런 그룹 모임에서 자신의 은사를 잘 활용해 섬
기시기 바랍니다.

그렇다면 목회자가 가장 효과적으로 목회를 해 나갈 수 있는 가정
의 수는 어느 정도일까요? 한 연구 결과에 따르면 여덟 가정에서 열
다섯 가정이 가장 좋다고 합니다. 하나님께서 목자의 은사를 주셨다
면 평신도라도 여덟 가정에서 열다섯 가정 정도는 인도할 수 있습니
다. 물론 어떤 사람은 수십, 수백 가정도 돌볼 수 있을 것입니다. 하
지만 목사 한 사람이 수백 가정을 돌본다는 것은 거의 불가능합니
다. 그렇기 때문에 교회가 성장할수록 교인들의 가정을 돌볼 수 있
는 목자의 은사를 가진 사람이 많이 필요합니다. 가령 교인이 3천 명
이라고 할 때, 목사가 하루에 한 사람씩 만난다고 해도 1년이면 365
명밖에 못 만납니다. 교인들을 모두 만나려면 10년 걸립니다. 이렇게
해서는 교회를 제대로 운영할 수가 없습니다. 교인들이 많을 때는 목

사와 개인적으로 한두 시간 만나기도 힘듭니다. 그럴 수밖에 없습니다. 그러므로 평신도들이 자신에게 주어진 목자로서의 은사를 계발하고 사용함으로써 서로 돌보아 주도록 해야 합니다. 그럴 때 온 교회의 영적 필요가 넉넉히 충족될 것입니다.

교회가 지속적으로 성장하고 영적 운동을 건강하게 해 나가는 데 있어서는 담임 목사와 부교역자들의 역할이 매우 중요합니다. 동시에 평신도 한 사람 한 사람의 목회자적인 은사 계발이 절대적으로 필요합니다. 온 교인의 영적 건강 진단과 돌봄을 오직 담임 목사에게만 전담시켜서는 안 됩니다. 담임 목사의 역할에는 한계가 있습니다. 각 교인들이 자신의 은사를 깨닫고 평신도 목회자로서 은사를 계발해 교회를 섬길 때 그 한계를 극복할 수 있습니다.

전도의 은사

"그가 어떤 사람은 사도로, 어떤 사람은 선지자로, 어떤 사람은 복음 전하는 자로, 어떤 사람은 목사와 교사로 삼으셨으니" 엡 4:11

신학교 졸업생 한 명이 남아메리카의 볼리비아에 선교사로 파송되었습니다. 그는 볼리비아 국민들을 모두 전도하겠다는 큰 포부를 갖고 여러 가지 준비를 했습니다. 미국의 유명한 복음 전도자인 빌리 그레이엄 목사처럼 수많은 사람들을 회심시키겠다는 열의 하나로 그레이엄 목사의 설교 테이프를 열심히 연구했습니다. 그레이엄 목사의 몸짓과 발음, 악센트, 표정 등을 세밀히 관찰했습니다. 심지어 그레이엄 목사가 전하는 복음의 메시지를 모두 암송하기도 했습니다. 의욕에 부푼 가슴으로 선교지에 도착한 선교사는 자신이 오랫동안 준비한 것들을 사람들 앞에 나아가 힘껏 전했습니다. 그런 다음 예수님을 영접할 사람은 앞으로 나오라고 말했습니다.

하지만 이게 어찌 된 일일까요? 한 사람도 나오지 않는 겁니다. 그는 '빌리 그레이엄 목사와 거의 비슷하게 설교를 했는데, 그의 태도와 말투, 표정까지 흡사했는데 어떻게 한 명도 앞으로 안 나올 수가 있지?'라며 한참을 고민했습니다. 자신의 기도가 부족해서 그런가 싶어 며칠 동안 철야 기도도 했습니다. 다시 복음을 전했지만 결과는 마찬가지였습니다. 그는 자기 안에 아직 용서받지 못한 죄가 있나 싶어 생각나는 죄들을 모두 자백하며 회개했습니다. 그런 다음 이전보다 더 철저하게 준비한 후 지방으로 전도하러 갔습니다. 모든 것이 완벽하다고 생각할 만큼 철두철미하게 준비했는데, 그곳에서도 역시 아무도 회심하지 않았습니다. 아무리 노력해도 열매가 없자 그는 실의에 빠졌습니다.

'볼리비아를 완전히 복음화하려고 왔는데 이렇게까지 성과가 없으니 어떻게 해야 하나? 이제 선교하기는 다 틀린 것 같다!'며 낙심한 그에게 동료 선교사가 물었습니다. "자네의 은사가 뭔가?" 동료 선교사는 핵심을 잘 짚었습니다. 그에게는 복음 전하는 은사가 없었던 것입니다. 젊은 선교사는 자신이 복음을 전하면 언제나 빌리 그레이엄 목사의 집회처럼 결신자들이 쏟아져 나와야 한다고 생각했습니다. 그러나 그가 복음을 전했을 때 기대와 달리 결신자들이 나오지 않았습니다. 그 이유는 기도를 덜해서도 아니고 회개가 모자라서도 아닙니다. 은사가 없었기 때문입니다.

혹시 빌리 그레이엄 목사가 설교하는 것을 들어 본 적 있으신가요? 저는 여러 번 들어 보았습니다. 사실 그레이엄 목사의 설교에는 특별한 게 없습니다. 전하는 복음의 메시지는 아주 단순하고 쉽습니다. 제가 그레이엄 목사님 통역도 해 보았는데, 복음을 아주 평범하면서도 쉽게 전합니다. 그런데도 설교를 마치고 나면 수천 명이 예수님을 믿겠다고 결신합니다. 그것은 하나님께서 그레이엄 목사에게 복음 전하는 은사를 주셨기 때문입니다. 만약 그레이엄 목사에게 목회를 하라거나 저술을 하라고 했다면 열매가 없었을지도 모릅니다. 그러나 사람들에게 복음을 선포하고 예수 그리스도를 전하면 놀라운 열매가 나타났습니다.

이처럼 각 사람에게는 하나님께서 주신 은사가 분명히 있고, 그 종류와 분량 또한 서로 다릅니다. 빌리 그레이엄 목사처럼 많은 사람을 그리스도께로 인도하는 전도의 은사를 모든 사람이 똑같이 가질 수는 없습니다. 우리의 책임은 하나님께서 주신 나만의 은사를 발견해서 선하게 사용하는 것입니다.

전도의 은사가 중요한 이유

제가 어렸을 때는 우리나라 인구를 일컬어 3천만 민족이라고 했습니다. 지금은 대한민국 인구수가 약 5,163만 명(2018년 통계청 자료)이고 북한의 인구수는 약 2,500만 명이니, 남북한 합치면 7천만 명이 훨씬 넘습니다. 출산율 저하와 인구 감소가 있긴 하지만, 우리나라는 한 세대 사이에 인구가 두 배 이상 증가했습니다.

교회가 성장하려면 예수님을 믿는 사람 수가 늘어나야 합니다. 전 세계에 그리스도인의 수가 증가하려면 복음을 전하는 사람이 많아야 하고, 믿는 가정에서 자녀가 많이 태어나야 합니다.

그리스도인 중에는 하나님께 전도의 은사를 받은 사람이 많습니다. 전도의 은사를 가진 사람들이 자기의 은사를 훌륭히 사용하면 예수님을 믿는 사람의 수도 계속 증가하게 됩니다. 전도의 은사는 교회가 수적으로 성장하는 데 있어 가장 중요한 은사입니다. 그러나 교회가 성장하는 데 전도의 은사를 받은 사람들만 필요한 것은 아닙니다. 어머니가 아기를 낳으려면 온몸이 건강해야 하는 것처럼, 교회 전체가 건강해야 교회가 성장할 수 있습니다. 긍휼과 자비의 은사를 가진 사람들이 형제자매를 잘 돌보고, 가르치는 은사를 가진 사람들이 영적인 진리를 바르게 가르치는 등 각각의 은사들이 모든 영역에서 그 쓰임대로 온전한 빛을 발할 때 전도의 은사도 효과가 있습니다. 즉, 전도의 은사는 무척 중요하지만 모든 은사들이 종합적으로 제 기능을 발휘해야만 교회가 건강하게 성장할 수 있습니다.

교회 성장과 관련해 일부에서는 '교회가 너무 크면 좋지 않다!'라고 주장합니다. 그러나 저는 건강한 교회는 성장을 하는 게 바람직하다고 생각합니다. 물론 무작정 성장하는 것은 병이 될 수도 있지만, 성장하지 않고 정체된 것은 곧 죽음을 뜻합니다. 성경을 보면 교회가 어느 정도 이상 성장해서는 안 된다는 규정이 없습니다. 예루살렘 교회는 2만 명 정도 모였습니다. 성령의 역사하심으로 성도의 수가 폭발적으로 증가한 것입니다.

사도행전 8장에서는 사도 외에 교인들이 온 땅으로 흩어져 복음을 전합니다. 빌립 집사가 에티오피아 사람을 만나 이사야 53장의 몇 구절을 설명하면서 복음을 전한 뒤 세례까지 받게 한 일이 사도행전 8장에 기록되어 있습니다. 이를 보면 빌립 집사는 전도의 은사를 받았던 것이 분명합니다. 우리 중에도 전도의 은사를 가진 사람이 있습니다. 그 사람들이 열심히 전도하면 교회가 자연스럽게 성장할 수밖에 없습니다.

몸 자체가 병들어 있으면 성장이 불가능합니다. 교회 안에 미움과 질투와 분쟁이 있으면 아무도 그 교회에 가려고 하지 않을 것입니다.

교회가 지속적으로 하나님의 은총을 입고 전도를 통해 믿지 않는 사람들을 주님께로 인도하려면 서로 비난하고 욕하고 질투하는 일부터 없애야 합니다. 서로 사랑하는 마음과 행함이 없다면 교회는 성장하지 않습니다. 무엇보다 자신에게 주어진 은사가 아닌데, 다른 사람의 은사 영역에 침범하려는 사람들이 생기면 교회가 병들기 시작합니다. 교회가 건강하게 성장하는 방법은 각자에게 주어진 은사를 하나님 앞에서 잘 감당하는 것입니다.

우리 몸도 그렇습니다. 코는 숨을 잘 쉬고 냄새 맡는 일을 하면 되고, 눈은 또렷하게 잘 보면 되고, 귀는 선명하게 잘 들으면 됩니다. 머리는 생각을 거쳐 지혜를 발휘하고, 위장은 소화를 잘 해내면 됩니다. 교회 또한 각자 자기가 맡은 일을 성실하게 해 나갈 때 교회 전체가 건강해질 수 있습니다.

우리 한국 교회가 경계해야 할 일이 한 가지 있습니다. 대한민국 인구의 20%에 이르는 약 천만 명이 그리스도인(967만 6천 명: 2015년 통계청 종교인구조사)이라며 기독교 부흥을 자랑하고 있지만, 이 사실은 자칫하면 우리를 교만하게 만들 수 있습니다. 한국 교회의 부흥은 우리가 아니라 주님께서 하신 일입니다. 사도행전 2장을 보십시오.

"하나님을 찬미하며 또 온 백성에게 칭송을 받으니 주께서 구원받는 사람을 날마다 더하게 하시니라"(행 2:47).

주께서 구원받는 사람을 날마다 더하게 하신다고 말씀합니다. 우리는 다만 순종할 뿐입니다. 남북한 인구를 합해 생각해 보면, 그리스도인이 전체 인구의 10%도 안 되는 현실입니다. 천만 명이 천국 간다고 기뻐할 것이 아니라 6천만 명이 넘는 사람들이 지옥에 가게 될 것을 안타까워하며 바쁘게 움직여야 할 때입니다.

전도의 은사에 대한 정의

전도의 은사란 예수님을 믿지 않는 사람에게 복음을 전해 예수님을 영접하여 구원받게 하고, 더 나아가 교인이 되게 하는 능력입니다. 복음을 전해서 예수님을 영접하게 하는 것까지는 그리 어렵지 않을지도 모릅니다. 정말 어려운 일은 그 후입니다. 즉, 교회에 출석하며 영적으로 성숙하게 하는 일이 참으로 어렵습니다. 많은 교회에서 전도 후의 후속 작업이 잘 안 되고 있는 실정입니다.

빌리 그레이엄 목사의 설교를 듣고 예수님을 영접하러 나온 사람들 가운데 나중에 교회에 찾아간 사람은 그리 많지 않다는 기록이 있습니다. 그래서 요즘에는 예수님을 믿겠다고 나온 사람들에게 이름과 주소를 적도록 해서 그 지역의 교회 목사님과 연결시켜 준다고 합니다. 그러면 지역 교회에서 심방해서 교회로 인도하는 것입니다. 이처럼 전도의 은사를 잘 발휘해 믿지 않는 사람에게 복음을 전하고, 예수님을 영접하게 한 후에도 꾸준히 교회에서 건강한 신앙생활을 할 수 있도록 여러 방면으로 도와야 합니다.

복음 전하는 전도의 은사를 확인하는 과정은 어떨까요? 우선은 복음을 전하고 싶은 의지가 있는지, 그것을 즐거워하는지 자기 자신을 살펴봅니다. 사도 바울은 복음을 전하지 않으면 자신에게 도리어 화가 될 것이라고 고백했습니다. 그렇게 복음을 전하고자 하는 간절한 마음이 있는지 스스로 판단해 보십시오. 그다음에는 실제로 복음을 전한 후에 효과가 있었는지 냉철하게 평가해 봅니다. 다른 사람의 평가도 들어 봐야 합니다. 이런 과정에서 긍정적인 결과가 나오면 그 사람에게는 복음 전하는 은사가 있는 것입니다.

저도 처음에는 저에게 복음 전하는 은사가 있는지 몰랐습니다. 목사님이 전도를 강조하시니 학생 때 전도지를 들고 다니며 열심히 복음을 전하긴 했지만, 저로 인해 예수님을 영접한 사람은 몇 명 되지 않았습니다. 미국 교회에서 처음 담임을 했을 때도 비슷했습니다.

어느 가정을 심방했을 때입니다. 열네 살짜리 남자아이가 있기에 '옳지, 잘됐다. 너는 나한테 딱 걸렸다!'라는 마음으로 제가 가진 모든 지식을 총동원해 예수님을 전했습니다. 한 시간 정도 설명한 후 예수님을 믿겠느냐고 물으니 아이는 질린 표정으로 그러겠다고 대답했습니다. 그래서 영접 기도를 하고 그 집을 나왔는데, 돌아오면서 생각해 보니 그 아이가 성령의 역사로 마음이 감동되어 예수님을 영접한 게 아니라 제가 너무나 열정적으로 복음을 전하니 저에게 질려서 그렇게 대답한 것 같다는 생각이 들었습니다. 서른 살의 젊은 목사가 목회를 처음 시작할 때이니 얼마나 열정적이었겠습니까? 그 일은 하나님의 뜻보다 저의 섣부른 열정이 더 앞선 것은 아니었는지를 돌아보는 계기가 되었습니다.

제 이야기를 이렇듯 길게 한 이유는 복음은 차근차근 설명해 상대방이 하나님의 사랑을 깨닫게 해야 하는 것이지, 눈을 부릅뜨고 흔들어서 받아들이게 하는 것이 아니라는 말을 하고 싶어서입니다.

복음의 내용은 다섯 가지입니다. 천국은 하나님께서 값없이 주시는 선물이라는 것, 우리는 모두 죄인이어서 자기 노력으로는 절대 구원받지 못한다는 것, 하나님이 우리를 사랑하신다는 것, 그래서 우리의 죄로 인한 형벌인 죽음을 그 아들 예수 그리스도가 대신 담당하셨다는 것, 그리하여 이제는 누구든지 예수를 믿으면 구원받는다는 것입니다. 이렇게 복음의 다섯 가지 핵심을 전한 뒤 예수님을 믿겠는지 묻습니다. 만약 성령께서 그 사람의 마음에 역사해 감동이 일어난다면 진심으로 예수님을 믿겠다는 마음이 생깁니다. 복음을 전하는 것이 그렇게 어려운 일은 아닙니다. 다만 사람의 생각이 먼저 앞서느냐, 하나님의 뜻이 먼저 역사하느냐에 따라 그 결과가 다르게 나타납니다.

복음을 전하는 은사는 목사에게만 있는 것이 아닙니다. 이 은사가 없는 목사들도 있습니다. 가령 가르치는 은사가 더 큰 목사들이 그렇습니다. 또한 복음 전도의 은사가 주어졌다 해도 그 정도와 깊이가 매우 다양합니다. 어떤 사람은 일대일 전도를 잘하고, 어떤 사람은 많은 사람들에게 한꺼번에 복음을 전할 때 큰 효과를 거둡니다. 어느 교회에나 복음 전도의 은사를 가진 사람들은 있습니다. 복음 전하는 은사를 가진 사람들에게는 예수 그리스도를 전하고 싶은 열망이 가득하고, 또 실제로 복음을 전하면 많은 사람들이 예수님을 영접합니다. 전도의 은사를 가진 사람들은 설득력 있게 말을 할 줄 압니다. 즉, 사람들에게 복음을 설명하면 듣는 이들이 쏙쏙 잘 알아듣고 받아들입니다.

저는 유학 생활을 할 때 여름 방학 동안 책 파는 아르바이트를 했습니다. 사람들에게 책 내용에 대해 설명한 뒤 사겠냐고 물으면 백발백중 다 사겠다고 했습니다. 그래서 다른 학생들보다 많은 돈을 벌었습니다. 이처럼 다른 사람에게 복음을 설명했을 때 그 사람이 여러분의 말을 이해하고 수긍하면 '아하, 내게 복음 전하는 은사가 있구나!'라고 생각해 볼 수 있습니다. 그런 경우라면 자신에게 주어진 은사를 적극적으로 사용해 보십시오. 먼저 기도하고 좋은 장소와 적합한 때를 택해 전도의 은사를 사용해 보면 분명히 효과가 나타날 것입니다. 반대로 아무리 열심히 설명해도 상대방이 못 알아듣는다면 복음 전하는 은사가 없을 가능성이 큽니다. 그렇다고 낙심하거나 속상해할 필요는 없습니다. 하나님께서 허락하신 다른 은사를 발견하고 계발하면 됩니다. 그 역시 교회에 큰 유익을 주기 때문입니다.

복음 전도의 효과를 높이기 위해서는 교회에 한 번 방문한 적이 있는 사람을 찾아가 복음을 전하는 것이 좋습니다. 교회에 와서 좋은 인상을 받은 사람은 복음을 잘 받아들일 확률이 큽니다. 또한 내가 예수님을 믿는다는 것을 아는 사람들에게 복음을 전하는 것이 더 효과적입니다. 친구들이나 친척들처럼 나를 오랫동안 알아온 사람이 좋습니다. 전혀 모르는 사람을 찾아가 문을 두드리며 전한다든지 길거리나 버스에서 전도지를 나눠 주는 것도 물론 효과가 있겠지만, 나를 아는 이에게 전하는 것보다는 상대적으로 효과가 적습니다.

사람들이 예수님을 믿게 된 경위를 조사해 보면 50% 정도가 친척이나 이웃을 통해 전도 받았다고 합니다. 즉, 교회가 오늘날 이만큼 성장한 것은 목사나 부흥사들 덕분만이 아니라 평신도들의 전도 덕분이라고 할 수 있습니다. 하나님께서 평신도들에게 주신 은사를 각자가 너무도 훌륭히 사용했기 때문입니다.

그리스도인이라면 누구든지 자기 신앙에 대해 간증할 수 있습니다. 이것은 복음을 전하는 은사를 받지 않았더라도 가능합니다. 모든 그리스도인에게는 내가 어떻게 예수님을 믿게 되었는지, 예수님을 믿어서 어떻게 변화되었는지 등의 히스토리가 있기 때문입니다. 기회가 있을 때마다 자기 신앙을 간증하는 것은 누구나 할 수 있는 일입니다. 자신이 전도의 은사를 받았다고 생각되는 사람은 전도 훈련도 받고 그 은사를 적극 사용함으로써 교회가 지속적으로 성장하는 데 한몫을 담당하십시오.

우리가 열심히 전도할 때 주님이 다시 오실 그날이 점점 가까워진다는 사실을 꼭 기억하십시오. 여러분에게 이러한 은사가 발견되기를 바라고, 또 그 은사를 지속적으로 사용함으로써 잃어버린 많은 영혼을 주님께로 인도하기를 진심으로 바랍니다.

중보 기도의 은사

"그러므로 자기를 힘입어 하나님께 나아가는 자들을 온전히 구원하실 수 있으니 이는 그가 항상 살아 계셔서 그들을 위하여 간구하심이라"

히 7:25

그리스도인들은 누구나 다 기도를 합니다. 기도를 하다 보면 다른 사람을 위한 기도도 하게 됩니다. 대개는 가족들과 친구들, 이웃들과 윗사람들, 소외된 사람들을 위한 중보 기도를 합니다. 그런데 그리스도인 중에 특별히 중보 기도의 은사를 받은 사람이 있습니다. 가족, 교회 지체, 고통받는 이웃, 온 나라와 세계 열방을 위해서 기도하는 은사입니다. 이번 장에서는 중보 기도의 은사에 대해 자세히 살펴보겠습니다.

중보 기도의 은사에 대한 정의

중보 기도의 은사란 규칙적으로 장시간 동안 다른 사람을 위해 기도하는 능력입니다. 중보 기도의 은사를 가진 사람은 시간 가는 줄 모르고 다른 사람을 위해 기도합니다. 그리고 이를 기뻐합니다. 이들의 기도는 구체적으로 응답받습니다. 그렇다 보니 많은 사람들이 중보 기도의 은사를 가진 사람에게 여러 가지 기도를 부탁해 옵니다.

여러분 중에도 분명 중보 기도의 은사를 가진 사람이 있을 것입니다. 자신에게 이 은사가 있는지 스스로 검토해 볼 수 있습니다. 다른 사람을 위해 기도하는 것을 즐거워할 뿐 아니라 다른 사람들이 기도 부탁을 해 오기도 하고, 기도했을 때 응답을 받은 적이 많다면 아마도 중보 기도의 은사를 받은 사람일 것입니다. 그런 확신이 드는 분이라면 중보 기도의 은사를 적극적으로 계발하시기 바랍니다. 중보 기도로 인해 여러분에게는 기쁨이, 하나님께는 영광이, 이웃에게는 선한 결과들이 있을 것입니다.

중보 기도의
사례

성경에는 중보 기도의 사례가 많이 기록되어 있습니다. 중보 기도라고 하면 가장 먼저 생각나는 분이 예수 그리스도입니다. 예수 그리스도는 제자들을 위해, 그리고 이후에 자신을 믿고 따를 사람들을 위해 오랫동안 기도하셨습니다. 누가복음 22장에서는 예수님께서 베드로에게 이렇게 말씀하십니다.

"시몬아, 시몬아, 보라 사탄이 너희를 밀 까부르듯 하려고 요구하였으나 그러나 내가 너를 위하여 네 믿음이 떨어지지 않기를 기도하였노니 너는 돌이킨 후에 네 형제를 굳게 하라"(눅 22:31-32).

이것은 예수님께서 제자들을 비롯한 자기 백성들을 위해 중보 기도하신 내용입니다. 예수님께서는 지금도 하늘에서 주님의 자녀들을 위해 중보 기도를 하고 계십니다. 히브리서 7장 25절 말씀을 보십시오.

"그러므로 자기를 힘입어 하나님께 나아가는 자들을 온전히 구원하실 수 있으니 이는 그가 항상 살아 계셔서 그들을 위하여 간구하심이라"(히 7:25).

성령께서도 우리를 위하여, 그리고 우리를 대신하여 중보 기도를 하고 계십니다. 로마서 8장 26절을 보십시오.

"이와 같이 성령도 우리의 연약함을 도우시나니 우리는 마땅히 기도할 바를 알지 못하나 오직 성령이 말할 수 없는 탄식으로 우리를 위하여 친히 간구하시느니라"(롬 8:26).

예수님과 성령님도 중보 기도를 하십니다. 이를 통해 우리는 그리스도인의 삶에서 다른 사람을 위한 중보 기도가 얼마나 중요한지를 알 수 있습니다. 사도 바울 역시 중보 기도를 쉬지 않았습니다.

"내가 너희를 생각할 때마다 나의 하나님께 감사하며 간구할 때마다 너희 무리를 위하여 기쁨으로 항상 간구함은"(빌 1:3-4).

"우리가 너희를 위하여 기도할 때마다 하나님 곧 우리 주 예수 그리스도의 아버지께 감사하노라"(골 1:3).

이 말씀 외에도 에베소서 1장 16절, 데살로니가전서 1장 2절, 데살로니가후서 1장 11절, 디모데후서 1장 3절, 빌레몬서 1장 4절을 보면 사도 바울이 아시아의 여러 교회와 동역자들을 위해 중보 기도를 쉬지 않았음을 알 수 있습니다. 이와 같이 예수님을 믿는 그리스도인의 삶에는 중보 기도가 늘 함께해야 합니다.

우리가 잘 아는 기독교 단체 중에 빌 브라이트 목사가 설립한 'CCC(Campus Crusade for Christ; 대학생 선교회)'가 있습니다. 그런데 미국 본부의 CCC 간사 중에는 여덟 명의 기도 간사가 있다고 합니다. 이들은 아침에 출근해서 점심 식사 때까지 기도하고, 점심 식사 후에 퇴근할 때까지 계속해서 기도를 합니다. 하나님께서 CCC를 통해 많은 일들을 행하신 것은 이렇게 쉬지 않고 기도하는 이들이 있었기 때문입니다. 우리는 이런 사례를 보며 중보 기도의 중요성을 다시 한 번 실감할 수 있습니다.

미국의 한 신학교에서는 기도학 교수를 세웠다고 합니다. 대개는 신약학 교수, 구약학 교수, 조직신학 교수, 전도학 교수, 선교학 교수, 교회사 교수가 있는데, 기도 역시 전문적으로 가르쳐야 한다고 생각해 기도학 교수를 세운 것입니다. 신앙생활에서 기도가 차지하는 비중을 생각해 볼 때 기도학 교수를 세운 일은 아주 바람직하고 훌륭하다고 생각됩니다.

우리는 주변에서 중보 기도의 은사를 받은 이들은 쉽게 만날 수 있습니다. 제 지인 중 한 분은 다리가 불편해 주로 휠체어에 앉아 생활합니다. 외출을 거의 하지 못하기 때문에 집에서 중보 기도의 사역을 맡았습니다. 그분은 하루에 여덟 시간씩 기도를 합니다. 교회의 모든 기도 제목이 그분에게 전달되고, 기도 부탁한 사람은 반드시 그분에게 기도 응답이 어떻게 이루어져 가는지를 보고합니다. 기도가 응답되는 것을 보면 중보 기도를 하는 사람도 기쁨이 충만해집니다. 여러분도 중보 기도의 결과로 하나님의 영광이 나타나고 기쁨이 충만해진 적이 있는지 다시 한번 회상해 보시기 바랍니다.

혹시 몸이 약하거나 여러 사정으로 인해 외출이 힘들거나 집에 있기를 더 좋아하는 사람이라면 중보 기도 사역을 하면 참 좋습니다. 이런 중보 기도자들이 교회의 각 구역마다 있다면 하나님의 역사가 크게 일어날 것입니다.

미국에 있는 한 교회에서는 매주 화요일에 교인들이 전도를 나갑니다. 특별히 중보 기도의 은사를 받은 두 사람이 다른 교인들이 전도하러 나간 시간에 그날의 전도를 위해 집중적으로 기도합니다. 결국 그 교회는 전 세계적으로 전도를 잘하는 교회로 유명해졌습니다. 바로 플로리다에 있는 코럴릿지 장로교회입니다. 코럴릿지 교회를 담임하고 있는 제임스 케네디 목사는 우리나라에 와서도 '전도 폭발'이라는 전도 훈련을 했습니다. 코럴릿지 교회의 교인들이 훈련을 잘 받아서 전도를 열심히 하기도 했지만, 제가 여기서 강조하고 싶은 부분은 중보 기도입니다. 전도 사역을 위해 중보 기도를 담당한 사람들이 있었기에 성령께서 그 교회를 통해 많은 사람들이 구원받게 하신 것입니다.

중보 기도의 은사를
받은 사람의 특징

중보 기도의 은사를 받은 사람은 다른 사람의 문제를 자신의 일처럼 여기며 기도합니다. 다른 사람에게 어떤 갈등이나 문제가 생기면 자신의 일인 양 끌어안고서 씨름합니다. 다른 사람의 고통을 자기 것처럼 느끼기 때문에 다른 사람의 슬픈 사정을 들으면 함께 눈물 흘리며 아파합니다. 그러한 까닭에 이들의 기도에는 능력이 있습니다. 그래서 중보 기도하는 사람들은 교회에서 대단히 중요한 존재입니다.

영국의 복음주의 목사 중에 찰스 스펄전(Charles H. Spurgeon, 1834-1892)이라는 목사가 있습니다. 스펄전 목사는 120여 년 전 사람인데 '마지막 청교도' 또는 '설교의 황태자 (Prince of Preachers)'라고 불렸습니다. 120여 년 전인데도 스펄전 목사가 시무하는 교회에는 5만 명의 교인이 모였기 때문입니다. 말 그대로 대형 교회였습니다. 많은 사람들이 그 교회를 방문해 스펄전 목사에게 목회와 관련된 여러 가지 질문을 했습니다. "어떻게 목회를 하시기에 이렇게 많은 사람들이 모입니까? 설교는 언제 어떻게 준비하십니까?" 이런 질문을 받으면 스펄전 목사는 사람들을 데리고 지하실로 내려갑니다. 그러고는 구석에 있는 방문을 열어 보입니다. 그곳에서는 여덟 명의 자매들이 둘러앉아 열심히 기도하고 있었습니다. 사람들이 어리둥절해하면 스펄전 목사는 이렇게 답했다고 합니다. "바로 이분들 덕분에 우리 교회가 지금처럼 성장할 수 있었습니다."

우리는 모두 기도해야 합니다. 특별히 중보 기도를 더 열심히 해야 합니다. 교인들이 목회자들을 위해 중보 기도를 해 줄 때 그 목회자의 영육이 더욱 강건해지고 선한 사역을 할 수 있으며, 그 교회는 하나님의 은혜를 입어 튼튼하게 성장할 수 있습니다. 한마디의 날선 비판보다 한번의 중보 기도가 백배의 효과를 냅니다. 모든 그리스도인들이 중보 기도를 하되, 특별히 중보 기도의 은사를 가진 사람들이 기도의 용장으로서 교회와 성도들을 위해 기도한다면 주님의 나라가 이 땅에서 더욱 확장되고 건강하게 성장하리라 믿습니다.

찬송의 은사

"할렐루야 그의 성소에서 하나님을 찬양하며 그의 권능의 궁창에서 그를 찬양할지어다 그의 능하신 행동을 찬양하며 그의 지극히 위대하심을 따라 찬양할지어다 나팔 소리로 찬양하며 비파와 수금으로 찬양할지어다 소고 치며 춤추어 찬양하며 현악과 퉁소로 찬양할지어다 큰 소리 나는 제금으로 찬양하며 높은 소리 나는 제금으로 찬양할지어다 호흡이 있는 자마다 여호와를 찬양할지어다 할렐루야" 시 150:1-6

하나님의 자녀들이 주님의 영광을 찬양하는 것이 얼마나 귀하고 아름다운 일인지 모릅니다. 시편 150편 1-6절을 한번 보겠습니다.

"할렐루야 그의 성소에서 하나님을 찬양하며 그의 권능의 궁창에서 그를 찬양할지어다 그의 능하신 행동을 찬양하며 그의 지극히 위대하심을 따라 찬양할지어다 나팔 소리로 찬양하며 비파와 수금으로 찬양할지어다 소고 치며 춤추어 찬양하며 현악과 퉁소로 찬양할지어다 큰 소리 나는 제금으로 찬양하며 높은 소리 나는 제금으로 찬양할지어다 호흡이 있는 자마다 여호와를 찬양할지어다 할렐루야"(시 150:1-6).

하나님의 자녀라면 누구든지 하나님을 찬양합니다. 하나님의 은혜가 너무도 크고 놀랍기에 마땅히 찬양할 수밖에 없습니다. 퉁소로, 비파로, 첼로로, 피아노로, 탬버린으로 혹은 자기만의 목소리로 소리 높여 찬양합니다.

몇십 년 전만 해도 교회에서는 기타 연주를 하지 못했습니다. 기타로 찬양하는 것이 불경하게 인식되었기 때문입니다. 그러나 요즘은 그렇지 않습니다. 아름다운 목소리, 다양한 소리를 내는 악기들이 모두 하나님의 은혜를 찬양하는 도구입니다. 저는 머리 빗는 빗을 연주하며 찬양하는 사람도 보았습니다. 또 톱으로 아름다운 음악을 연주하는 것도 보았습니다. 어떤 도구를 사용하든 자기만의 방법으로 하나님을 찬양하면 됩니다.

한번은 제가 중국의 어느 시골 조선족 교회에 가서 설교를 한 적이 있습니다. 그곳 사람들은 찬송가를 제대로 부를 줄 몰랐습니다. 설교를 시작하기 전 30분 정도 찬송을 하는데, 오르간 반주를 하는 사람만 곡을 조금 알고 나머지 성도들은 음악과는 완전히 거리가 멀어 보였습니다. 오르간 반주자도 나름대로 화음을 넣어 반주를 했지만, 전혀 음이 맞지 않았습니다. 그런 상황에서 찬양을 하려니 도무지 은혜가 되지 않았습니다. 물론 거기 모인 사람들은 줄곧 그런 음악을 들어 왔기 때문에 누구도 개의치 않았고, 찬송을 하면서 은혜를 받는 듯했습니다.

드디어 제가 설교할 시간이 되었습니다. 교회가 세워진 지 70년이 되었는데 그 교회의 교인들은 목사를 한 번도 본 적이 없다고 했습니다. 제가 그들이 만나 본 첫 번째 목사였던 것입니다. 목사의 얼굴도 본 적도 없는 사람들이니 제대로 된 찬송가 멜로디를 들어 보았을 리가 없고, 당연히 제대로 불러 본 적도 없었습니다. 저는 설교를 시작하기 전, 함께 찬송 한 곡을 부르자고 제안하고는 오르간 앞에 앉았습니다. 오르간 연주 실력은 평범하지만, 찬송가의 실제 화음이 어떤 것인지 한 번만이라도 들려주고 싶었기 때문입니다.

찬송가 한 곡을 연주하고 나니 교인들이 한 곡만 더 쳐 달라고 해서 또 연주하고 찬송을 불렀습니다. 그렇게 해서 네 곡을 같이 부른 후에 설교를 했습니다. 그런데 설교가 끝났는데도 교인들이 돌아갈 생각을 안 하고 계속 찬송을 부르자는 겁니다. 그래서 네 시간 정도 같이 찬양을 부른 다음에 겨우 돌려보냈습니다.

악보에 맞게 제대로 찬송을 부르지는 않았어도, 하나님을 찬양하는 그들의 모습 그 자체가 정말 아름다웠습니다. 호흡이 있는 사람은 누구나 하나님을 찬양해야 한다는 말씀이 가슴 깊이 새겨지는 시간이었습니다.

음악가이신 하나님

스바냐 3장 17절은 찬송에 대한 아주 은혜로운 말씀입니다. 여러분도 익히 알고 있는 말씀입니다.

"너의 하나님 여호와가 너의 가운데에 계시니 그는 구원을 베푸실 전능자이시라 그가 너로 말미암아 기쁨을 이기지 못하시며 너를 잠잠히 사랑하시며 너로 말미암아 즐거이 부르며 기뻐하시리라 하리라"(습 3:17).

"그가 너로 인하여 기쁨을 이기지 못하시고 너로 인하여 즐거이 노래를 부르며 기뻐하시리라!"는 하나님께서 우리로 인해 기뻐서 어쩔 줄 모르신다는 뜻입니다. 하나님께서 너무 기뻐서 큰 소리로 즐겁게 노래를 부르신다고 합니다. 상상이 되시나요?

제가 대학 다닐 때 조카 집에 가면, 조카 녀석들이 삼촌 왔다고 좋아서 뛰어나와 제 품에 와락 안기고 제 팔에 펄쩍 매달리곤 했습니다. 저를 그렇게 좋아하는 조카들을 보면 기분이 얼마나 좋았는지 모릅니다. 오랫동안 떨어져 있던 부모와 자식이 만나서 팔짝팔짝 뛰며 좋아하는 모습, 그것이 바로 기쁨을 이기지 못하는 모습입니다. 우리가 하나님 앞에 나아와 하나님을 찾을 때, 그런 우리로 인하여 하나님은 기쁨을 이기지 못하십니다.

우리는 하나님의 기쁨의 대상입니다. 또 하나님은 그 기쁨을 노래로 표현하시는 분입니다. 기뻐하며 즐겁게 노래하십니다. 누구에게 배워서 노래하는 것이 아니라 하나님 그분의 속성에 음악성이 포함되어 있습니다. 음악가이신 하나님을 섬기는 천사들 역시 기쁘게 노래합니다. 욥기 38장 6-7절을 보십시오.

"그것의 주추는 무엇 위에 세웠으며 그 모퉁잇돌을 누가 놓았느냐 그 때에 새벽 별들이 기뻐 노래하며 하나님의 아들들이 다 기뻐 소리를 질렀느니라"(욥 38:6-7).

'주추'란 지구의 기초를 말합니다. 하나님께서 세상을 창조하셨을 때 새벽 별, 즉 하나님의 아들들인 천사들이 그 광경을 보고 함께 노래했다는 뜻입니다. 천사들이 음악을 전공해서 노래하는 것이 아닙니다. 음악가이신 하나님이 창조하신 존재이기에 자연스럽게 찬양하는 것입니다. 누가복음 2장 13-14절에도 천사들이 찬송을 불렀다고 기록되어 있습니다.

"홀연히 수많은 천군이 그 천사와 함께 하나님을 찬송하여 이르되 지극히 높은 곳에서는 하나님께 영광이요 땅에서는 하나님이 기뻐하신 사람들 중에 평화로다 하니라"(눅 2:13-14).

하나님의 형상대로 지음을 받은 인간에게 음악성이 있는 것도 같은 맥락입니다. 세계 어느 나라에 가더라도 독특한 음악이 있지 않습니까? 인류의 문명이 시작되었을 때부터 음악이 존재했고, 인간의 음악성이 표출되었습니다. 이는 창세기 4장을 통해 알 수 있습니다. 마음에 병이 든 사람을 제외하고는 음악을 싫어하는 사람은 없습니다. 기독교는 음악의 종교입니다. 하나님의 크신 사랑을 노래하는 아름다운 음악이 너무나 많습니다. 찬송은 하나님께서 우리에게 주신 특권입니다. 누구든지 찬송을 들을 수 있고, 즐길 수 있으며, 찬송을 부를 수도 있습니다.

찬송의 은사와 음악적 재능

어떤 사람은 어려서부터 노래를 잘하고 악기도 잘 다루지만, 어떤 사람은 음악적 재능이라고는 전혀 없는 경우도 있습니다. 물론 오랜 훈련을 통해 어느 정도까지는 숙련될 수 있습니다. 그러나 단순히 음악적 재능이 있는 사람과 찬송의 은사를 받은 사람은 근본적인 차이가 있습니다.

음악적 재능만 있는 사람은 다른 사람보다 노래를 잘 부를 수 있을지는 몰라도 은혜가 없습니다. 이는 은사의 목적이 하나님께 영광을 돌리고 성도들과 교회를 바로 세우는 일임을 기억하면 이해가 될 것입니다. 찬송의 은사란 단순히 노래를 잘 부르는 능력이 아니라 찬송을 통해 은혜를 끼침으로 성도들을 영적으로 일으켜 세우는 능력을 말합니다.

빌리 그레이엄 목사가 집회를 인도할 때면 조지 베블리 쉬어(George B. Shea, 1909-2013)라는 사람이 항상 찬송을 인도했습니다. 이 사람은 원래 가수였는데, 예수님을 믿고 나서부터 빌리 그레이엄 목사가 인도하는 집회에서 늘 찬송을 부르게 되었습니다. 대개 사람들이 잘 알고 있는 찬송가 위주로 부르는데, 한 곡 한 곡이 마치 한 편의 설교처럼 은혜롭습니다. 그가 은혜롭게 찬송을 마치고 나면 빌리 그레이엄 목사가 강단에 올라 설교를 합니다. 설교 역시 앞에서 부른 찬송과 내용이 잘 맞으니 얼마나 은혜가 되는지 모릅니다. 조지 베블리 쉬어의 목소리가 특별한 것은 아닙니다. 그보다 목소리가 뛰어난 사람은 얼마든지 많습니다. 그러나 그는 찬송의 은사를 받았기에, 찬송으로 하나님께 영광을 돌리고 성도들에게 은혜를 끼칠 수 있었던 겁니다. 이처럼 찬송의 은사를 받은 사람이 부르는 찬송에는 언제나 은혜가 가득합니다.

성악을 전공한 사람들이 찬양을 할 때 주의할 점이 있습니다. 고운 소리를 내기 위해 심하게 기교를 부리면, 청중들이 가사를 알아듣기 힘듭니다. 따라서 찬송가에 담긴 의미를 잘 전달하면서 은혜를 끼치는 데 초점을 맞춰야 합니다. 또 악기로 찬송을 할 때도 성도들이 잘 모르는 곡을 연주하지 않도록 주의할 필요가 있습니다. 멋지고 어려운 곡을 연주해서 사람들을 감동시키겠다는 마음이 앞서면 정작 은혜를 끼치기 힘듭니다. 기왕이면 잘 알려진 찬송을 연주함으로써 단순한 감동의 차원을 넘어 은혜 가운데 교회가 세움을 입을 수 있어야 합니다. 은혜가 있어야 한다는 것, 이것이 교회 음악의 가장 큰 특징이자 목적입니다.

다윗을 떠올려 보십시오. 다윗이 수금을 연주했을 때 어떤 일이 일어났나요? 사울에게 있던 악한 영이 떠나갔습니다. 다윗의 연주에 은혜가 있었기 때문입니다. 은사의 목적은 자기 영광이 아닙니다. 첫째는 하나님께 영광이 되게 하는 것이고, 둘째는 교회를 세우는 것입니다. 즉, 찬송의 은사는 하나님께 영광을 돌리고, 교회를 세우는 데 사용되어야 합니다.

제가 미국 벧엘교회에서 시무할 때 피아노 반주를 했던 자매가 있습니다. 그 자매가 찬송가를 연주하면 사람들이 큰 은혜를 받았습니다. 찬송의 은사를 받았기 때문입니다. 그 자매는 나중에 더 많은 은사를 받았고, 자유자재로 찬송가를 편곡해 연주함으로써 많은 사람들에게 은혜를 끼치게 되었습니다.

미국에서 제가 전도한 사람 중에 클라리넷 연주를 잘하는 사람이 있었습니다. 그가 예수 그리스도를 영접하고 나서 찬송가를 편곡해 클라리넷으로 연주를 했는데, 교인들이 그 연주를 듣고 많은 은혜를 받았습니다. 가사가 없어도 찬송의 은사를 받은 사람이 연주하니 넘치는 은혜가 있었던 것입니다. 지휘도 마찬가지입니다. 하나님의 은총과 성령의 은혜가 지휘자의 지휘를 통해 흘러나올 수 있습니다. 이것이 교회 음악의 핵심입니다.

찬송의
내용

그렇다면 찬송에는 어떤 내용이 반드시 포함되어 있어야 할까요? 역대상 25장을 통해 살펴보겠습니다. 이 장은 다윗이 찬송의 은사를 받은 사람 288명을 모아서 성전의 성가대를 세운 일을 다루고 있습니다.

"다윗이 군대 지휘관들과 더불어 아삽과 헤만과 여두둔의 자손 중에서 구별하여 섬기게 하되 수금과 비파와 제금을 잡아 신령한 노래를 하게 하였으니 그 직무대로 일하는 자의 수효는 이러하니라"(대상 25:1).

1절에는 신령한 노래를 하게 하였다고 기록합니다. 이는 음악으로 하나님의 말씀을 선포하게 했다는 뜻입니다. 즉, 찬송의 첫 번째 요소는 '하나님의 말씀 선포'입니다.

"여두둔에게 이르러서는 그의 아들들 그달리야와 스리와 여사야와 시므이와 하사뱌와 맛디디야 여섯 사람이니 그의 아버지 여두둔의 지휘 아래 수금을 잡아 신령한 노래를 하며 여호와께 감사하며 찬양하며"(대상 25:3).

3절에는 찬송의 나머지 필수 요소가 모두 나와 있습니다. 첫 번째 요소는 신령한 노래로 하나님의 말씀을 선포하는 것이고, 다음 요소는 '감사와 찬양'입니다.

"그들과 모든 형제 곧 여호와 찬송하기를 배워 익숙한 자의 수효가 이백팔십팔 명이라"(대상 25:7).

여기서 "그들과 모든 형제 곧 여호와 찬송하기를 배워 익숙한 자"는 찬송의 은사가 잘 훈련된 사람을 뜻합니다. 이들이 288명의 성가대로 구성되었고, 찬송을 통해 하나님의 말씀을 선포하고 하나님께 감사와 찬양을 드린 것입니다.

이런 내용을 찬송으로 부를 수 있는 사람은 누구일까요? 다시 말해 찬송의 은사를 받은 사람은 어떤 사람을 의미할까요? 자기 자신에게 은혜가 없으면 다른 사람에게 은혜를 끼칠 수 없습니다. 내가 어떤 찬송을 통해 은혜를 받았다면 그 곡을 은혜 가운데서 연습해 불러 보십시오. 그러면 하나님의 은혜가 저절로 나타나게 됩니다. 우리에게 아름다운 목소리가 없더라도 찬송가를 통해 은혜받고 그 은혜 속에서 다시 찬송을 부른다면 그것을 듣는 모든 사람들이 동일한 은혜 속에 거하게 될 것입니다.

어느 날, 성도 한 분이 제게 이런 고백을 했습니다. "제가 어릴 때 우리 어머니가 '주 안에 있는 나에게 딴 근심 있으랴' 하는 찬송을 늘 부르셨습니다. 저 들으라고 부르시는 것이 아니라 어머니 혼자 고백하듯 부르셨는데, 어머니가 돌아가신 후에도 그 찬송이 계속 마음속에 맴돌고 있습니다. 그 찬송을 생각할 때마다 어머니의 신앙을 떠올리며 은혜를 받습니다." 그렇습니다. 노래를 꼭 잘해야 하는 것은 아닙니다. 연주를 완벽하게 잘해야 하는 것도 아닙니다. 우리 모두가 찬송을 통해 은혜를 받고, 찬송의 은사를 통해 많은 성도들이 은혜가 넘치는 삶을 살 수 있기를 바랍니다.

분별의 은사

"단단한 음식은 장성한 자의 것이니 그들은 지각을 사용함으로 연단을 받아 선악을 분별하는 자들이니라" 히 5:14

자녀를 가진 부모라면, 우리 아이에게 분별력이 있으면 좋겠다 싶을 때가 종종 생깁니다. 분별력이 없어서 실수를 하거나 고통을 당하고, 때로는 방황하는 모습을 보면 부모 입장에서는 무척 안타깝습니다. 비단 아이들뿐만이 아닙니다. 어른이 된 우리도 자신을 돌이켜 볼 때 '아, 그때 조금만 분별력이 있었으면 내 인생에 그런 어려움이 없었을 텐데…' 하며 탄식하는 경우가 있습니다.

분별력은 우리가 인생을 살아가는 데 매우 중요한 역할을 하는 자질입니다. 더 나아가 성도가 선과 악을 구별하고 영적인 싸움에서 승리하는 데는 영적 분별력이 절대적으로 필요합니다. 이번 장에서는 영적 분별력의 은사에 대해 함께 생각해 보고자 합니다.

영적 분별력의 필요성

성경은 그리스도인들에게 분별력이 있어야 한다고 힘주어 말합니다. 그리스도인들은 선과 악을 분별할 줄 알아야 하고, 어떤 사건이

나 현상이 하나님으로부터 온 것인지 아니면 사탄으로부터 온 것인지를 분별할 줄 알아야 하며, 누구의 가르침이 온전한 진리인지 제대로 분별할 수 있어야 합니다. 또한 어떤 사람의 말이나 행동이 선하고 순수한 동기에서 비롯된 것인지, 아니면 악하고 육적인 동기에서 비롯된 것인지도 알아야 합니다. 이러한 분별력을 갖추고 있다면 우리 삶이 원만하고 형통할 것이지만, 그렇지 못하면 종종 어려움을 당합니다.

제가 고등학교 1학년 때의 일입니다. 남산 꼭대기에서 어떤 사람이 와이셔츠 바람으로 집회를 인도하는데 성령의 비둘기가 사람들에게 임하고, 신비한 불이 보이고, 앉은뱅이가 일어난다면서 한국을 떠들썩하게 만든 일이 있었습니다. 신문에도 이 집회에 대한 기사가 실리고 항간에 별의별 이야기들이 다 오갔습니다. 집회 소식을 듣고 많은 교인들이 남산으로 몰려갔습니다. 저도 호기심이 생겨서 남산에 올라가 다른 사람들처럼 땅바닥에 주저앉아 찬송도 따라 부르고 설교도 들었습니다. 집회 광경을 지켜보는데, 무엇인지 정확하게 알 수는 없지만, 잘못된 것 같다는 느낌이 얼핏 들었습니다. 그래도 신앙이 좋다는 교인들이 그곳에 많이 와 있었고 그때 저는 겨우 고등학생이었기 때문에 그 집회에 대해 이렇다 저렇다 말할 수가 없습니다.

꺼림칙한 느낌은 들었지만 저는 다음 날도 집회에 참석했습니다. 다른 사람처럼 성령의 은사를 받지 못해서 그런 느낌이 들었는지도 모른다 싶어서 열심히 기도했습니다. 다른 사람처럼 냄새를 맡든지, 비둘기를 보든지, 불을 보든지 어떻게 좀 해 달라고 기도했습니다. 그런데 다른 사람을 따라 아무리 기도를 해도 눈을 떠 보면 눈부신 태

양만 보일 뿐이지 어떤 신비한 체험을 할 수 없었습니다. '아, 나에게는 은혜가 없구나!' 하면서도 한편으로는 뭔가 옳지 않다는 생각이 계속 들었습니다.

그런데 설교를 하던 사람이 갑자기 제가 앉아 있는 쪽을 가리키면서 "저기 지금 나를 책잡으려고 찾아온 놈이 있다!"라고 크게 소리치는 게 아니겠습니까? 정확히 저를 가리킨 것인지는 알 수 없지만, 제 쪽을 향해 손가락질을 하니 가슴이 덜컹 내려앉았습니다. 그 설교자가 하는 말이 "오늘 당장 회개하지 않으면 눈이 멀어 봉사가 될 것이다!"라고 외쳤습니다. 저는 속으로 '나는 책잡으러 온 것이 아니고 궁금해서 온 것뿐입니다. 지금 내 마음 한쪽에서 뭔가 잘못되었다고 계속 갈등하고는 있지만 당신을 책잡으려는 것은 아닙니다.'라고 말했습니다. 인간적으로 조마조마했지만 제가 그를 책잡으러 온 것이 아니었기에 저는 회개하지 않았습니다. 그리고 집회가 끝난 후에도 저는 눈이 멀지 않았습니다. 다음 날부터는 집회에 가지 않았습니다.

얼마 지나지 않아 박태선 장로라는 사람이 감람나무니 신앙촌이니 하면서 한국 교계를 어지럽혔습니다. 남산에서 설교를 하던 그 사람이 바로 박태선 장로였습니다. 제가 잘 아는 분도 분별없이 거기에 미혹되어 재산을 모조리 바치는 바람에 가정까지 파탄이 나고 말았습니다. 그런 모습을 보면서 저 나름대로의 판단이 섰습니다. 하나님을 제대로 믿는 성도라면 성령의 도우심으로 가정을 아름답게 세우고 부부나 부모 자녀 관계를 하나 되게 하지만, 하나님의 은사를 받지 않은 사람을 믿고 따를 때는 반대로 가정이 깨지고 분열이 일어날 수밖에 없다는 사실입니다. 박태선 장로도 몇십 년 후에 결국 그 정체가 드러나고 말았습니다. 그때 분별력 없이 행동한 사람들은 고생을 많이 했습니다. 그때 제가 다닌 교회에도 그곳에 빠져서 패가망신한 사람이 여럿 있었습니다.

지금도 무엇이 선이고 악인지, 어떤 일이 하나님의 역사이고 사탄의 역사인지, 무엇이 제대로 된 진리인지 분별하지 못해 괴로움을 당하는 사람이 너무나 많습니다. 분명 진리가 아닌 것을 가르치는 데도 그런 강사를 무분별하게 초청해 부흥회를 갖는 교회를 보면 안타깝기 그지없습니다. 교인들을 위해 그런 강사를 초청하는 목사님이 더욱 안타깝습니다. 진리의 말씀을 가르치는 것보다 교회를 확장하려는 데 초점을 맞추는, 영적 분별력을 상실한 행동이기 때문입니다. 따라서 교회에는 분별의 은사를 가진 사람이 꼭 필요합니다.

분별의 은사를 가진 사람들은 용기가 있어야 합니다. 모두가 가만히 있는데 혼자 분연히 일어서서 악의 실체를 고발해야 하고, 진리가 아닌 것을 용감하게 지적하며 맞서기 때문입니다. 교회가 좌로나 우로나 치우치지 않고 하나님을 진정으로 사랑하며 순종하고자 할 때 악의 세력이 가만히 있을 리 없습니다. 온갖 방법을 동원해 그리스도인들이 잘못된 길로 가도록 유혹할 것입니다. 그렇기 때문에 교회에는 영적인 분별의 은사를 가진 사람이 절실하게 필요합니다. 히브리서 5장 14절에서는 '장성한 사람'의 모습을 설명하고 있습니다.

"단단한 음식은 장성한 자의 것이니 그들은 지각을 사용함으로 연단을 받아 선악을 분별하는 자들이니라"(히 5:14).

장성한 사람은 지각을 사용해 연단을 받는다고 말씀합니다. 장성한 사람은 성숙한 사람을 뜻합니다. 그들은 진리와 선(善)과 순수함과 경건함으로 훈련받기 때문에 어떤 말을 들을 때나 어떤 행동을 목도할 때 그 진실성 여부를 분별할 수 있습니다. 가정에서도, 직장에서도, 교회에서도 그렇습니다. 우리에게 어려움과 고통이 생기는 것은 바로 이러한 훈련의 열매인 분별력이 부족하기 때문입니다.

여러분의 부모님이나 선생님이 분별력을 가르쳐 준 적이 있나요? 우리는 분별력을 등한시하는 풍토에서 자라왔기 때문에 어떤 상황을 조심스럽게 분별하고 행동하는 능력이 부족합니다. 우리의 지각과 지식과 영이 하나님의 선과 진리와 순수함으로 잘 훈련되어, 사탄의 세력이 침범해 올 때마다 즉각 알아차리고 결단력 있게 행동할 수 있어야 합니다. 그렇게 할 수 있는 사람이 장성한 사람이고 성숙한 사람입니다.

이는 하루아침에 되지 않습니다. 꾸준한 훈련이 필요합니다. 그런데 어떤 사람은 하나님으로부터 이 분별의 은사를 받아 어떤 상황에서든 사탄의 실체를 즉각 알아차립니다. 하나님께서 특별한 필요를 채우시기 위해 그러한 분별의 은사를 허락하신 것입니다.

"베뢰아에 있는 사람들은 데살로니가에 있는 사람들보다 더 너그러워서 간절한 마음으로 말씀을 받고 이것이 그러한가 하여 날마다 성경을 상고하므로"(행 17:11).

사도행전 17장 11절에는 베뢰아 사람들에 대한 설명이 나와 있습니다. 베뢰아 사람들은 너그럽고 간절한 마음을 가졌다고 말씀합니다. 그래서 그들은 날마다 성경을 연구하며 간절한 마음으로 성경의 가르침을 받아들이고, 그것이 사실인지 아닌지 분별하는 훈련을 했다고 기록합니다. 이것이 바로 앞에서 언급한 분별력을 훈련하는 모습입니다.

주일 오전만이 아니라 기회 있을 때마다 예배에 참석하고 공동체로 모임으로써 마음속에 진리의 뿌리를 내리고자 지속적인 노력을 할 때, 우리는 견고한 진리를 소유할 수 있습니다. 그러면 어디서 누가 무엇으로 미혹한다 해도 영적으로 분별력 있게 판단하고 행동할 수 있게 됩니다. 베뢰아 사람들처럼 간절한 마음으로 말씀을 받아들이고 상고하며 하나님께서 진리를 보여 달라고 기도하는 분별력 있는 성도가 되어야 합니다.

오랜 경력을 쌓은 은행원은 돈을 만져 보기만 해도 가짜 돈인지 진짜 돈인지 알 수 있다고 합니다. 보통 사람들은 모르지만 오랜 기간 훈련받은 사람들은 이를 쉽게 구별할 수 있습니다. 영적인 면에서도 마찬가지입니다. 우리가 진리와 선한 것과 하나님의 일들을 깨닫고자 지속적으로 훈련해 나갈 때 선과 악에 대한 분별력을 갖출 수 있습니다.

"사랑하는 자들아 영을 다 믿지 말고 오직 영들이 하나님께 속하였나 분별하라 많은 거짓 선지자가 세상에 나왔음이라"(요일 4:1).

이 말씀에서는 아무 영(靈)이나 함부로 받아들이지 말라고 단호하게 경고합니다. 이 세상에는 하나님께 속하지 않은 다양한 영이 존재합니다. 하나님의 영과 하나님께 속하지 않은 사특한 영들을 분별할 수 있어야 합니다.

저는 어려서부터 음악을 좋아했는데, 특별히 클래식 음악을 즐겨 들었습니다. 오랜 시간 동안 음악을 듣고 심취하다 보니, 지금은 어떤 음악이 하나님의 영이 역사한 것인지 분별될 정도입니다. 하나님의 영으로부터 은혜를 받아 작곡한 음악은 우리 영혼 깊숙한 곳을 건드리기 때문에 깊은 감동과 울림이 있습니다. 그런데 사람의 영에 의해 작곡된 음악은 잠깐 듣기는 좋지만 영적인 감동은 없습니다. 얼마 안 가서 싫증이 납니다.

반면 악령에 의해 작곡된 음악을 들으면 귀가 괴롭고 마음이 혼란스러워집니다. 이처럼 다른 반응이 나타나는 이유는 제 안에 훈련을 통해 얻은 음악적 분별력이 있기 때문입니다. 악령을 전문으로 연구하는 '콕흐'라는 독일의 신학자가 쓴 연구 논문을 보면, 자신을 예수라고 칭하는 악령을 일곱 가지나 발견했다고 합니다. 사실 '예수'라는 이름 자체는 아주 특별하지 않습니다. 성경에도 '예수(Jesus)' 혹은 '여호수아(Joshua)'라는 이름이 여러 번 등장합니다. 요즘 서양에서도 '조슈아(Joshua)'라는 이름은 흔합니다.

그러므로 예수라는 이름으로 미혹하며 무조건 따르라는 것은 일단 경계해야 합니다. 무엇이든 조심스럽게 분별하려고 노력하십시오. 이를 위해서는 훈련을 통해 진리에 대한 깊은 깨달음을 얻어야 하고 분별의 은사를 위한 꾸준한 기도가 있어야 합니다.

마태복음 7장에서 예수님께서도 진주를 돼지에게 던져 주지 말라고 말씀하십니다. 돼지는 진주를 분별할 능력이 없기 때문에 그냥 밟거나 짓뭉개 버립니다. 우리가 다른 사람과 이야기할 때도 분별력이 필요합니다. 예수님을 모르는 사람에게 성령 충만을 이야기하면 알아듣지 못합니다. 성령이 무엇인지도 모르는데 성령 충만을 알 리가 없습니다. 즉, 대화하고 있는 상대의 수준에 맞춰 줄 수 있는 분별력도 길러야 합니다.

분별의 은사를 가진 사람

분별의 은사는 흔하지 않습니다. 그러나 예나 지금이나 변함없이 악의 세력들이 교회에 침투하려고 온갖 노력을 다하고 있기 때문에, 하나님께서는 교회를 보호하시고자 우리에게 분별의 은사를 허락하셨습니다. 제가 아는 사람들 중에도 분별의 은사를 가진 이들이 있습니다. 상황을 정확하게 판단하고 분별할 수 있는 사람들입니다. 그런 사람들을 통해 하나님께서는 당신의 자녀들을 지키고 보호하십니다.

성경 인물 중에서는 베드로에게 분별의 은사가 있었습니다. 사도행전 5장에는 아나니아와 삽비라 이야기가 나옵니다. '예언의 은사'를 설명할 때도 이 성경 본문을 인용했지만, 분별의 은사에도 해당되는 내용입니다. 베드로에게 영적 분별력이 있었기에 그들이 성령을 속이는 것을 즉각 알아차릴 수 있었습니다.

또 사도행전 8장에서는 마술사 시몬이 베드로에게 자신도 기적을 행하고 싶다며 성령을 달라고 부탁합니다. 그동안 시몬은 마술을 사용해 사람들을 현혹하며 먹고살았는데, 베드로가 자기보다 훨씬 나은 능력을 지닌 것처럼 보이니 이런 부탁을 한 것입니다. 그는 베드로처럼 성령을 받으면 엄청난 일을 할 수 있을 것 같고, 지금보다 돈을 더 많이 벌 수 있을 거라 생각했습니다. 베드로는 그가 성령을 받아 하나님을 위해서 살려는 것이 아니라 자기 배를 채우려 한다는 것을 즉각적으로 알아챘습니다. 하나님이 허락하신 분별의 은사 덕분에 시몬 속의 불순한 동기를 찾아낸 것입니다.

우리도 주님께 영적인 분별력을 허락해 주시도록 기도하며 보다 성숙한 성도가 되어야겠습니다. 그리하여 선과 악을 구분하고, 하나님의 영과 사탄의 영을 분별할 수 있게 되기를 바랍니다.

분별의 은사를 사용할 때 주의할 점이 있습니다. 진리를 분별한다는 명목하에 자기 마음에 들지 않는 것을 모조리 이단이라고 치부하거나 배제해 버려서는 안 됩니다. 은사를 받은 사람일수록 이런 잘못을 범하지 않도록 항상 주의해야 합니다.

하나님께서 여러분의 영적 분별력을 지속적으로 계발하게 하심으로써 교회와 가정을 보호하고, 직장과 사업을 지키며, 안전한 사회와 국가를 이뤄 나갈 수 있는 성도로 성장시켜 주시기를 간절히 소망합니다.

순교의 은사

"내가 내게 있는 모든 것으로 구제하고 또 내 몸을 불사르게 내줄지라도 사랑이 없으면 내게 아무 유익이 없느니라" 고전 13:3

요즘은 '순교'라는 단어가 그리 생생하게 와 닿지 않습니다. 기독교 역사 초기에는 큰 핍박이 있었기 때문에 많은 사람들이 주님을 위해 목숨을 바쳤습니다. 오랜 감옥 생활을 비롯해 짐승에게 산 채로 잡아먹히는 형벌과 불에 태워 죽이는 화형까지 핍박의 양상은 무척 다양하고 잔인했습니다.

이슬람권 국가나 몇몇 공산권 국가에 살면서 여전히 핍박을 받는 그리스도인의 경우에는 기독교 역사 초기에 있었던 순교의 잔혹감이 실감 날지도 모르겠습니다. 그러나 요즘은 예수님을 믿는다는 이유로 우리를 죽이겠다고 협박하는 사람은 없습니다. 그러면 오늘날의 많은 그리스도인, 특히 죽음의 위협을 받지 않고 신앙생활하는 그리스도인들에게 순교의 은사란 무엇을 의미할까요?

순교의 은사에 대한 정의

순교의 은사에 대해 자세히 살펴보기 전에 고린도전서 13장 3절 말씀을 함께 보겠습니다.

"내가 내게 있는 모든 것으로 구제하고 또 내 몸을 불사르게 내줄지라도 사랑이 없으면 내게 아무 유익이 없느니라"(고전 13:3).

"내 몸을 불사르게 내줄지라도"라는 구절이 유독 눈에 들어옵니다. 여기에는 부연 설명이 필요합니다. 내 몸을 불사르게 내준다는 것은 쉽게 말해 스스로 화형을 당한다는 뜻입니다. 즉, '핍박이 올 때 내가 화형당하도록 나 자신을 내줄지라도'라는 의미입니다. 실제로 이렇게 자기 목숨을 스스로 내준 순교자들이 아주 많습니다.

사도 요한의 수제자이자 서머나 교회의 감독이었던 폴리갑(Polycarp)은 86세에 화형을 당했는데, 죽기 전에 이런 고백을 했습니다. "주님은 나를 86년 동안 한 번도 부인하지 않으셨는데, 86세인 내가 이제 와서 어떻게 주님을 부인할 수 있겠는가? 나는 결단코 주님을 부인할 수 없다!" 그는 믿음을 지키기 위해 고난을 기쁘게 감수한 것입니다. 이 고난에는 죽음도 포함되어 있습니다. 순교의 은사는 죽음마저도 두려워하지 않음으로써 하나님께 영광을 돌리고 승리하는 삶을 살 수 있는 능력입니다.

순교의 은사를 가진 사람들

우리 그리스도인들 중에서 순교의 은사를 가진 사람은 그리 많지 않습니다. 한국 교회 역사 속에서 순교를 통해 믿음을 지킨 사람으로는 주기철 목사님과 손양원 목사님을 꼽을 수 있습니다. 두 분은 진실로 주님을 위해 죽도록 충성하겠다는 신앙 고백과 일치하는 삶을 살았습니다. 이는 우리에게 실로 큰 도전이 됩니다. 저는 어렸을 때 주기철 목사님이 담임하시던 평양 산정현 교회에 다녔습니다. 주기철 목사님의 신앙과 열정이 당시 교인들에게 얼마나 큰 영향을 미쳤는지 모릅니다. 그분은 생전의 신앙 고백대로 자신을 희생하면서까지 주님을 향한 믿음을 지켰습니다.

제2차 세계 대전 중에 네덜란드에서 있었던 일입니다. 예수 그리스도를 신실하게 믿는 세 자매가 있었습니다. 그들은 전쟁 중에 도망치던 유대인들을 자기 집에 숨겨 주었습니다. 그 사실이 발각되면 죽음을 면치 못할 테지만, 전혀 개의치 않고 유대인들을 숨겨 주었던 것입니다. 그러나 결국 독일군에게 발각되어 세 자매는 모두 감옥으로 끌려가게 되었습니다. 세 자매 중 둘은 감옥에서 죽고, 한 사람만 살아남았습니다. 겨우 목숨을 건진 그녀는 전쟁이 끝난 후에 미국에서 살게 되었습니다. 할머니가 된 후 자신의 인생 이야기를 들려주었는데, 목소리를 듣는 것만으로도 너무나 큰 은혜가 되었습니다. 누군가를 숨겨 준 대가로 내 생명이 위협받는다면, 선뜻 그 일을 하기 어렵습니다. 그러나 순교의 은사를 받은 사람은 이처럼 죽음을 무릅쓴 선택을 할 수 있습니다. 세 자매처럼 순교적인 신앙생활로 감동을 주고 선한 영향을 끼친 이야기는 많습니다. 이런 이야기를 기록한 책을 찾아서 읽어 보면 신앙생활에 큰 도움이 될 것입니다.

"순교자의 피는 교회의 씨다."라는 말이 있습니다. 많은 순교자들의 피 흘림으로 인해 예수 그리스도의 복음이 전 세계로 전파되고 교회가 성장할 수 있었습니다. 우리 한국 교회도 그런 과정을 거쳐

왔습니다. 첫 번째 순교자인 영국 출신의 토마스 선교사가 스물여섯의 젊은 나이로 대동강 가에서 흘린 순교의 피가 지금 한국 교회의 씨앗이 되었습니다.

오래전에 태국 목회자들이 주관하는 총회에 참석한 일이 있습니다. 그들과 대화를 하다 보니 태국 사람들의 문제가 무엇인지 알게 되었습니다. 덥고 습한 날씨 탓에 태국 사람들은 아주 느긋하고 편안하게 사는 것을 좋아했습니다. 기후와 성향이 그렇다 보니 신앙적으로도 뜨거운 열정을 찾아보기 힘듭니다. 그곳 목회자들도 그것이 태국 교회의 가장 큰 문제라고 판단하고 있었습니다. 그런 상황에서 예수님을 위해 목숨을 내놓는 일을 생각할 수 있을까요? 결사적으로 신앙을 지키려는 믿음이 없으니 태국 교회가 성장하지 못하고 있다는 생각이 들었습니다. 그래서 그날 저는 한국 교회의 역사에서 순교한 사람들에 대한 이야기를 전하며 도전을 주었습니다. 그러자 태국 현지 목회자들이 크게 놀라며 자기 자신부터 그와 같은 희생적인 신앙생활을 해야겠다고 고백해 왔습니다.

우리가 소유해야 할
순교적 신앙

모든 나라의 그리스도인들이 다 순교할 수 있는 것은 아닙니다. 아무리 주님을 위해 목숨을 바칠 수 있다 해도 내 믿음과 신앙을 핍박하거나 생명을 위협하는 사람이 없으면 순교는 불가능합니다. 그러나 순교적인 신앙을 갖고 살아갈 수는 있습니다. 순교자들은 평상시에도 순교적인 신앙으로 살기 때문에 순교의 기회가 올 때 담대하게 마주할 수 있습니다. 보통 때 조금이라도 손해를 보지 않으려고 애쓰는 사람이라면 순교의 순간이 온다고 해도 목숨을 바치기는 힘듭니다. 평상시에 손해가 있더라도 믿음대로, 성경대로 사는 사람이라야 핍박의 순간에 순교적인 신앙을 선택하고 행할 수 있습니다.

하나님께서 이삭을 제물로 바치라고 말씀하셨을 때 아브라함에게 순교적 신앙이 없었다면 이삭을 제물로 바치지 못했을 것입니다. 말 없이 순종했던 이삭도 마찬가지입니다. 세상에 고통을 즐거워하거나 손해 보는 것을 좋아하는 사람은 없습니다. 고통이 오면 피하려고 몸을 사리는 것이 정상입니다. 그러나 순교적 신앙을 가진 사람들은 주님을 위해, 믿음을 위해, 교회를 위해, 의를 위해 기꺼이 고통을 선택합니다. 우리도 일상생활에서 순교적 신앙을 배워 나가야 하고, 또 실제로 그렇게 살아야 합니다.

군대 복무할 때의 일입니다. 논산 훈련소에서 훈련을 마치고, 대구 근처의 부관 학교에서 또 훈련을 받게 되었습니다. 당시 중대장은 아주 성격이 고약한 사람이라 모두들 그를 싫어했습니다. 어느 날 저녁 7시쯤 병사 하나가 중대장에 대해 심한 험담을 했습니다. 하필 중대장이 그곳을 지나가다가 그 소리를 들은 모양입니다. 그렇지 않아도 고약한 성격에 그 욕을 듣고 가만히 있었을 리가 없었습니다. 시뻘게진 얼굴로 들어오더니 자기 욕을 한 사람은 당장 앞으로 나오라고 고함쳤습니다. 무서워서 아무도 나오지 않자, 중대장은 더 화가 나서 모두 속옷 차림으로 운동장에 집합하라고 했습니다. 그때가 1월인가 2월이었으니 맨몸으로 혹독한 한파와 싸워야 했습니다. 군번 목걸이가 달그락거리며 합창할 정도로 몹시 추웠습니다. 매서운 겨울바람 때문에 고통스러워서 신음 소리를 내는 병사가 있으면 중대장이 몽둥이로 더 때렸습니다. 그래서 모두들 이를 악물고 참았습니다. 10분이 지나고 20분이 지나도 욕을 했던 사람이 앞으로 나오지 않았습니다. 다들 이러다가 정말로 얼어 죽겠다고 생각했습니다. 한 40분쯤 지났을 때였습니다. 병사 한 명이 앞으로 나오면서 자기가 그랬다고 고백했습니다. 누구인지 돌아보니 매주 저와 같이 교회를 갔던 친구였습니다. 저는 '절대로 저 친구가 욕했을 리가 없는데!'라고 생각했습니다. 다른 병사들을 위해 나선 것이 분명했습니다. 그 순간, 저는 너무 창피하고 부끄러워졌습니다. 저도 '이러다가 얼어 죽겠는데 내가 그냥 그랬다고 말할까?' 하는 생각은 했지만 용기가 없어서 머뭇거리고 있던 차에 그 친구가 먼저 나간 것입니다. 중대장이 그 친구에게 "너 아까 뭐라고 욕했냐?"라고 물었습니다. 예수님을 믿는 신실한 친구였으니 험한 욕을 할 줄도 몰랐습니다. 그 친구가 아무 대답도 못하고 고개를 푹 숙이자 중대장은 이미 다 알고 있다는 표정으로 "너는 아니야!"라고 소리치더니, 그 친구의 자발적이고 희생적인 행동에 감동을 받았는지 모두에게 들어가라고 명령했습니다.

　지금 어디에서 무엇을 하고 있는지는 모르지만 다른 사람들을 대신해 스스로 고통을 당하려 했던 그 친구의 태도는 지금도 잊을 수가 없습니다. 그에게서 예수님의 모습을 보았기 때문입니다. 아무 잘못과 흠이 없지만 하나님의 뜻을 이루기 위해 십자가에 못 박혀 돌아가시면서도 "아버지, 저들을 사하여 주옵소서. 자기들이 하는 일을 알지 못합니다!"라고 하셨던 주님의 모습 말입니다. 자신을 십자가에 못 박은 사람들을 비난하거나 원망할 수도 있었을 텐데, 예수님은 큰 고통 속에서도 그들을 용서하셨습니다. 자신을 희생하면서도 원망하거나 불평하지 않고 순종과 기쁨으로 그 짐을 짊어지고, 오히려 다른 사람들을 축복하는 모습이 바로 순교적 신앙입니다. 이런 삶이 지속될 때 성도는 죽음마저도 기쁘게 받아들이며 승리하는 삶을 살 수 있습니다.

자신에게 고통과 상처를 주는 사람을 미워하지 않기란 참으로 어려운 일입니다. 그러나 예수님은 자신을 미워하는 자들을 위해 기도하라고 말씀하셨습니다. 살다 보면 억울한 일을 당할 때가 많습니다. 불의한 사람들 때문에 고통도 당합니다. 그럴 때 예수 그리스도의 말씀을 기억하고 순종하는 마음으로 그들을 축복하고, 그들을 위해 선을 행하고, 기도해 주고, 우리 자신을 희생하는 삶, 그것이 바로 순교적 신앙의 삶입니다.

이사야 53장 3절에서는 예수 그리스도께서 스스로 모든 사람의 죄를 기쁘게 짊어지신 것을 볼 수 있습니다.

"그는 멸시를 받아 사람들에게 버림 받았으며 간고를 많이 겪었으며 질고를 아는 자라 마치 사람들이 그에게서 얼굴을 가리는 것 같이 멸시를 당하였고 우리도 그를 귀히 여기지 아니하였도다"(사 53:3).

스데반 집사 역시 순교의 은사를 받은 사람이었습니다. 그는 마지막 숨을 거둘 때 예수 그리스도와 똑같이 "저들을 사하여 주옵소서!"라고 기도했습니다. 이것이 바로 순교적 신앙입니다. 우리가 비록

스데반 집사나 다른 위대한 순교자들처럼 죽임을 당하거나 희생하지는 못하더라도 우리에게 고통을 주고 우리를 미워하는 사람들을 위해 기도할 수는 있습니다. 그런 순교적 신앙을 갖고 살아가야 합니다.

"너의 이 뺨을 치는 자에게 저 뺨도 돌려대며 네 겉옷을 빼앗는 자에게 속옷도 거절하지 말라"(눅 6:29).

예수님의 이 말씀을 기억하십시오. 내가 잘못해서가 아닙니다. 상대방이 더 나아서도 아닙니다. 내가 예수 그리스도를 구주로 삼고 섬기는 사람이기에 참는 것입니다. 반항할 줄 몰라서 혹은 때릴 줄 몰라서 참는 것이 아닙니다. 예수 그리스도 그분 때문에, 그분을 믿는 그리스도인이기에 참을 줄 아는 순교적 결단이 필요한 것입니다.

제가 중학교 3학년 때의 일입니다. 당시 부산에서 학교를 다녔는데, 담임선생님이 행사 준비를 해야 하니 주일날 학교에 나오라고 했습니다. 그래서 제가 선생님을 찾아가 "선생님, 저는 내일 못 나옵니다."라고 말씀드렸더니 선생님이 그 이유를 물으셨습니다.

"왜 못 오니?"

"내일은 주일이기 때문입니다."

"하루인데 뭐 어떠냐?"

"하루라도 안 됩니다."

"넌 똑똑한 아이가 왜 그렇게 이상하게 예수를 믿니?"

"저는 성경대로 하려고 합니다."

"너 그렇게 믿으면 안 돼. 예수님은 2천 년 전에 유대 땅에서 목수로 태어난 훌륭한 선생님이잖아? 그 훌륭한 선생님은 선생님으로만 모셔야 하는 거지, 너처럼 그렇게 극단적으로 믿으면 안 된다. 적당히 믿어라."

"그래도 안 됩니다."

제가 고집스럽게 대답하자 선생님이 기가 막힌다는 표정으로 쳐다보았습니다. 아주 사소한 일처럼 보이지만 살다 보면 이런 신앙의 결단을 해야 할 순간이 자주 찾아옵니다. 손해를 보거나 곤경에 처한다 해도 믿음대로 행하고자 하는 결단, 그것이 순교적 신앙입니다.

우리 믿음의 선배들은 신앙을 지키기 위해 피를 흘리고, 옥에 갇히고, 매를 맞고, 죽기까지 했습니다. 그들의 피 흘림을 통해 우리가 이 시대에 핍박 없이 평온하게 신앙생활을 할 수 있습니다. 우리가 설령 주님을 위해서 죽지는 못할지라도, 때때로 주님을 위해 손해 입고, 부끄러움을 당하고, 희생을 감수할 수는 있어야 합니다. 여러분 모두가 주님이 다시 오시는 그날까지 이러한 순교적 삶을 기쁘게 살아갈 수 있기를 마음 다해 소망합니다.

지혜의 은사

"은사는 여러 가지나 성령은 같고 직분은 여러 가지나 주는 같으며 또 사역은 여러 가지나 모든 것을 모든 사람 가운데서 이루시는 하나님은 같으니 각 사람에게 성령을 나타내심은 유익하게 하려 하심이라 어떤 사람에게는 성령으로 말미암아 지혜의 말씀을, 어떤 사람에게는 같은 성령을 따라 지식의 말씀을, 다른 사람에게는 같은 성령으로 믿음을, 어떤 사람에게는 한 성령으로 병 고치는 은사를, 어떤 사람에게는 능력 행함을, 어떤 사람에게는 예언함을, 어떤 사람에게는 영들 분별함을, 다른 사람에게는 각종 방언 말함을, 어떤 사람에게는 방언들 통역함을 주시나니 이 모든 일은 같은 한 성령이 행하사 그의 뜻대로 각 사람에게 나누어 주시는 것이니라" 고전 12:4-11

고린도전서 12장에 소개된 은사들을 하나씩 검토해 보겠습니다. 이 은사가 여러분에게는 없고 주변의 다른 사람에게 있는 경우라면, 그 사람에게 알려 주어 은사를 계발하도록 권고하면 좋겠습니다. 이렇게 서로 도움을 줌으로써 예수 그리스도의 몸을 세우는 일에 더욱 마음을 합한다면 여러분의 신앙생활에 큰 은혜와 기쁨이 있으리라 믿습니다. 이제 은사에 대해 본격적으로 다루는 4절 말씀부터 살펴보겠습니다.

"은사는 여러 가지나 성령은 같고 직분은 여러 가지나 주는 같으며 또 사역은 여러 가지나 모든 것을 모든 사람 가운데서 이루시는 하나님은 같으니 각 사람에게 성령을 나타내심은 유익하게 하려 하심이라 어떤 사람에게는 성령으로 말미암아 지혜의 말씀을, 어떤 사람에게는 같은 성령을 따라 지식의 말씀을"(고전 12:4-8).

이 본문은 앞에서 이미 자세히 설명했으므로 간략하게 요점만 짚겠습니다. 우리의 은사는 여러 가지이고 우리가 하는 일도 다양하지만, 한 성령으로부터 은사를 받았고 모두가 한 주님을 섬깁니다. 그리고 각 사람이 받은 은사를 통해 자기 자신이 아닌 성령님이 나타나십니다. 또 은사의 목적은 나의 자랑이 아니라 주님께 영광을 돌리고, 교회에 유익을 끼치는 것입니다. 이것이 7절까지의 말씀입니다. 8절부터는 은사의 종류가 나열되는데, 그중 '지혜의 은사'가 가장 먼저 거론됩니다. 이번 장에서는 이 지혜의 은사에 대해 집중적으로 다루겠습니다.

지혜의 은사

먼저 8절 말씀만을 따로 떼어 살펴보겠습니다.

"어떤 사람에게는 성령으로 말미암아 지혜의 말씀을, 어떤 사람에게는 같은 성령을 따라 지식의 말씀을"(고전 12:8).

8절 이후에는 여러 가지 은사가 등장합니다. 어떤 은사 하나가 다른 은사에 비해 우월하다고 말할 수는 없습니다. 모두가 한 성령으로 말미암은 것이기 때문입니다. 교향악에서 100여 명의 단원이 각기 다른 악기로 연주한다고 해 봅시다. 그중 트라이앵글 치는 사람이 있습니다. 그가 작은 트라이앵글 하나를 하루 종일 들고 있다가 겨우 몇 번을 치더라도 다른 사람들과 같은 보수를 받습니다. 교향악에서는 트라이앵글 연주자나 잠시도 쉬지 않고 부지런히 연주하는 바이올린 연주자나 똑같이 중요합니다.

영적인 은사도 마찬가지입니다. 성령님께서 우리 각자에게 주신 은사가 모두 다릅니다. 각각의 은사들은 모두 하나님 나라를 위해 필요하기 때문에 허락하셨습니다. 모든 은사의 주인은 오직 성령님 한 분이십니다. 그러므로 은사의 우열을 가리지 마십시오. 모두가 똑같이 중요합니다.

이제 '지혜의 말씀'이라고 표현된 은사에 대해 생각해 보겠습니다. '지혜의 은사'란 성령님의 마음을 잘 깨달아 교인들과 교회에 필요한 지혜를 나누어 주는 능력입니다. 우리 주위에도 어떤 상황을 정확하게 판단하고, 그에 맞게 적절한 조언을 해 주는 사람들이 있습니다. 또 지혜로운 사람들이 저술한 책도 있습니다. 성경의 잠언도 그와 같은 책입니다. 잠언은 '지혜의 왕'이라 불린 솔로몬이 쓴 책입니다. 잠언의 한 마디, 한 구절은 망망대해인 인생의 바다를 비춰 주는 한줄기의 등대 빛처럼 귀합니다. 우리 인생에 얼마나 큰 도움을 주는지 모릅니다.

저에게 많은 영향을 준 책 중에 프랑스의 파스칼(Pascal)이 쓴 『팡세』가 있습니다. 파스칼은 수학자이자 과학자였고, 철학자였으며, 신실한 그리스도인이었습니다. 파스칼은 어딜 가든 항상 주머니에 작은 메모지를 갖고 다녔다고 합니다. 갑자기 지혜로운 생각이 떠오르면 메모지에 기록을 했는데, 그 메모지들을 항상 자기 방 책상 위에 모아 놓았다고 합니다. 『팡세』는 파스칼이 죽은 후 그의 방에서 발견된 메모지에 적힌 내용을 정리해서 펴낸 책입니다. 파스칼의 평생의 지혜를 모은 책이라고 할 수 있습니다.

저는 젊은 시절에 『팡세』를 여러 번 읽었고 지금도 가끔 읽습니다.

한 마디 한 마디가 묵직한 감동과 깊은 깨달음을 줍니다. 인생을 어쩌면 그렇게 정확하게 들여다볼 수 있었는지 모르겠습니다. 우리 주변에는 지혜로운 사람도 있고, 『잠언』와 같이 지혜를 담은 책도 많습니다. 특별히 지혜의 은사를 받은 사람은 어떤 상황을 성경적인 눈으로 정확히 판단하고 깨우쳐 주는 말을 건넵니다. 그런 사람들이 말을 하면 성도들은 저절로 고개를 끄덕이기도 하고, 깨우침을 얻어 복음을 더욱 사모하게 됩니다.

지혜의 은사를 받은 사람의 다섯 가지 특징

지금부터는 지혜의 은사를 받은 사람들의 다섯 가지 특징에 대해 차근차근 살펴보겠습니다.

첫째, 문제의 초점을 빨리 파악합니다. 어떤 사람은 열심히 읽고 들어도 문제의 핵심이나 초점을 찾아내지 못하는 반면, 어떤 사람은 아무리 복잡한 상황이라 해도 곧바로 요점을 짚어 냅니다. 통찰력이 있기에 가능한 일입니다. 우리 중에도 문제의 초점을 정확히 파악하고 그것을 슬기롭게 풀어 나가는 지혜로운 사람들이 있습니다. 이 지혜는 지식과는 완전히 다릅니다. 저는 두 가지 중 지혜를 택하고 싶습니다. 그래서 수십 년 동안 지혜를 달라고 하나님께 간구했습니다. 지혜의 은사는 나날이 배우고 깨달으며 계발시켜 나가야 합니다.

둘째, 다른 사람들의 인정을 받습니다. 다른 사람들이 여러분의 말에 대해 고개를 끄덕이지 않고 늘 반문하거나 의심한다면, 지혜의 은사가 없는 것입니다. 지혜의 은사를 가진 사람이 성경적 입장에서 어떤 문제를 설명하거나 해결책을 제시했을 때는 듣는 사람들이 그 말을 인정하며 따르게 되어 있습니다.

셋째, 반드시 높은 수준의 교육을 받아야 하는 것은 아닙니다. 석사나 박사 학위를 받았다 해도 앞뒤가 꽉 막힌 사람들이 있습니다. 지혜의 은사는 교육의 정도와 비례하지 않습니다. 초등학교만 졸업한 사람이 외국에서 박사 학위를 받은 사람보다 훨씬 더 지혜로울 수 있습니다. 특별히 지혜의 은사를 받지 못했다 해도 주님께 지혜를 달라고 기도해야 합니다. 또한 지혜의 은사를 받은 사람은 이를 잘 계발하여 교회와 성도들을 위해 선하게 쓰임받을 수 있도록 간구하고 훈련해야 합니다.

넷째, 관찰력이 있습니다. 관찰력은 다른 사람의 이야기를 잘 듣고 상황이 어떻게 돌아가는지 차분히 바라보며 판단하는 능력입니다. 가령 회의를 하다가 논쟁이 생겼다고 합시다. 서로가 자기 의견을 주장하느라 소란스러울 때, 지혜의 은사를 받은 사람은 그들의 이야기를 충분히 다 듣고 마지막에 성경 말씀에 입각해 딱 한 마디로 결론을 내립니다. 그러면 의견이 달랐던 사람들도 수긍하고 이를 받아들입니다. 회의할 때 이런 사람이 의장을 하면 참 좋습니다.

제 지인 중에 빌리 그레이엄 목사의 사위인 레이튼 포드(Leighton

Ford)라는 사람이 있습니다. 그는 앞에서 말한 지혜의 은사를 받은 사람입니다. '국제 전도 세계 복음화 회의'에서 각국의 똑똑한 사람들이 다양한 의견을 내놓을 때, 레이튼 포드는 모든 사람의 의견을 다 듣고 마지막에 결론을 제시합니다. 그러면 사람들은 대개 그 의견에 동의하면서 흡족해합니다. 이렇게 모든 의견을 종합해서 결론을 내리고 원만하게 이끌어 갈 수 있는 사람은 지혜의 은사를 받은 사람입니다.

솔로몬을 보십시오. 그에게는 많은 지혜가 있었는데, 그중 어떤 것들은 짐승이나 새 혹은 조그마한 개미에게 배운 지혜라고 합니다. 보통 사람들은 그냥 지나칠 수 있지만, 지혜로운 사람은 작은 미물을 통해서도 무언가를 배우려 합니다.

다섯째, 자신의 행동을 늘 돌아봅니다. 자신의 말이나 행동을 항상 돌아봄으로써 더 건설적인 미래를 준비할 수 있습니다. 잘해도 배우고, 잘하지 못해도 배웁니다. "선한 사람과 악한 사람이 길을 갈 때 둘 중에 누가 선생이냐?"라는 질문이 있습니다. 우리는 대개 선한 사람이 선생이라고 생각하지만 실은 둘 다 선생입니다. 왜냐하면 지혜로운 사람은 악한 사람을 통해서도 무언가를 배우기 때문입니다.

일전에 군부대에 가서 설교를 한 적이 있습니다. 연병장에 군인들이 앉아 있었는데, 반 이상은 시작하기도 전에 꾸벅꾸벅 졸고 있었습니다. 상부 명령 때문에 뙤약볕 아래 앉아 있는 것이지, 자발적으로 온 사람은 거의 없었습니다. 그런데 그중 몇 명은 눈을 동그랗게 뜨고 한 마디도 놓치지 않으려고 집중해서 듣고 있었습니다. 그 모습에서 앞으로 사회에 나가서 성공할 것 같은 청년들과 그럭저럭 살 것 같은 청년들을 구분할 수 있었습니다. 어차피 한 시간 동안 앉아서 들어야 한다면 하나라도 더 얻고 배우겠다는 태도를 지닌 청년이 아무래도 발전 가능성이 있지 않겠습니까?

학생들도 마찬가지입니다. 수업이 끝나기만을 기다리는 학생들을 보면 참 안타깝습니다. 저런 태도로 무슨 발전이 있을까 하는 생각이 듭니다. 반면 교수가 하는 말을 하나도 놓치지 않으려고 열심히 필기하고 심지어 녹음까지 하는 학생들을 보면 참 대견합니다. 그들은 자신의 지혜와 지식을 성장시키는 사람들입니다. 이처럼 지혜로운 사람은 계속해서 자신을 돌아보고 배워 나갑니다. 실수했을 때는 그 실수 때문에 더 겸손해지고 배움에 대한 열의를 불태웁니다. 자기의 잘못을 수시로 점검하고 거기서 무언가를 배우는 사람은 성공합니다.

서양 사람들은 지혜로운 사람을 부엉이에 비유합니다. 부엉이는 눈이 아주 큽니다. 또 눈이 아주 밝아서 멀리 있는 것도 잘 볼 수 있습니다. 많이 보아야 지혜가 생긴다고 믿기 때문에 부엉이를 지혜의 동물로 비유한 것 같습니다. 여행을 통해 이것저것 많이 보고 듣고 느끼게 되면 자연스레 지식과 지혜가 넓어지는 것과 같은 이치입니다.

제가 미국에 있을 때 서울에서 온 대학생이 저에게 전화를 걸어 왔습니다. 자기가 지금 여행 중인데, 하룻밤만 신세를 질 수 있는지 물었습니다. 저는 흔쾌히 허락했고, 하룻밤을 같이 지내면서 그 학생의 사연을 들어 보았습니다. 그는 대학교를 다니다가 휴학하고 아르바이트해서 번 돈으로 전 세계를 여행하는 중이었습니다. 미국에 왔을 때 돈이 거의 없어서 염치 불구하고 저에게 전화를 한 것이었습니다. 얼굴도 모르는 목사님이지만 어디서 제 이름을 들었다면서 자기 이야기를 풀어놓는 학생에게 저는 잘 찾아왔다고 말해 주며 "대학 졸업이야 1, 2년 늦어도 상관없어. 문제는 얼마나 인간답고 지혜롭게 성장하느냐 하는 것이지. 이번 여행은 견문을 넓히고 폭넓은 경험도 쌓으면서 판단력을 기를 좋은 기회가 될 거야. 사람들과도 잘 사귈 수 있고, 일을 할 때 추진력도 가질 수 있으며, 미래를 내다볼 줄 아는 혜안도 생기게 될 거야. 그런 것이 진짜 중요하지."라고 격려했습니다.

지금 우리나라의 교육 현장은 지식 중심의 교육이 대부분이기 때문에 아이들이 진정으로 인간답게 성장하는 데는 많은 어려움이 있습니다. 거듭 강조하지만 지식보다는 지혜가 중요합니다. 지식이 많은 사람은 공부를 열심히 해서 학위를 받지만 지혜로운 사람은 기관이나 사업체를 창설해서 학위 받은 사람들을 데려다 씁니다. 고등학생 자녀를 둔 부모들은 자녀들의 대학 입학 문제로 너무 안달하지 마십시오. 물론 명문 대학에 가면 좋지만 못 가도 문제되지 않습니다. 지혜가 있으면 대학 나온 사람보다 훨씬 멋진 삶을 살 수 있습니다. 또한 지혜로운 사람은 어디서든 보고 듣고 배우면서 계속 성장할 수 있습니다.

우리 모두가 지혜로운 사람이 되면 좋겠습니다. 특별히 하나님이 지혜의 은사를 주셨다면 교회에 기여할 수 있도록, 그리고 이웃이 은혜를 받을 수 있도록 잘 사용하십시오. 자신에게 있는 지혜를 자랑하거나 다른 사람을 무시하고 비난하는 데 사용해서는 안 됩니다. 오직 하나님의 선한 일을 위해 사용해야 합니다.

"너희 중에 누구든지 지혜가 부족하거든 모든 사람에게 후히 주시고 꾸짖지 아니하시는 하나님께 구하라 그리하면 주시리라"(약 1:5).

야고보서의 말씀대로 모든 사람에게 후히 주시는 하나님께 지혜를 간구하여, 지혜가 충만한 가정과 교회를 만들어 나갈 수 있기를 바랍니다.

지식과 믿음의 은사

"어떤 사람에게는 성령으로 말미암아 지혜의 말씀을, 어떤 사람에게는 같은 성령을 따라 지식의 말씀을, 다른 사람에게는 같은 성령으로 믿음을, 어떤 사람에게는 한 성령으로 병 고치는 은사를, 어떤 사람에게는 능력 행함을, 어떤 사람에게는 예언함을, 어떤 사람에게는 영들 분별함을, 다른 사람에게는 각종 방언 말함을, 어떤 사람에게는 방언들 통역함을 주시나니 이 모든 일은 같은 한 성령이 행하사 그의 뜻대로 각 사람에게 나누어 주시는 것이니라" 고전 12:8-11

이번 장에서는 지식의 은사와 믿음의 은사를 함께 살펴보겠습니다. 고린도전서 12장 8-9절에서는 지식의 은사와 믿음의 은사를 간략하게 언급합니다.

"어떤 사람에게는 성령으로 말미암아 지혜의 말씀을, 어떤 사람에게는 같은 성령을 따라 지식의 말씀을, 다른 사람에게는 같은 성령으로 믿음을, 어떤 사람에게는 한 성령으로 병 고치는 은사를"(고전 12:8-9).

한 분이신 성령께서 어떤 사람에게는 지혜의 은사를, 어떤 사람에게는 지식의 은사를, 또 어떤 사람에게는 믿음의 은사를 주십니다.

지식의 은사

'지식의 은사'는 신앙생활에 필요한 정보를 취합하고 분석해서 다른 사람에게 잘 설명하고 전달하는 능력입니다. 지식의 은사를 가진 사람에게는 네 가지 특징이 있습니다.

첫째, 배우고자 하는 의욕이 강합니다. 이들은 늘 펜과 노트를 갖고 다니면서 중요한 메시지나 기억해야 할 일들을 기록합니다. 또 항상 책을 갖고 다니며 틈이 날 때마다 읽습니다. 침대 옆에도 책을 두고, 누군가를 기다리는 시간에도 책을 읽습니다. 설교 시간에도 가장 앞줄에 앉아 열심히 듣고 받아서 적는 사람들, 자꾸 질문을 하고 조금이라도 더 알고 싶어 하는 사람들, 이런 사람들은 지식의 은사를 받았을 가능성이 큽니다. 이 은사를 감사히 여기고 계속 발전시켜 나간다면 다른 사람보다 풍부하고 깊은 지식을 갖출 수 있게 됩니다.

둘째, 무언가를 배울 때 아주 기뻐합니다. 하나님 말씀 속에 담긴 진리를 깨닫게 되면 이들은 매우 만족해하며 다른 사람에게도 그것을 설명해 주고 싶어 합니다. 배운 것을 종이에 써서 여기저기 붙여 놓기도 하고, 언제든 다시 볼 수 있도록 한곳에 잘 정리해 두기도 합니다. 성경책을 펼쳐 보면 여백마다 깨알 같은 글씨가 가득하고, 알록달록 밑줄이 그어져 있습니다. 그만큼 말씀에 집중하고 배우고자 하는 열의가 넘칩니다.

지식의 은사를 받은 사람 중에는 가르치는 은사도 같이 받은 이들이 있습니다. 어떤 것을 배우고 정보를 수집해서 분석하며, 새로운 것을 찾아내는 작업을 즐기다 보니 다른 사람에게도 그것을 설명해 주고 싶어집니다. 어떤 사람은 자기가 배우는 것으로만 만족하지만, 어떤 이들은 그 내용을 다른 사람에게도 간절히 전해 주고 싶어 합니다.

교회에는 이처럼 지식의 은사를 가진 분들이 꼭 필요합니다. 물론 각 사람의 다양한 은사가 교회에 모두 필요합니다만, 특별히 구역이나 교구에 필요한 은사들이 몇 가지 있습니다. 우선 '전도의 은사'를 받은 분들입니다. 이들이 전도 훈련을 잘 받아서 구역에 새로 온 사람에게 복음을 전해 주고 신앙생활을 잘해 나가도록 이끌어 줘야 합니다. 한마디로 평신도 전도사 역할입니다.

다음으로는 '가르치는 은사'를 받은 자들이 필요합니다. 새로 온 교인이나 결신자들에게 성경의 기본 교리를 차근차근 가르쳐 주며 다른 교인들과 같은 영적 위치에 설 수 있도록 이끌어 주어야 합니다. 이런 사람을 평신도 성경 교사라고 할 수 있습니다.

또 '상담의 은사'를 가진 평신도 상담자도 필요합니다. 상담은 대단하거나 어려운 일이 아닙니다. 다른 사람에게 속상하거나 고민스러운 일이 생겼을 때, 이야기를 경청해 주거나 조언해 주며, 위로와 기도를 해 주는 것이 모두 상담에 속합니다.

마지막으로 사람들을 잘 돌보고 이끌어 주는 '목회의 은사'를 받은 사람이 필요합니다. 각 구역의 구역장들이 이런 은사를 받은 사람이면 좋습니다. 평신도들의 다양한 은사들을 계발함으로써 각 구역이 하나의 교회처럼 운영되어야 합니다.

앞에서 지식의 은사를 받은 사람 중에 가르치는 은사를 겸하여 받은 사람들이 있다고 말씀드렸습니다. 그런 사람들은 두 가지 은사를 모두 잘 계발해 자신이 깨우친 영적인 지식을 성도들에게 쉽고 정확하게 전해 주는 일에 헌신해야 합니다. 또한 그렇게 쓰임받을 수 있도록 하나님께 계속 은혜를 구해야 합니다. 물론 가르치는 은사는 없고 지식의 은사만 받은 사람도 있습니다. 평생 공부만 하는 학자

계통의 사람입니다. 이들은 직접 가르치기보다 자신이 연구한 것들을 책으로 펴내 다른 사람들에게 유익을 줄 수 있습니다.

미국에 프란시스 쉐퍼(Francis Schaeffer)라는 유명한 목사가 있는데, 미국뿐만 아니라 많은 유럽 사람들이 쉐퍼 목사의 책과 강연으로 큰 은혜를 받았습니다. 쉐퍼 목사는 순수 학자는 아닙니다. 그는 네덜란드나 미국의 신학자들이 연구한 사상들을 깊이 공부하여 평신도들이 쉽게 이해할 수 있도록 설명합니다. 그로 인해 수백만 명의 사람들이 영적인 진리를 깨우쳤습니다. 하나님께서는 특별히 순수 학자들을 통해 숨겨진 진리를 캐내게 하시고, 가르치는 은사를 가진 사람들을 통해 그것을 널리 전하게 하십니다.

저는 학자는 아닌 것 같습니다. 그저 모르는 것을 배우고 싶고 새로운 것이 나오면 알고 싶어서 늘 공부를 하지만, 평생 책상에 앉아 공부만 하라고 하면 자신이 없습니다. 저는 사람들에게 가르치는 것이 재미있습니다. 아마도 가르치는 은사를 받은 듯합니다.

우리가 잘 아는 사람 가운데 순수 학자 계통의 고(故) 박윤선 박사가 있습니다. 그는 젊었을 때부터 책 읽는 것을 좋아했습니다. 미국 유학길에 올랐을 때도 배를 타고 가는 두 달 동안 헬라어 성경을 암기했다고 합니다. 그가 평생에 걸쳐 집필한 성경 66권의 주석은 지금도 많은 목회자들에게 큰 도움이 되고 있습니다. 이처럼 학자 계통이나 지식의 은사를 받은 사람은 그것을 최대한 발휘하여 다른 사람들에게 유익을 주어야 합니다.

셋째, 자신이 배운 것에서 새로운 생각을 끌어냅니다. 예를 들어 사과 두 개와 배 두 개가 있다고 할 때 "아, 사과와 배가 각각 두 개씩 있구나." 하는 차원에서 그치지 않고 "전체를 합치면 네 개가 되는구나."까지 생각합니다. 이렇게 지식의 은사를 받은 사람은 새로운 지식을 찾아내려는 특성이 있습니다.

넷째, 많은 자료 속에서도 핵심을 찾아낼 수 있습니다. 이들은 사람들에게 무엇을 어떻게 가르쳐야 하는지 그리고 그들이 자기 생각을 잘 표현할 수 있도록 하려면 어떤 질문을 던져야 하는지를 잘 압니다. 내용을 가장 효과적으로 가르치는 방법을 잘 아는 것입니다.

지식의 은사를 받은 사람 중에 선교의 은사도 겸하여 받은 사람이 있습니다. 이들은 선교지에서 성경 번역을 담당하는 선교사가 될 수 있습니다. 언어가 다른 선교지에 들어가 현지 언어를 연구하고 그들의 언어로 성경을 번역해 내는 것입니다. 아직도 자기 언어로 번역된 성경이 없는 소수 민족이 약 1,500개나 된다고 합니다. 이런 소중한 은사를 가진 사람은 선교사로도 헌신할 수 있으리라 생각합니다.

여러분에게 지식의 은사가 있다면 더 열심히 진리를 배우고 깨달아 그것을 다른 사람들에게 잘 전달하고자 노력하시기 바랍니다. 이 책을 읽는 독자들 중에서도 이전보다 많은 분들이 지식의 은사를 받아 교회와 성도들에게 유익을 줄 수 있기를 진심으로 소망합니다.

믿음의
은사

'믿음의 은사'란 뛰어난 신념을 갖고 하나님의 뜻과 목적을 분별할 수 있는 능력입니다. 믿음의 은사를 받은 사람에게는 세 가지 특징이 있습니다.

첫째, 목적의식이 뚜렷합니다. 이들은 늘 앞을 내다보고 다른 사람들이 보지 못하는 가능성을 발견합니다. 교회가 앞으로 어떻게 성장할 것인지, 어느 방향으로 나아갈 것인지를 내다봅니다. 이들은 꿈과 비전을 가진 자들입니다. 하나님께서는 믿음의 은사를 받은 사람들을 통해 큰 역사를 이루어 오셨습니다. 교회에도 믿음의 은사를 받은 사람들이 꼭 필요합니다. 교회를 하나님께서 원하시는 방향으로 인도해 주기 때문입니다. 믿음의 은사가 없으면 미래를 보지 못할 뿐더러 늘 문젯거리만 보기 때문에 전진하는 걸음을 내딛기 힘듭니다. 믿음의 은사를 가진 사람이 부재하고, 비전을 품지 못하는 교회는 하나님께서도 쓰실 수 없습니다.

우리 각 개인도 마찬가지입니다. 각 사람이 "하나님이여, 우리를 향하신 하나님의 뜻이 무엇입니까?"라고 묻고 그 답을 찾아 나가야 합니다. "저를 향한 하나님의 뜻이 무엇입니까? 우리 자녀들을 향한 하나님의 뜻이 무엇입니까? 우리 가정을 향한 하나님의 뜻이 무엇입니까? 우리 교회를 향한, 국가를 향한 하나님의 뜻이 무엇입니까?"라고 끊임없이 묻고 두드려야 합니다. 미래의 비전을 품기 위한 이러한 작업 없이 현재 상황과 문제에만 머물러 있다면 우리 삶은 발전할 수 없습니다.

위대한 교회와 놀라운 하나님의 역사는 계산기를 두드린다고 해서 이뤄지지 않습니다. 지금까지 기독교 역사를 돌아보면, 믿음을 가진 하나님의 백성들에 의해 예수님의 몸 된 교회가 이어져 왔음을 알 수 있습니다.

"믿음이 없이는 하나님을 기쁘시게 하지 못하나니 하나님께 나아가는 자는 반드시 그가 계신 것과 또한 그가 자기를 찾는 자들에게 상 주시는 이심을 믿어야 할지니라"(히 11:6).

믿음이 없이는 하나님을 기쁘시게 하지 못합니다. 우리가 하나님을 기쁘시게 하려면 무엇보다도 믿음이 있어야 합니다. 하나님이 열어 주신 가능성과 미래를 보고, 하나님의 손길을 기대하고, 하나님의 음성을 들으며 앞을 향해 나아가는 확실한 믿음이 있어야 합니다.

한 국가가 발전하기 위해서도 미래를 내다볼 수 있는 눈을 가진 인재가 있어야 합니다. 현재의 문제에 매몰되어 낙심하고 불평만 해서는 발전하는 나라가 될 수 없습니다. 우리 민족에게는 다른 무엇보다 이 믿음의 은사가 필요합니다. 냉철한 눈으로 현실을 자각하고 분석하는 사람들은 많지만, 미래를 내다보면서 올바른 방향을 제시할 수 있는 지도자가 적습니다. 그러니 국민들은 답답하고 불안합니다. 하나님께서 미래를 내다볼 수 있는 믿음의 지도자를 우리에게 허락해 주시길 간절히 기도해야 합니다.

만약 우리 주위에 믿음의 은사와 다스리는 은사가 있는 사람이 있다면 그 사람이야말로 정치가로서 제격입니다. 지금은 어둡고 복잡한 현실을 뚫고 앞을 내다보는 믿음의 사람이 꼭 필요한 시대이기 때문입니다. 이러한 믿음의 사람들이 나서서 하나님이 설계하신 큰 그림과 방향을 보여 줌으로써 국민들의 가슴에 소망을 불러일으켜야 합니다.

"내가 예언하는 능력이 있어 모든 비밀과 모든 지식을 알고 또 산을 옮길 만한 모든 믿음이 있을지라도 사랑이 없으면 내가 아무 것도 아니요"(고전 13:2).

여기서는 산을 옮길 만한 믿음이 있을지라도 사랑이 없으면 소용없다고 말씀합니다. 사랑의 중요성을 강조하는 것입니다. 이와 함께 믿음의 능력에 대해서도 언급합니다. "산을 옮길 만한 모든 믿음이 있을지라도"라는 말은 '믿음이 있으면 산도 옮길 수 있다'는 뜻입니다. 우리에게는 보이지 않으나 어떤 사람들에게는 가능성이 보이고, 실제로 이쪽에 있던 산이 저쪽으로 옮겨지는 것처럼 불가능한 일이 이루어진다는 말씀입니다. 믿음의 은사를 받은 사람만이 그 가능성을 보고 확신하며, 앞으로 나아갈 수 있습니다.

노아 시대를 떠올려 보십시오. 하나님의 은혜를 입은 노아는 사람들에게 하나님께서 큰 비와 홍수로 이 땅을 심판하실 것이라고 경고하면서 방주를 지었습니다. 사람들은 모두 노아를 비웃고 조롱했지만, 노아는 하나님의 말씀을 믿고 축구 경기장만 한 큰 방주를 묵묵히 지었습니다. 결국 하나님의 뜻을 알고 순종하며 나아간 노아와 그 가족들만 살아남고 노아를 비웃고 조롱하던 모든 사람들은 죽고 말았습니다.

둘째, 단시일에 믿음의 은사를 얻을 수는 없습니다. 하나님의 계획을 하루아침에 알 수 있는 사람은 없습니다. 상식적으로 생각해도 그렇습니다. 제가 미국에서 만난 목사 중에 믿음의 은사를 가진 사람이 있었는데, 그가 무슨 말을 하면 신기하게도 꼭 이루어졌습니다. 반면 나이는 그 목사와 비슷하지만 믿음의 은사가 없는 목사도 있었습니다. 그가 하는 말은 매번 어긋나거나 이루어지지 않았습니다. 그래서 한번은 믿음의 은사를 가진 목사에게 방법을 좀 가르쳐 주라고 했습니다. 그랬더니 쉽게 가르쳐 줄 수 없다고 말합니다. 그는 열일곱 살 때부터 하나님께서 보여 주신 것을 믿고 따르면서 40여 년 동안 믿음의 은사를 계발해 왔습니다. 그러니 지금까지 전혀 그렇게 살아오지 않은 사람을 가르친다고 해서 단번에 되겠느냐는 것입니다. 정말 그렇습니다. 무조건 "믿습니다!"라는 말만 한다고 믿음의 은사가 생기지는 않습니다. 하나님의 음성을 들으며 그분이 말씀을 통해 주시는 미래를 내다볼 수 있도록 믿음의 은사를 꾸준히 계발해 나가야 합니다.

셋째, 자신감과 용기가 있습니다. 돈키호테처럼 아무 데서나 용기를 발휘하라는 말이 아닙니다. 믿음의 은사를 가진 사람들은 하나님께서 위대한 역사를 이루어 가실 때, 그리고 정말로 용기가 필요하다고 판단될 때에 믿음의 용기를 발휘합니다.

"만일 하나님이 우리를 위하시면 누가 우리를 대적하리요"(롬 8:31).

이 말씀처럼 하나님께서 나를 특별히 사랑하시고, 나와 함께하신다는 믿음이 있기에 어디서 어떤 일을 해도 강한 확신을 갖고 자신감 있게 밀고 나갈 수 있습니다. 물론 여기에는 위험성도 있습니다. 확신이 너무 강한 나머지 다른 사람들이 자기 의견에 반대할 때, 그가 하나님을 반대하는 것이라고 여길 가능성도 있습니다. 이런 부분은 늘 조심해야 합니다.

100여 년 전, 영국에 조지 뮬러(George Muller)라는 믿음의 사람이 살았습니다. 그는 고아원을 운영하며 항상 기도를 통해 모든 필요를 채웠습니다. 먹을 것이 없는 상황에서도 하나님께서 보내 주실 것을 믿고 고아들과 함께 식탁에 앉아 기도를 드렸습니다. 그러면 점심 식사 시간이 되자마자 고아원 앞에 빵을 실은 마차가 도착했다고 합니다. 조지 뮬러는 이렇게 하나님께 기도함으로써 모든 필요를 응답받았고, 수천 명의 고아들을 잘 양육할 수 있었습니다. 그는 진정한 믿음의 용사였습니다.

저희 교인 중에서도 믿음으로 멋진 일을 이루게 된 간증을 하신 분이 있습니다. 여의도에 63빌딩 공사를 시작할 때니 오래전 일입니다. 법적으로 아직 허가가 나지 않았는데 63층까지 올릴 수 있도록 기초를 팠다고 합니다. 옆에 있는 23층 건물과 비슷한 시기에 기초 공사를 시작했는데, 옆 건물은 23층을 올릴 생각으로 기초를 팠고,

이분은 63층을 올릴 수 있도록 기초를 팠습니다. 하나님께서 해 주실 것이라 믿고 담대히 행한 것입니다. 결국 63빌딩을 지었습니다. 믿음의 은사를 받은 사람들은 이렇게 강한 확신과 자신감을 갖고 나아갈 수 있습니다.

중국의 어느 교회 전도사 이야기도 빠뜨릴 수 없습니다. 한번은 그 전도사가 저에게 "목사님, 우리에게 돈은 없지만 하나님이 있습니다. 그렇기 때문에 이 일은 이루어질 수 있습니다. 하나님께서 이루실 것입니다!"라는 편지를 써 보내왔습니다. 중국에서 할머니들 몇십 명이 모이는 작은 교회를 맡고 있던 이 전도사는 교회 건물도 없이 목회를 시작했습니다. 교회 건물을 지어야 하는데, 할머니들 헌금만으로는 절대 교회를 지을 수 없었습니다. 그런데도 전도사는 "돈은 없어도 하나님께서 우리에게 교회를 주실 것입니다."라고 확신했습니다. 지금 그곳에 가 보면 성도 500명이 모이는 큰 교회가 우뚝 서 있습니다. 결국 믿음으로 이뤄 냈습니다. 우리에게는 이처럼 하나님께서 이루실 것을 확신하는 믿음이 있어야 합니다. 계산만 하고 앉아 있으면 위대한 역사는 이루어지지 않습니다.

간혹 믿음의 은사를 받은 사람들이 그 은사를 받지 않은 사람들을 비난합니다. "당신은 왜 그렇게 매사 부정적입니까? 왜 당신은 매일 그렇게 따지기만 합니까? 당신은 왜 그리 믿음이 없습니까?"라며 믿음의 은사를 받지 못한 사람들을 무시합니다. 믿음의 은사를 받은 사람들은 이런 교만한 태도를 철저히 경계해야 합니다. 상대방은 믿음의 은사는 없어도 다른 은사를 가졌습니다. 그들이 믿음의 은사를 가진 사람을 도와줄 수 있도록 함께 마음을 모으고 독려해야 합니다. 믿음의 은사가 없어서 부정적인 거라고 비난해서는 안 됩니다.

세상 사람들은 우리 그리스도인들을 '예수 믿는 사람'이라고 합니다. 우리는 찬송하고 기도하고 전도도 하지만 우리를 '찬송하는 사람' 혹은 '기도하는 사람'으로 부르지는 않습니다. '믿는 사람', 그것이 우리의 이름입니다. '믿는 사람'이 우리의 정체성이고 특권입니다.

우리 모두에게는 하나님이 주신 믿음의 씨앗이 있습니다. 이 믿음을 계속해서 계발함으로써 여러분의 삶 속에 은혜가 더욱 풍성해지길 바랍니다. 믿음의 일에는 반드시 아주 큰 믿음이 필요한 것이 아닙니다. 겨자씨만 한 작은 믿음이라도 제대로만 쓴다면 이 산을 들어 저리로 옮길 수도 있습니다.

치유의 은사

"어떤 사람에게는 성령으로 말미암아 지혜의 말씀을, 어떤 사람에게는 같은 성령을 따라 지식의 말씀을, 다른 사람에게는 같은 성령으로 믿음을, 어떤 사람에게는 한 성령으로 병 고치는 은사를, 어떤 사람에게는 능력 행함을, 어떤 사람에게는 예언함을, 어떤 사람에게는 영들 분별함을, 다른 사람에게는 각종 방언 말함을, 어떤 사람에게는 방언들 통역함을 주시나니 이 모든 일은 같은 한 성령이 행하사 그의 뜻대로 각 사람에게 나누어 주시는 것이니라" 고전 12:8-11

누구나 몸이 아파 본 경험이 있을 것입니다. 몸이 아프면 마음도 약해지고, 어떤 일을 하려는 의욕도 없어집니다. 급기야는 영적으로도 흔들리게 됩니다. 지금은 의학이 발달했으니 몸이 아프면 즉시 병원을 찾아갈 수 있지만 2천년 전의 상황은 어떠했을지 상상해 보십시오. 갑자기 환자가 발생해도 구급차를 부를 수 없고, 가까운 병원이 없으니 치료도 어려웠을 것입니다.

성경에는 아픈 사람의 머리에 기름을 바르고 기도해 주라는 말밖에 없습니다. 우리가 만약 그런 시대에 태어나 살았다면 참으로 답답하고 힘들었을 것입니다. 그래서 당시에는 질병을 낫게 하는 치유의 은사가 더욱 절실하게 요구되었나 봅니다. 지금도 육적으로나 영적으로 병든 사람이 많기 때문에 심신의 건강을 회복시켜 줄 은사를 가진 사람들이 간절히 필요합니다.

이 치유의 은사에 대해 알아보기 전에 먼저 고린도전서 12장 9절을 보십시오.

"다른 사람에게는 같은 성령으로 믿음을, 어떤 사람에게는 한 성령으로 병 고치는 은사를"(고전 12:9).

이 말씀에서는 병 고치는 은사를 받은 사람을 '어떤 사람에게는' 이라고 제한했습니다. 즉, 아무에게나 다 병 고치는 은사를 준 것은 아니라는 뜻입니다. 우리말 성경에는 나타나 있지 않지만, 여기에 쓰인 '병'이라는 단어와 '은사'라는 단어는 복수 명사입니다. '여러 종류의 병'을 고치는 '여러 은사'를 주셨다는 의미입니다. 이번 장에서는 병 고치는 은사에 대해서만 다룰 예정입니다. 먼저 우리의 삶을 짓누르는 질병의 종류에 대해 살펴보겠습니다.

육체적 질병

육체적 질병은 길게 설명하지 않아도 충분히 잘 알 것입니다. 이는 감기나 복통 같은 가벼운 질환부터 암, 심장병 같은 중병까지 우리 몸을 아프게 하는 질병을 뜻합니다. 이런 경우에는 병원이나 의사, 약사를 통한 실질적이고 물리적인 치유가 필요합니다.

정신적 질병

육체는 건강하지만, 과거의 힘든 사건으로 인해 시간이 지나도 정신적으로 지속적인 고통을 받는 사람들이 있습니다.

미국에 있을 때 저희 신학교 여학생 한 명이 저를 찾아왔습니다. 그 학생은 자녀를 둘이나 둔 엄마였는데, 머리가 비상해 거의 모든 시험에서 A를 받을 정도로 공부를 잘했습니다. 그런데 무슨 연유인지 제가 맡은 과목에서 B를 받았던 모양입니다. 저를 찾아와서는 자신이 B를 받은 것을 납득할 수 없다며 울면서 따졌습니다. 그날은 그냥 달래서 돌려보냈는데, 그 뒤로도 자꾸 이상한 행동을 했습니다.

한번은 새벽 5시쯤 저희 집 대문을 두드린 적이 있습니다. 그때 저는 여행 중이라 집에 없었는데, 저희 아이들이 문을 열어 주자 뜬금없이 화장실을 쓰고 싶어서 찾아왔다고 말하더랍니다. 그래서 들어와서 화장실을 쓰라고 했답니다. 한편으로는 이해가 되기도 하지만, 새벽 시간이라는 점을 감안하면 정상적인 행동은 아니라는 생각이 들었습니다.

하루는 그 학생을 불러 왜 그런 행동을 했는지 이것저것 물어보았습니다. 그랬더니 자기가 어렸을 때 학교에서 B를 받아 오면 아버지에게 혁대로 심하게 두들겨 맞았다는 이야기를 털어놓았습니다. 아버지로부터 학대받은 과거의 기억이 치유되지 않은 채, 계속해서 영향을 미쳤기 때문에 제 과목에서 B를 받자 그 학생은 그렇게 몸부림을 친 것입니다.

그녀에게 얼마 전 우리 집에 새벽 5시쯤 찾아왔었냐고 물으니 그렇다고 시인했습니다. 보통 사람이라면 그 자리에서 미안하다고 사과할 텐데 전혀 미안한 기색이 없었습니다. 왜 그 시간에 우리 집에 올 생각을 했냐고 묻자, 아주 태연한 얼굴로 자기는 새벽 3시부터 거리를 돌아다녔는데 마침 우리 집 근처를 지날 때 화장실이 가고 싶어서 들어왔다는 것입니다. 자기가 결혼을 하게 된 것도 집에서 뛰쳐나오기 위해서였다는 말도 덧붙였습니다. 다행히 남편이 그리스도인이라 아내를 잘 돌봐 주었는데, 그래도 과거의 상처가 치유되지 않은 까닭에 아직도 몸과 마음이 고생하고 있었습니다.

예전에 신문에 났던 한 기사가 생각납니다. 초등학교 때 성폭행을 당한 여인이 20년이 지난 뒤 가해자를 죽임으로써 복수를 했다는 내용이었습니다. 그 여인은 재판을 받았고 집행 유예로 풀려났습니다. 어렸을 때의 상처가 치유되지 않았기 때문에 결혼 생활도 실패하고, 급기야 살인까지 하게 된 것입니다. 성장하는 과정에서 그 상처가 잘 치유되었다면 살인까지는 하지 않았을 것입니다.

이처럼 과거의 정신적인 충격 때문에 육체나 정신에 이상한 증세가 나타날 수 있습니다. 평범한 일상생활뿐만 아니라 신앙생활도 어렵게 됩니다. 그러므로 육체적 질병뿐만 아니라 정신적 질병과 아픔까지도 온전한 치유가 필요합니다. 어떤 경우에는 정신적으로 치유가 되면 육체적 질병들이 저절로 낫기도 하는데, 이런 사례에 대해 스위스 정신과 의사이자 기독교와 심리학을 통합시키려 노력했던 폴 투르니에(Paul Tournie)가 많은 연구를 했습니다.

심리적 질병

정신적 질병과 비슷하긴 하지만, 심리적 질병은 과거의 기억으로 인한 고통이 아니라 현재 부딪치는 여러 가지 문제들 때문에 마음에 병이 생기는 것을 말합니다. 가정의 문제, 직장의 문제, 인간관계 문제 등 현대인에게는 수많은 문제가 있습니다. 이를 제대로 해결하지 못할 경우 우리 마음에는 불안, 분노, 우울함, 초조함이 생기고 원만한 신앙생활을 할 수 없습니다. 이런 심리적 어려움이 해결되어야 마음에 평화가 있고 삶에 만족과 감사가 있습니다. 더 나아가 하나님을 사랑하는 일도 잘할 수 있습니다. 여러 가지 심리적 질병이 일상에서 자신의 발목을 붙잡고 있다면 그 근본 원인이 무엇인지 생각해 보고, 그로부터 벗어날 방법을 적극적으로 찾아야 합니다.

영적 질병

우리의 영혼이 가장 시급하게 해결해야 할 것이 바로 영적 질병입니다. 영적 질병은 하나님께 불순종하고 죄를 범했을 때 걸리게 됩니다. 가슴속에 해결하지 못한 죄의 문제가 있으면 육체적으로도, 정신적으로도, 심리적으로도 혼란을 일으킵니다. 그러므로 원만한 신앙생활과 평안한 삶을 위해서는 죄 문제부터 치유하는 것이 먼저입니다.

치유의
은사

지금까지 네 가지 종류의 질병을 정리해 보았습니다. 우리 중에 이 네 가지 질병과 무관한 사람은 한 명도 없을 것입니다. 육체든 정신이든 모든 것이 온전하고 건강하면 얼마나 좋을까요? 그러나 인간은 연약한 존재이다 보니 여기가 아프지 않으면 저기가 아프고, 저기가 나으면 여기가 또 병드는 과정을 겪으며 살아갑니다.

그래서 어떤 면에서는 인생을 산다는 것이 참 힘듭니다. 육체든 정신이든 영혼이든 서로서로 상처를 입히고, 아픔을 동반하며 사는 것이 우리네 삶이기 때문입니다. 그래서 하나님께서는 우리에게, 교회에게 치유의 은사를 주셨습니다.

우리 중에는 육체의 질병을 고쳐 줄 수 있는 은사를 받은 사람이 있습니다. 또 과거의 기억이나 상처로 인해 고통당하는 사람들을 기도와 상담을 통해 치유하는 은사를 받은 사람도 있습니다. 또한 심리적인 난제들을 치유해 줄 수 있는 능력을 가진 사람도 있고, 하나님의 말씀을 권하고 위로함으로써 영적인 질병을 치유하는 은사를 가진 사람도 있습니다.

우리 주위에는 상처와 질병으로 고통당하는 사람들이 너무나 많습니다. 그러므로 어떤 종류든 내게 조금이라도 치유의 능력이 있다면 그 능력을 잘 계발해서 다른 사람들을 도와야 합니다. 그렇게 하려고 노력해야 마땅합니다.

여기서 주의해야 할 것이 있습니다. 치유 사역은 대개 하나님의 성령께서 사람을 통해 역사하셔서 해낼 수 있는 일입니다. 치유를 행하는 사람 자신이 잘나서 행하는 것이 아닙니다. 치유의 은사는 하나님께서 역사하심으로써 나타나는 것이기 때문에, 치유의 은사를 받은 사람이라 할지라도 병든 사람 모두를 고칠 수 있는 것은 아닙니다.

예수님께서도 이스라엘의 모든 병자를 치료하지는 않으셨습니다. 하나님의 특별한 목적과 섭리에 따라 치유함을 받는 사람들이 있습니다. 사도 바울도 엄청난 기적으로 사람들을 치유했지만, 자기 제자인 디모데가 위장병에 걸렸을 때는 치유하지 못했습니다. 그래서 디모데에게 쓴 편지에서 위장병을 위해 포도주를 조금 마시라고 권했습니다. 또 사도 바울 자신도 육체의 가시 때문에 고통스러워했지만 하나님께 여러 번 기도하고도 치유받지 못했습니다. 그리고 주님께 응답으로 그 유명한 고린도후서 12장 9절의 "내 은혜가 네게 족하도다"라는 말씀을 들었습니다.

이처럼 치유의 은사를 받았더라도 그 은사를 이용해 항상 병자를 고칠 수 있는 것은 아닙니다. 치유의 은사를 받은 사람이 병자를 두고 두세 달 열심히 기도했는데도 병이 낫지 않고 죽게 될 수도 있습니다. 결론적으로 말하면, 우리 인간이 하나님의 치유 계획을 모두 이해할 수 없다는 것입니다. 하나님께서는 우리가 알 수 없는 다양한 방법으로 역사하십니다.

욥의 경우, 하나님이 뜻하신 바가 있었기에 육신에 심한 질병을 앓았습니다. 그리고 욥이 믿음으로 그 고통을 이겨 냈을 때 하나님께 더 큰 영광이 되었습니다. 육체의 질병은 절대로 하나님의 뜻이 아니라고 말할 수 없는 것도 그런 이유에서입니다. 욥의 경우처럼 하나님께서 어떤 때는 육체의 질병을 통해 그분의 뜻을 이루기도 하십니다.

하나님께서 어떤 사람을 통해 역사하심으로써 치유가 이루어질 수도 있고, 병자 스스로가 하나님께 기도해서 나을 수도 있습니다. 그러나 어떤 치유도 영구적인 것은 아닙니다. 기적적인 치유를 경험한 사람도 결국은 모두가 죽는다는 뜻입니다. 다만 하나님께서 자신의 특별한 목적에 따라 그때그때 치유해 주십니다.

치유의 은사를 받은 사람은 하나님의 도구입니다. 그들은 하나님의 쓰임을 받아 정신적 질병, 심리적 질병, 육체적 질병, 영적인 질병을 고칩니다. 기도를 통해, 상담을 통해, 특수한 의학 기술을 통해, 하나님의 말씀을 통해 사람들을 치유할 수 있는 은사를 받은 사람들은 그 은사를 잘 계발하여 예수 그리스도의 몸을 세우는 데 힘써야 합니다. 여러분 자신에게 하나님께서 어떤 종류의 치유의 은사를 주셨는지를 발견해서 그것을 교회와 주님의 나라를 위해 귀하게 쓸 수 있기를 간절히 소망합니다.

기적의 은사

"어떤 사람에게는 성령으로 말미암아 지혜의 말씀을, 어떤 사람에게는 같은 성령을 따라 지식의 말씀을, 다른 사람에게는 같은 성령으로 믿음을, 어떤 사람에게는 한 성령으로 병 고치는 은사를, 어떤 사람에게는 능력 행함을, 어떤 사람에게는 예언함을, 어떤 사람에게는 영들 분별함을, 다른 사람에게는 각종 방언 말함을, 어떤 사람에게는 방언들 통역함을 주시나나 이 모든 일은 같은 한 성령이 행하사 그의 뜻대로 각 사람에게 나누어 주시는 것이니라" 고전 12:8-11

여러분은 고린도전서 12장에 소개된 여러 은사 중 어떤 은사를 가장 받고 싶은가요? 혹시 10절에 나온 '능력 행함'의 은사는 아닌가요?

"어떤 사람에게는 능력 행함을, 어떤 사람에게는 예언함을, 어떤 사람에게는 영들 분별함을, 다른 사람에게는 각종 방언 말함을, 어떤 사람에게는 방언들 통역함을 주시나니"(고전 12:10).

여기서의 '능력'이란 '기적'을 뜻합니다. 많은 사람들이 능력을 행하는 은사, 즉 기적을 행하는 은사를 갖고 싶어 합니다. 어떤 사람이 크고 작은 기적을 행한다고 할 때, 사람들은 모두 그를 우러러 봅니다. 그러나 실제로 기적의 은사를 받은 사람은 그리 많지 않습니다.

기적의
종류

'기적의 은사'란 하나님께서 주신 '초자연적인 사건을 일으킬 수 있는 능력'을 말합니다. '초자연적 사건'은 보통 사람들이 생각하고 이해하는 자연의 순리를 뛰어넘는 믿을 수 없을 정도로 놀라운 일을 가리킵니다.

성경에 나타난 기적은 크게 두 가지입니다. 첫 번째는 '인간에 대한 기적'입니다. 이는 자연계에 있는 사람에게 초자연적인 사건이 나타나는 것을 의미합니다. 죽은 사람을 살리는 것과 치료 불가능한 병이 완치되는 일 등입니다. 성경에는 이러한 사례가 많습니다.

또 다른 하나는 '자연에 대한 기적'입니다. 이것은 자연계에 초자연적인 사건이 일어나는 것입니다. 엘리사가 물에 빠진 도끼를 떠오르게 한 사건이나 예수님이 저주하신 무화과나무가 곧바로 말라 버린 사건, 사나운 풍랑이 일던 바다가 예수님의 명령으로 잔잔해진 사건, 그리고 홍해가 갈라지고 대낮에 해가 멈추어 버린 사건 등이 자연계에 나타난 기적입니다.

기적의
정의

기적에 대해 연구하면서 저는 사람마다 기적에 대한 정의를 다르게 내린다는 사실을 발견했습니다. 먼저 포괄적인 의미에 해당하는 '주관적인 기적'의 예를 들어 보겠습니다.

캐서린 쿨만(Cathryn Kuhlman)이라는 부인은 금요일마다 기적 예배를 드렸다고 합니다. 여기서 말하는 기적은 놀랍고 희한한 사건입니다. 가령 어린아이가 아이스크림이 먹고 싶은데, 500원이 모자랍니다. 아이가 500원만 더 있으면 좋겠다고 생각했는데, 땅바닥에 500원 짜리 동전 하나가 떨어져 있습니다. 쿨만 부인은 이런 작은 일도 기적이라고 말합니다. 그녀는 암이 완치되는 것, 오늘 하루 아프지 않고 건강하게 지낸 것, 영적인 거듭남, 아기가 태어나는 것, 생선 가시를 삼켰는데 목에 걸리지 않고 잘 넘어간 것 등 자신이 볼 때 놀라운 일들은 모두 다 '기적'이라고 부릅니다. 기적 속에 이런 사소한 일상을 다 포함시킨다면 사실 우리 모두의 삶은 기적으로 가득 차 있다고도 볼 수 있습니다.

알렌이라는 목사 역시 주관적인 기적의 개념을 갖고 있었습니다. 그는 병이 낫는 것, 영혼이 치유되는 것, 슬픔으로 가득 차 있던 사람의 마음에 기쁨이 찾아오는 것 등이 맹인이 눈을 뜨는 것과 똑같은 기적이라고 말합니다. 쿨만 여사처럼 기적의 의미를 매우 넓게 잡은 것입니다. 기적을 유달리 강조하는 함바드라는 목사는 100만 불짜리 건물을 지으려 할 때, 그 공사를 맡아서 해 주겠다는 건축 회사를 만나게 된 것도 기적이라고 했습니다.

이러한 기적은 우리가 생각하는 기적과는 많이 다릅니다. 주관적인 기적은 우리가 차를 타고 가다가 반대편에서 오는 차와 부딪치지 않고 아슬아슬하게 지나갔을 때 "아, 기적이다!"라고 말할 때의 기적과 비슷합니다. 더 정확히 표현하자면 이런 때는 기적이라기보다는 '기적적'이라고 해야 맞습니다. '기적'과 '기적적'인 것을 구별하지 않고 같은 뜻으로 사용하기 때문에 주관적인 기적을 강조하는 사람에게는 유난히 기적이 많이 찾아옵니다.

기적에는 '객관적인 기적'도 있습니다. 이것은 누가 봐도 기적인, 그

야말로 초자연적 사건입니다. 이런 기적은 자주 나타나지 않습니다. 하나님의 능력으로 초자연적인 사건이 나타났던 대표적인 예로 어떤 사건이 떠오르시나요? 저는 예수님께서 죽은 지 나흘째 되는 나사로를 무덤에서 나오라고 명하시며 다시 살리신 사건이 생각납니다. 이 사건은 예수님의 제자들과 바리새인들과 그 동네 사람들 모두가 목격한 기적이었습니다. 이로 인해 많은 유대인들이 예수님을 믿게 되었고, 대제사장과 바리새인들은 예수님을 죽이려고 모의하기에 이릅니다. 이렇게 누가 보아도 분명하게 증명할 수 있는 초자연적 사건을 '객관적인 기적'이라고 합니다. 즉, 눈으로 확인되는 기적입니다.

우리말 성경에는 '기적'이라는 말이 있지만, 성경 원문에는 주로 '징표', '이사(異事)'를 뜻하는 단어가 쓰입니다. 성경 역사를 살펴보면 특별히 기적이 나타났던 시기가 있습니다. 아브라함 때는 소돔과 고모라가 없어지는 파괴의 기적이 있었고, 노아 시대에는 홍수의 기적이 있었으며, 모세 시대에도 많은 기적이 나타났습니다. 그 후 800년 정도 기록된 기적이 없다가 엘리야와 엘리사 시대에 다시 기적이 일어났습니다. 그 후에는 다니엘 시대와 예수님 시대, 그리고 사도 시대에 기적이 나타났고, 그 후로는 거의 기적이 나타나지 않았습니다.

가끔 어떤 사람이 기적으로 질병을 고치고 죽은 사람을 살려 냈다는 이야기가 들려오기는 합니다. 여러 해 전에 인도네시아에서 많은 기적이 일어나 교회가 크게 부흥이 된 일이 있었습니다. 당시 학자들과 신문 기자들이 가서 조사하고 발표하는 바람에 한동안 떠들썩했습니다. 이 사건에 대한 의견은 가지각색이었습니다. 어떤 사람은 정말 죽은 사람이 살아난 것이라 하고, 어떤 사람은 혼수상태에 있던 사람이 회복된 것이라 주장했습니다. 무엇이 옳은지는 판단할 수 없지만, 요즘은 이런 객관적인 기적이 흔하지 않다는 것만은 분명합니다.

하나님의 기적은 주관적으로나 객관적으로나 틀림없는 기적입니다. 하나님께서 원하고 행하시면 기적은 언제 어디서든 일어날 수 있습니다. 무한한 능력의 하나님이시기 때문입니다. 우리 중 누구에게 그런 은사를 주셨는지 모르지만, 하나님께서 필요하다고 생각하시면 누구든 택하여 기적의 은사를 통해 하나님의 일에 사용하실 것입니다.

성경 속 기적의 특징들

신약 성경에 나타난 기적들을 하나씩 살펴보면서 성경 속 기적의 열 가지 특징을 정리해 보았습니다.

첫째, 기적은 인간에게 도움을 줄 수도 있고 해를 끼칠 수도 있습니다. 우리는 대개 기적이라는 말을 불치병이 낫는 것과 쉽게 연결시킵니다. 실상은 죽는 것도 기적일 수 있고 병드는 것도 기적일 수 있습니다. 엘루마라는 사람은 사도 바울의 말 한마디에 소경이 되었습니다. 세례 요한의 아버지 사가랴는 천사의 말 한마디로 벙어리가 되기도 했습니다. 이렇게 하나님의 기적의 역사는 인간에게 유익할 수도 있고 해가 될 수도 있습니다. 즉, 기적의 기준은 사람에게 있지 않고 하나님께 있습니다.

둘째, 기적은 즉각적입니다. 앉은뱅이를 위해 기도했는데, 그 사람의 발이 조금 따뜻해지더니 이틀 후에는 간질간질해지고, 일주일 후에 한두 걸음 걷다가 한 달이 지나 완전히 제대로 걷게 되었다는 기록은 성경에 없습니다. 이런 경우는 하나님이 행하신 기적이라고 말할 수 없습니다. 하나님께서 행하신 기적은 순차적이지 않고 즉각적으로 이루어집니다. 하나님께서 기적을 행하시면 앉은뱅이가 다리가 전혀 아프지 않았던 사람처럼 그 자리에서 벌떡 일어나 걸을 수 있습니다.

셋째, 기적은 완전합니다. 병이 절반쯤 혹은 4분의 1쯤 낫는 것이 아니라 완전히 치료됩니다. 앉은뱅이도 하나님의 기적의 역사로 자리에서 일어서면 곧바로 걷고 뛰며 주님을 찬양할 수 있습니다.

넷째, 기적은 공개적입니다. 누구나 보고 알 수 있다는 뜻입니다. 소경이 눈을 뜨고 앉은뱅이가 일어서서 걷는 것은 누가 보아도 기적임을 알 수 있습니다. 은밀한 구석에서 아무도 모르는 기적이 나타나 한두 사람만 아는 일이 아닙니다. 누구나 볼 수 있고 인정할 수 있습니다. 이 사실에 대해서만은 논란이 없습니다.

다섯째, 하나님의 기적은 실패가 없습니다. 하나님께서 역사하셔서 일어나는 기적은 절대 실패하지 않습니다. 이 사람의 병은 나았는데

저 사람의 병은 안 낫는다는 것은 말이 안 됩니다. 하나님께서 역사하시면 틀림없이 완전하게 낫습니다.

여섯째, 기적은 믿음의 유무와 관계가 없습니다. 물론 어떤 기적은 당사자가 신실한 믿음을 갖고 있었기 때문에 가능하기도 합니다. 그러나 믿음이 없고 기대도 하지 않았는데 놀라운 기적이 일어나는 경우도 있습니다. 사도 바울이 명령하니 앉은뱅이가 일어나 걸었습니다. 하나님께서 하려고 하시면 믿음이 있든 없든 기적이 일어납니다. 이 또한 기준이 사람에게 있지 않고 하나님께 있기 때문입니다.

일곱째, 기적에는 제한이 없습니다. 제한이 없다는 말은 어떤 종류의 기적이든 다 가능하다는 뜻입니다. 사나운 파도가 멈추고, 무화과나무가 말라 죽고, 죽은 사람이 살아나는 등 하나님께서 역사하시면 어떤 일이든 일어날 수 있습니다.

여덟째, 기적을 행하는 사람을 결정하시는 분은 하나님입니다. 구약 시대에는 주로 선지자가 기적을 행하였고, 신약 시대에는 주로 사도들이 기적을 행했습니다. 내가 원한다고 해서 무작정 기적을 행할 수 있는 것이 아닙니다. 하나님께서 택하신 사람만이 가능합니다.

아홉째, 기적의 대상은 그 자리에 있으나 없으나 상관없습니다. 백부장이 자기 집 하인의 병을 고쳐 달라고 예수님께 간구했을 때 하인은 그 자리에 없었습니다. 그러나 백부장의 믿음대로 하인의 병은 나았습니다. 예수님께서 직접 안수해 주셔야만 기적이 나타나는 것은 아닙니다. 하나님께서 기적을 보이고자 하시면 물리적 거리는 상관이 없습니다.

열째, 기적은 하나님께서 원하실 때 언제든지 나타납니다. 고함을 지르며 큰소리로 기도하든 소곤소곤 기도하든 하나님께서 원하시면 언제든지 기적이 일어납니다. 예수님께서 일어나라 명하시면 앉은뱅이라도 즉시 일어나게 됩니다. 반드시 영적으로 뜨거운 상태여야만 기적이 일어나는 게 아닙니다. 하나님께서 원하시면 즉각적으로 기적이 일어납니다. 하나님께서는 필요할 때 자신의 놀라운 능력을 보이시고 그분의 살아 계심을 나타내십니다. 이런 능력의 하나님을 우리가 믿는다는 것이 얼마나 감사한지 모릅니다.

귀신 쫓는 은사

"예수께서 바다 건너편 거라사인의 지방에 이르러 배에서 나오시매 곧 더러운 귀신 들린 사람이 무덤 사이에서 나와 예수를 만나니라 그 사람은 무덤 사이에 거처하는데 이제는 아무도 그를 쇠사슬로도 맬 수 없게 되었으니 이는 여러 번 고랑과 쇠사슬에 매였어도 쇠사슬을 끊고 고랑을 깨뜨렸음이러라 그리하여 아무도 그를 제어할 힘이 없는지라 밤낮 무덤 사이에서나 산에서나 늘 소리 지르며 돌로 자기의 몸을 해치고 있었더라 그가 멀리서 예수를 보고 달려와 절하며 큰 소리로 부르짖어 이르되 지극히 높으신 하나님의 아들 예수여 나와 당신이 무슨 상관이 있나이까 원하건대 하나님 앞에 맹세하고 나를 괴롭히지 마옵소서 하니 이는 예수께서 이미 그에게 이르시기를 더러운 귀신아 그 사람에게서 나오라 하셨음이라 이에 물으시되 네 이름이 무엇이냐 이르되 내 이름은 군대니 우리가 많음이니이다 하고 자기를 그 지방에서 내보내지 마시기를 간구하더니 마침 거기 돼지의 큰 떼가 산 곁에서 먹고 있는지라 이에 간구하여 이르되 우리를 돼지에게로 보내어 들어가게 하소서 하니 허락하신대 더러운 귀신들이 나와서 돼지에게로 들어가매 거의 이천 마리 되는 떼가 바다를 향하여 비탈로 내리달아 바다에서 몰사하거늘" 막 5:1-13

성령께서 허락하신 은사 중에는 귀신을 쫓는 특별한 은사도 있습니다. 이것은 말 그대로 귀신을 쫓아내는 능력입니다. 성경에서는 이 능력을 은사라고 표현하지는 않지만, 하나님께서 교회를 위해 허락하신 은사의 범주에 넣고 함께 생각해 보고자 합니다.

복음서에 나타난
귀신 쫓은 사건들

귀신을 쫓은 사건은 성경에 많이 나옵니다. 예수님께서도 친히 귀신을 쫓으셨고, 열두 제자에게도 그런 능력이 있었습니다. 누가복음 10장에서도 예수님께서 따로 칠십 인을 세우시고 가시려는 동네와 지역으로 친히 둘씩 보내시며 귀신 쫓는 능력을 비롯해 여러 권능을 허락하셨습니다. 사도 바울도 귀신을 쫓는 능력이 있었습니다. 복음서에 나타난 사례 중 예수님께서 귀신을 쫓은 아홉 번의 사건을 먼저 추적해 보겠습니다.

첫째, 마가복음 1장 21-28절에 귀신을 쫓은 사건이 있습니다. 예수님께서 가버나움 회당에 들어가 가르치실 때, 더러운 귀신 들린 사람이 회당에 나타나 "예수여 우리가 당신과 무슨 상관이 있나이까 우리를 멸하러 왔나이까?" 하며 소리를 질렀습니다. 마치 예배 시간에 귀신 들린 사람이 일어나서 떠들고 소란을 피우는 것처럼 말입니다. 그때 예수님께서 귀신을 꾸짖어 이르시되 "잠잠하고 그 사람에게서 나오라"고 말씀하십니다. 그랬더니 귀신이 그 사람에게 경련을 일으키고는 큰 소리를 지르며 나왔습니다.

둘째, 누가복음 8장 2절에 귀신을 쫓은 사건이 기록되어 있습니다. 이 구절에서는 일곱 귀신이 나간 막달라인이라 하는 마리아를 소개합니다.

"또한 악귀를 쫓아내심과 병 고침을 받은 어떤 여자들 곧 일곱 귀신이 나간 자 막달라인이라 하는 마리아와"(눅 8:2).

귀신은 영적인 존재이기 때문에 한 육체 속에 일곱이 아니라 수백도 들어가서 그 사람을 결박할 수 있습니다. 막달라 마리아는 예수님을 만나 병 고침을 받고 귀신에게서 해방된 후, 예수님을 끝까지 따라다녔습니다.

셋째, 마태복음 12장 22-29절에서 귀신 들려 눈멀고 말 못하는 사람을 예수님께서 고치십니다. 예수님께서 행하신 기적을 보고 사람들이 예수님을 '다윗의 자손'이라 말한 것과 달리 바리새인들은 귀신의 왕 바알세불을 힘입고 귀신을 쫓아냈다고 음해했습니다.

넷째, 마태복음 8장 28-34절에도 귀신 들린 사람이 등장합니다. 귀신 들린 사람 둘이 무덤 사이에서 나와 몹시 사나운 행동을 하곤 하였는데, 때마침 그 앞을 지나가시는 예수님을 만나게 됩니다. 그들은 예수님을 알아보고 "하나님의 아들이여"라고 말합니다. 이런 통찰력은 귀신 들린 사람들의 특징 중 하나입니다.

다섯째, 마태복음 9장 32-33절에서도 귀신 들려 말 못하는 사람을 예수님께서 고치셨습니다. 예수님이 귀신을 쫓으셨기 때문에 말을 못하던 사람이 드디어 말을 하게 됩니다.

"그들이 나갈 때에 귀신 들려 말 못하는 사람을 예수께 데려오니 귀신이 쫓겨나고 말 못하는 사람이 말하거늘 무리가 놀랍게 여겨 이르되 이스라엘 가운데서 이런 일을 본 적이 없다 하되"(마 9:32-33).

여섯째, 마가복음 7장 25-35절에는 귀신 들린 어린 딸을 둔 수로보니게 여인이 등장합니다. 수로보니게 여인은 예수님의 발아래 납작 엎드려 아이를 고쳐 달라고 간청합니다. 예수님께서는 여인의 믿음을 보시고, 딸아이 몸에서 귀신을 쫓아내는 기적을 행하십니다.

일곱째, 마태복음 17장 14-20절에는 좀 더 흥미로운 사건이 등장합니다. 예수님께서 변화산에서 기도하시는 동안 제자들이 어떤 사람의 아들을 사로잡고 있는 귀신을 쫓아내려고 노력하고 있었습니다. 그러나 아무리 애를 써도 귀신을 쫓아내지 못했습니다. 예수님께서 변화산에서 내려오시자 아이 아버지가 달려와 간청합니다. 그러자 예수님이 귀신을 꾸짖어 쫓아내시면서 이러한 일은 기도를 통해 성령의 능력으로 할 수 있다고 말씀하십니다.

여덟째, 누가복음 11장 14절에서는 예수님께서 귀신 들려 말을 못하게 된 사람에게서 귀신을 쫓아내십니다. 그러자 말을 못했던 사람이 말을 하게 되었고, 함께 있던 사람들이 깜짝 놀랍니다.

"예수께서 한 말 못하게 하는 귀신을 쫓아내시니 귀신이 나가매 말 못하는 사람이 말하는지라 무리들이 놀랍게 여겼으나"(눅 11:14).

아홉째, 누가복음 13장 10-21절에서도 예수님께서 귀신 들린 사람을 치료하십니다. 18년 동안 귀신이 들려 온몸이 꼬부라져 조금도 펴지 못하는 한 여인을 예수님께서 고치십니다. 이때 회당장이 예수님이 안식일에 병을 고쳤다며 분을 냅니다. 그러자 예수님께서 "열여덟 해 동안 사탄에게 매인 바 된 이 아브라함의 딸을 안식일에 이 매임에서 푸는 것이 합당하지 아니하냐"라고 반문하십니다. 예수님께서 이 말씀을 하니 반대하던 모든 자들은 부끄러워하고 온 무리는 그가 하시는 영광스러운 일을 기뻐했습니다.

지금까지 살펴본 바와 같이 예수님이 살던 당시에는 귀신 들려 고생하는 사람이 아주 많았습니다. 예수님 시대 이후 사도 시대, 그리고 지금까지도 귀신 들린 사람은 여전히 존재합니다.

다만 우리는 조심해야 합니다. 다른 사람에게서 이상한 증세를 발견했을 때 무조건 귀신이 들려서 그렇다고 판단해서는 안 됩니다. 즉, 정신이 이상한 사람과 귀신 들린 사람을 잘 구별해야 합니다. 그러면 마가복음 5장을 중심으로 귀신 들린 사람에게서 나타나는 여덟 가지 특징을 살펴보겠습니다.

첫째, 악령이 그 사람 속에 거주합니다. 마가복음 5장 2절에는 "더러운 귀신 들린 사람"이라는 표현이 나옵니다. 정신이 이상한 사람과는 달리 귀신 들린 사람에게는 악한 영이 들어가 있습니다.

"배에서 나오시매 곧 더러운 귀신 들린 사람이 무덤 사이에서 나와 예수를 만나니라"(막 5:2).

둘째, 굉장한 힘이 있습니다. 3절에서는 "아무도 그를 쇠사슬로도 맬 수 없게 되었으니"라고 기록하고 있고, 4절에서는 그 사람이 여러 번 쇠사슬을 끊고 고랑을 깨뜨렸다고 말씀합니다.

"그 사람은 무덤 사이에 거처하는데 이제는 아무도 그를 쇠사슬로도 맬 수 없게 되었으니 이는 여러 번 고랑과 쇠사슬에 매였어도 쇠사슬을 끊고 고랑을 깨뜨렸음이러라 그리하여 아무도 그를 제어할 힘이 없는지라"(막 5:3-4).

귀신 들린 사람은 보통 사람이 감당할 수 없을 정도의 괴력을 지닙니다. 악령은 본디 타락한 천사입니다. 천사는 창조될 때부터 엄청난 능력을 받은 존재이기 때문에, 사람이 타락한 천사인 악령의 힘을 감당할 수는 없습니다.

셋째, 발작을 합니다. 4절 후반부와 5절을 보십시오. "아무도 그를 제어할 힘이 없는지라 밤낮 무덤 사이에서나 산에서나 늘 소리 지르며 돌로 자기의 몸을 해치고 있었더라"고 기록합니다. 악령이 한번 발작을 하면 무고한 사람을 해칠 수도 있습니다. 이전에 권사인 제 형수님이 한 구역을 맡으셨는데, 구역에 속한 한 가정에 귀신 들린 여인이 있었습니다. 형수님이 그 집에 가서 기도하려고 하면 그 여인이 사납게 덤벼들었다고 합니다. 그래서 더 큰 소리로 기도를 하면 악령의 발작이 수그러들고 꼼짝 못한 채 앉아 있었다고 합니다.

넷째, 이중 성품이 있습니다. 6-7절에 보면 귀신 들린 사람이 멀리서 달려와 예수를 보고 절하며 큰 소리로 "지극히 높으신 하나님의 아들 예수여 나와 당신이 무슨 상관이 있나이까 원하건대 하나님 앞에 맹세하고 나를 괴롭히지 마옵소서"라고 부르짖습니다. 쫓아와서 굴복하듯 절하고는 이내 자기를 괴롭히지 말라고 부탁합니다. 자기 마음대로 살게 내버려 두라는 것입니다. 두 개의 실체가 한 악령 안에 들어 있어 모순된 성품을 나타냅니다.

다섯째, 영적인 것을 싫어합니다. 영적인 것이란 거룩한 것을 의미합니다. 악한 영은 기도하는 것이나 목사가 찾아오는 것을 끔찍하게 싫어합니다. 예수님을 믿는 사람을 아주 싫어합니다. 예수 그리스도의 능력을 두려워하기 때문입니다. 그래서 자신이 들어가 있는 사람을 예수님으로부터 멀리 떨어뜨려 놓기 위해 수단과 방법을 가리지 않습니다.

여섯째, 통찰력이 있습니다. 다른 사람들은 알아채지 못하는데 귀신은 곧바로 "지극히 높으신 하나님의 아들 예수여"라고 고백했습니다. 점치는 사람들이 상대방의 얼굴만 보고 문제나 고민을 알아맞히는 것도 이 악령의 힘 때문입니다. 그러나 아무리 잘 알아맞힌다 하더라도 점쟁이는 악한 영이 이끄는 대로 따라다니는 하수인에 불과합니다. 점을 보는 것은 생명이 아닌 죽음으로 가는 첩경이니 늘 경계해야 합니다. 이렇듯 악령은 영적인 것을 보는 통찰력은 있지만, 하나님의 뜻과 섭리는 알지 못합니다.

일곱째, 다른 목소리를 냅니다. 예수님께서 귀신 들린 사람을 향해 네 이름이 무엇이냐고 물었을 때 그가 "내 이름은 군대니"라고 답합니다. 이 대답을 하는 존재는 악령입니다. 이 소리는 귀신 들린 사람의 것이 아니라 귀신 자체의 목소리입니다.

여덟째, 귀신은 다른 곳으로 옮겨 다닐 수 있습니다. 13절에서 귀신은 사람에게 있다가 짐승인 돼지에게로 들어갑니다. 즉, 귀신은 이 사람에게 들어 있다가 저 사람에게로 옮겨 갈 수도 있고, 자유롭게 이주할 수 있는 특징이 있습니다.

"허락하신대 더러운 귀신들이 나와서 돼지에게로 들어가매 거의 이천 마리 되는 떼가 바다를 향하여 비탈로 내리달아 바다에서 몰사하거 늘"(막 5:13).

누군가에게 이 같은 특징이 나타나면 그에게 악한 영이 들어 있다는 것을 짐작할 수 있습니다. 그러나 귀신은 예수 그리스도의 이름으로 쫓아낼 수 있습니다. 또 성령의 능력으로도 쫓아낼 수 있습니다. 예수님은 악령을 능히 이기고 멸할 수 있는 분입니다. 그리스도의 종들 또한 예수님의 이름으로 악령을 이길 수 있습니다. 그러나 이 은사는 많은 사람에게 허락되지는 않았습니다. 비록 우리가 악령을 쫓아내는 은사는 받지 못했다 할지라도, 언제나 그리스도인들을 넘어뜨리려 하는 악령의 세력에 대항할 힘은 갖추고 있어야 합니다.

"우리의 씨름은 혈과 육을 상대하는 것이 아니요 통치자들과 권세들과 이 어둠의 세상 주관자들과 하늘에 있는 악의 영들을 상대함이라"(엡 6:12).

날마다 예수 그리스도의 힘과 성령의 능력으로 강건하게 살아갈 때 악한 세력은 우리를 감히 넘볼 수 없습니다. 그러나 남을 용서하지 못한 채 미워하고, 의도적으로 악을 행하면 악령의 유혹을 받을 가능성이 큽니다.

예전에 지인 한 분과 대화하면서 교회를 잘 다니고 있는지를 물었는데, 교회에 나가지 않은 지 2년쯤 되었다고 합니다. 그 이유를 물었더니 교인 중 한 사람에게 상처를 받았고, 도저히 그를 용서할 수가 없어서라고 했습니다. 용서하지 못하겠는데 교회 가서 기도를 하려니 몹시 괴로웠던 것입니다. 그러니 자연히 교회에 나가지 않게 되었습니다. 자기를 괴롭힌 사람을 2년 동안 용서하지 못하고, 그 사람만 생각하면 괴롭고, 그래서 교회에 나가기 싫고…. 이런 상황은 아주 위험합니다. 스스로 악령에게 길을 터 주고 있는 것입니다. 저는 그분에게 당장 회개하고 그를 용서하라고 권고했습니다. 사탄은 용서하지 않는 마음을 아주 좋아합니다. 그런 사람에게는 악령이 들어와 무슨 짓을 할지 모릅니다.

악령이 들어올 수 있는 통로를 열어 놓는 것은 너무나 위험천만한 일입니다. 우리는 하나님 앞에서 늘 마음을 깨끗하게 하고, 주님 말씀을 묵상하며, 성령의 감동 안에서 살아가야 합니다. 하나님의 능력으로, 예수 그리스도의 능력으로, 성령의 충만함을 통해 절대로 악령이 넘볼 수 없는 강한 믿음의 삶을 사는 여러분이 되기를 진심으로 소망합니다.

방언과 통역의 은사

"오순절 날이 이미 이르매 그들이 다 같이 한 곳에 모였더니 홀연히 하늘로부터 급하고 강한 바람 같은 소리가 있어 그들이 앉은 온 집에 가득하며 마치 불의 혀처럼 갈라지는 것들이 그들에게 보여 각 사람 위에 하나씩 임하여 있더니 그들이 다 성령의 충만함을 받고 성령이 말하게 하심을 따라 다른 언어들로 말하기를 시작하니라 그때에 경건한 유대인들이 천하 각국으로부터 와서 예루살렘에 머물러 있더니 이 소리가 나매 큰 무리가 모여 각각 자기의 방언으로 제자들이 말하는 것을 듣고 소동하여 다 놀라 신기하게 여겨 이르되 보라 이 말하는 사람들이 다 갈릴리 사람이 아니냐 우리가 우리 각 사람이 난 곳 방언으로 듣게 되는 것이 어찌 됨이냐 우리는 바대인과 메대인과 엘람인과 또 메소보다미아, 유대와 갑바도기아, 본도와 아시아, 브루기아와 밤빌리아, 애굽과 및 구레네에 가까운 리비야 여러 지방에 사는 사람들과 로마로부터 온 나그네 곧 유대인과 유대교에 들어온 사람들과 그레데인과 아라비아인들이라 우리가 다 우리의 각 언어로 하나님의 큰 일을 말함을 듣는도다 하고 다 놀라며 당황하여 서로 이르되 이 어찌 된 일이냐 하며 또 어떤 이들은 조롱하여 이르되 그들이 새 술에 취하였다 하더라"

행 2:1-13

성령의 은사 중 가장 많이 언급되고 강조되는 것이 방언의 은사입니다. 이번 장에서는 사도행전 2장과 고린도전서 12-14장을 중심으로 방언과 통역의 은사에 대해 살펴보고자 합니다. 방언의 은사에 대해 구체적으로 알아보기 전에 먼저 기억해야 할 것이 있습니다. 방언을 모든 은사 중에서 가장 중요하고 대단하다고 여겨서는 안 된다는 사실입니다. 방언은 스물일곱 가지 은사들 중 하나일 뿐입니다. 한국 교회뿐만 아니라 세계적으로도 이 부분을 오해하고 있습니다. 방언의 은사가 다른 은사보다 더 중요하다는 근거는 성경 그 어디에도 없습니다.

과거에 방언 운동이 일어날 때는 크게 두 가지 면에서 방언을 강조했습니다. 우선 방언은 구원받은 증거라는 주장이 있었습니다. 이는 방언의 체험이 없으면 구원받지 못한다는 식의 극단적인 논리였습니다. 1970년대 미국에서는 그런 내용이 담긴 전단지를 배포하기도 했습니다. 오늘날에 와서는 성경 공부를 통해 이러한 주장이 잘못되었음을 깨닫게 되어 다행입니다. 방언을 받지 못한 사람이 위축될 필요도 없고, 하나님의 사랑과 자신의 신앙을 의심하지 않아도 됩니다. 방언이 구원의 증거라는 주장은 잘못된 것이기 때문입니다.

　두 번째는 방언을 하지 않으면 성령을 받지 못했다고 여겼습니다. 한때 미국의 한인 교회에서는 방언의 은사를 받은 사람들이 자기 교회 목사님이 방언의 은사를 받지 못했을 경우 교회를 떠나는 극단적인 모습을 보이기도 했습니다. 성령을 받지 못해서 방언을 하지 못한다고 판단한 것입니다. 그러나 이 주장 역시 잘못되었습니다.

　방언은 성경에 나타난 여러 은사 중 하나입니다. 다른 사람을 불쌍히 여기는 자비의 은사를 받은 사람이나 방언의 은사를 받은 사람 모두 똑같이 귀합니다. 하나님께서 주신 은사가 각기 다르기 때문에 방언의 은사만으로 다른 사람의 신앙을 판단해서는 안 됩니다.

　모든 사람이 방언을 해야 한다는 주장 역시 잘못되었습니다. 모든 사람이 다스리는 은사를 받아야 하는 것은 아닙니다. 모든 사람이 가르치는 은사를 받아야 하는 것도 아닙니다. 모든 사람이 전도의 은사를 받지 않아도 됩니다. 하나님께서 각 사람에게 그분이 원하시는 대로 각양의 은사를 주셨으므로 방언의 은사만을 중요시하면서 교회에서 분열을 일으키거나 교인들을 시험에 들게 하는 것은 바람직하지 못합니다.

　누구라도 자신의 은사만을 최고로 생각해서는 안 됩니다. 각각의 은사는 교회를 세우기 위해 하나님께서 허락하신 것이므로 자신을 세우는 데 사용하지 않아야 합니다. 감사하게도 최근에는 은사에 대한 올바른 개념이 정착되어 더욱 건전한 방향으로 각각의 은사가 사용되고 있습니다.

방언은 성령이 하시는 일입니다. 사도행전 2장 1-4절의 말씀을 살펴보겠습니다.

"오순절 날이 이미 이르매 그들이 다 같이 한 곳에 모였더니 홀연히 하늘로부터 급하고 강한 바람 같은 소리가 있어 그들이 앉은 온 집에 가득하며 마치 불의 혀처럼 갈라지는 것들이 그들에게 보여 각 사람 위에 하나씩 임하여 있더니 그들이 다 성령의 충만함을 받고 성령이 말하게 하심을 따라 다른 언어들로 말하기를 시작하니라"(행 2:1-4).

여기서 중요한 표현은 "성령이 말하게 하심을 따라"입니다. 방언은 인위적으로 되지 않습니다. 성령께서 말하게 하셔야만 가능합니다. 방언은 성령께서 말하게 하심으로 자기도 모르게 입에서 흘러나옵니다. 우리가 방언으로 말하고 싶다고 해서 하고, 하지 않고 싶다고 해서 입을 다물 수 있는 것이 아닙니다. 그다음 6절을 보십시오.

"이 소리가 나매 큰 무리가 모여 각각 자기의 방언으로 제자들이 말하는 것을 듣고 소동하여"(행 2:6).

오순절 날, 전 세계에 흩어져 있던 유대인들이 예루살렘으로 모였습니다. 9-10절에 기록된 나라들을 모두 합하면 열다섯 나라입니다.

각 나라 사람들이 예루살렘에 모였는데, 사도들이 방언을 시작하니 모두가 자기 나라 말로 그것을 들었다고 기록하고 있습니다. 이탈리아에서 온 사람은 이탈리아 말로 듣고, 프랑스에서 온 사람은 프랑스 말로 듣고, 독일에서 온 사람은 독일 말로 들은 것입니다. 놀랍고 신기한 일입니다. 이러한 역사는 과거에도 없었고 그 이후에도 없었습니다. 하나님께서 전 세계에 교회를 세우기 위해 열다섯 나라 사람들이 모였을 때 이런 놀라운 일을 일으키신 것입니다. 이때 모인 사람들이 자기 나라로 돌아가 교회를 세우기 시작했습니다.

사도 바울이 로마에 가려고 했을 때도 이미 로마에 교회가 있었습니다. 그 교회를 누가 어떻게 세운 것일까요? 사도행전 2장 10절은 로마에서 예루살렘까지 온 사람들이 있었다고 기록합니다. 그들이 사도들의 방언을 자기 나라 말로 듣고 이해했던 것입니다. 그러면 사도들이 방언으로 어떤 이야기를 했는지 살펴보겠습니다.

"우리가 다 우리의 각 언어로 하나님의 큰 일을 말함을 듣는도다 하고"(행 2:11).

하나님께서 행하신 크고 놀라운 일들을 사도들이 방언으로 말하자 열다섯 나라에서 온 사람들이 그 내용을 다 알아듣습니다. 여기서 한 가지 짚고 넘어가야 할 사실이 있습니다. 4절에서는 '다른 언어', 6절에서는 '방언', 11절에서는 '우리의 각 언어'라고 되어 있는데 이 세 가지는 조금씩 차이가 있습니다. 4절의 '다른 언어'는 우리가 알고 있는 성령께서 주시는 하나의 말인 '방언'입니다. 6절의 '방언'

과 11절의 '우리의 각 언어'는 영어로 하자면 'dialect(방언)'로 사투리와 비슷한 어떤 지역의 특수한 말을 뜻합니다. 이 두 가지를 혼동하지 않고 이해해야 합니다.

고린도전서의 방언

고린도전서 12-14장은 고린도 교회에 방언의 은사로 인한 혼란이 생기자 이를 해결하기 위해 쓴 편지입니다. 고린도전서 12-14장의 대략적인 구조를 살펴보기 전에 먼저 12장 10절 말씀을 보겠습니다.

"어떤 사람에게는 능력 행함을, 어떤 사람에게는 예언함을, 어떤 사람에게는 영들 분별함을, 다른 사람에게는 각종 방언 말함을, 어떤 사람에게는 방언들 통역함을 주시나니"(고전 12:10).

하나님께서 어떤 사람에게는 방언의 은사를 주셨다고 말합니다. 12장에서는 여러 은사에 대해 길게 설명을 한 다음, 마지막 31절에서 "너희는 더욱 큰 은사를 사모하라 내가 또한 가장 좋은 길을 너희에게 보이리라"고 말씀합니다. 제일 큰 은사, 더욱 큰 은사를 사모하라고 하셨는데, 그것이 무엇일까요? 바로 이어지는 고린도전서 13장이 어떤 장인지 떠올려 보십시오. 바로 사랑입니다. 제일 큰 은사, 더욱 큰 은사는 '사랑의 은사'입니다. 방언의 은사든 기적을 행하는 은사든 그 어떤 특별한 은사라도 사랑의 은사와 접목시켜 계발해야 합니다. 많은 은사 중 가장 큰 것은 결국 사랑입니다. 여기에 우리의 희망과 위로가 있습니다.

사랑의 은사가 얼마나 중요한지는 성경에서 이에 대해 얼마만큼의 지면을 할애했는가를 보면 됩니다. 12장에서는 여러 은사를 간단하게 설명했습니다. 그러나 사랑의 은사는 13장 전체를 할애하여 설명하고 있습니다. 이로써 은사 전체에 대한 관점이 명확해집니다. 13장에서 사랑의 은사에 대해 충분히 설명한 다음, 14장에서는 다시 방언에 대해 이야기합니다. 14장 전체가 방언과 예언에 대해 언급하고 있는 이유는 무엇일까요?

사도 바울이 고린도전서를 쓴 이유 중 하나는 고린도 교회에 발생한 문제에 대해 올바른 해결책을 제시하기 위함입니다. '고린도'라는 도시는 외국인들이 수없이 드나드는 무역항이자, 우상 숭배의 도시이며, 향락의 메카였습니다. 그런데 이 항구 도시에 기독교가 전파되었고, 별의별 사람들이 다 교회로 들어왔습니다.

고린도 교회에서는 특별히 방언의 은사로 인한 문제가 심각했습니다. 고린도 교회는 방언의 은사를 크게 강조했는데, 그로 인해 교회 전체가 큰 혼란에 빠지게 되었습니다. 사도 바울은 고린도 교회의 문제를 전해 들은 후 은사에 대해 전체적으로 설명해 줄 필요가 있다고 여겼습니다.

그래서 고린도전서 12장에서부터 은사에 대해 차근차근 이야기합니다. 12장에서 사도 바울이 말하는 요지가 무엇입니까? 하나님께서 원하시는 대로 각 사람에게 성령을 주신 것이므로 특정한 은사로 교회 전체를 휘젓고 다니면 안 된다는 것입니다. 몸은 하나이지만 지체는 여럿인 것과 마찬가지로, 많은 종류의 은사가 그 나름대로의 중요성과 가치가 있고 성령께서 교회의 유익을 위해 사용하시므로 서로 존중해야 한다고 말합니다. 그리고 후반부에서 모든 은사 중 최고의 은사가 있다고 말하고는 13장에서 '사랑의 은사'에 대해 이야기합니다. 마지막으로 14장에 와서 고린도 교회의 가장 심각한 문제였던 방언의 은사에 대해 자세하게 설명하고 있습니다.

고린도 교회에서 방언의 은사가 문제가 된 이유는 무엇인가요? 방언 자체는 성령께서 주신 은사이므로 아무 문제가 없습니다. 다만 방언의 은사가 최고인 양 오해하는 사람들이 문제였습니다. 방언의 은사를 받은 사람들은 방언의 은사를 받지 못한 이들을 무시하고, 방언의 은사를 받지 못한 사람은 열등의식을 갖게 되었습니다. 사도 바울이 이 문제를 어떻게 풀어 가는지 14장 1절부터 살펴보겠습니다.

"사랑을 추구하며 신령한 것들을 사모하되 특별히 예언을 하려고 하라"
(고전 14:1).

여기서 "사랑을 추구하며"라는 말은 축구 선수가 공을 따라 달리듯 어디를 가든지 사랑을 좇아서 붙잡으라는 뜻입니다. 그리고 특별히 예언할 것을 권합니다. 왜 예언을 하라고 권할까요? 다음 절에 그 이유를 말씀합니다.

"방언을 말하는 자는 사람에게 하지 아니하고 하나님께 하나니 이는 알아듣는 자가 없고 영으로 비밀을 말함이라 그러나 예언하는 자는 사람에게 말하여 덕을 세우며 권면하며 위로하는 것이요 방언을 말하는 자는 자기의 덕을 세우고 예언하는 자는 교회의 덕을 세우나니 나는 너희가 다 방언 말하기를 원하나 특별히 예언하기를 원하노라 만일 방언을 말하는 자가 통역하여 교회의 덕을 세우지 아니하면 예언하는 자만 못하니라"(고전 14:2-5).

교회 예배 중에 다른 사람들이 알아듣지 못하는 방언을 하면 교회에 덕이 되지 않는다고 말합니다. 예를 들어서 예배 중에 마태복음 5장 8절 "마음이 청결한 자는 복이 있나니 그들이 하나님을 볼 것임이요"라는 말씀을 선포하면 온 교회가 "아멘!"으로 화답합니다. 그러나 많은 사람이 모인 곳에서 혼자만 알아들을 수 있는 방언을 하면, 다른 사람들은 전혀 알아듣지 못하니 정신없고 혼란스럽기만 할 것입니다.

반면, 예언하는 사람은 다른 이들에게 덕을 세운다고 했습니다. 덕은 곧 '은혜'입니다. 즉, 교회에서 하나님의 말씀을 서로 나누면 온 교회가 알아듣고 은혜를 받는다는 뜻입니다. 방언은 되도록이면 혼자 있을 때 하고, 사람들이 많이 모인 자리에서는 모두 알아들을 수 있는 예언, 즉 말씀을 선포하라고 권합니다.

그런데 만약의 경우, 회중 앞에서 방언을 하게 될 때는 교회에 덕을 세울 수 있도록 통역을 하라고 말합니다. 5절에서는 "방언을 말하는 자가 통역하여 교회의 덕을 세우지 아니하면 예언하는 자만 못하니라"고 말씀합니다. 성경 원문은 "못 알아듣는 방언을 하는 것보다 알아듣는 말씀을 서로 전하는 것이 훨씬 더 낫다."라는 의미로 해석

됩니다. 이제 6절을 살펴보겠습니다.

"그런즉 형제들아 내가 너희에게 나아가서 방언으로 말하고 계시나 지식이나 예언이나 가르치는 것으로 말하지 아니하면 너희에게 무엇이 유익하리요"(고전 14:6).

제가 교회에서 영어로 멋진 설교를 했다고 합시다. 교인들 중에 몇 명이나 그 내용을 제대로 알아듣고 이해할 수 있을까요? 영어 잘한다는 소리는 나올지 모르지만 은혜받았다는 말은 나오지 않을 것입니다. 이처럼 모두가 알아듣지 못하는 방언만 말하면 교회에 아무런 유익이 없습니다. 7절 말씀도 보겠습니다.

"혹 피리나 거문고와 같이 생명 없는 것이 소리를 낼 때에 그 음의 분별을 나타내지 아니하면 피리 부는 것인지 거문고 타는 것인지 어찌 알게 되리요"(고전 14:7).

악기도 그 음이 도인지 솔인지 구분이 돼야 어떤 악기인지 알 수 있는 것과 마찬가지로 방언도 알아들을 수 있게 통역해서 풀어 주어야 한다는 의미입니다. 9절을 보십시오.

"이와 같이 너희도 혀로써 알아듣기 쉬운 말을 하지 아니하면 그 말하는 것을 어찌 알리요 이는 허공에다 말하는 것이라"(고전 14:9).

사람들이 많이 모인 데서 알아듣지 못하는 말을 하게 되면 허공에 말하는 것과 같다는 뜻입니다. 10-11절도 함께 보십시오.

"이같이 세상에 소리의 종류가 많으나 뜻 없는 소리는 없나니 그러므로 내가 그 소리의 뜻을 알지 못하면 내가 말하는 자에게 외국인이 되고 말하는 자도 내게 외국인이 되리니"(고전 14:10-11).

악기도 그 나름의 소리가 있고 짐승도 자기 노래가 있는데, 다른 사람 앞에서 알아듣지도 못하는 말을 하면 마치 외국인 또는 야만인이 떠드는 것과 같지 않겠느냐는 말입니다. 사도 바울은 이처럼 방언에 대해 아주 명확하게 가르쳐 주고 있습니다. 12절에서는 "그러므로 너희도 영적인 것을 사모하는 자인즉 교회의 덕을 세우기 위하여 그것이 풍성하기를 구하라"고 말씀합니다. 앞에서 교회에 덕을 세우려면 예언을 해야 한다고 했습니다. 그리고 만약 방언을 해야 할 때는 통역하기를 기도하라고 했습니다. 통역을 해야만 모두가 알아들을 수 있기 때문입니다. 이제 23절을 살펴보겠습니다.

"그러므로 온 교회가 함께 모여 다 방언으로 말하면 알지 못하는 자들이나 믿지 아니하는 자들이 들어와서 너희를 미쳤다 하지 아니하겠느냐"(고전 14:23).

여기서 "알지 못하는 자들"이란 방언의 은사를 받지 못한 사람들입니다. 홀로 있을 때가 아니라 온 교회가 모였을 때 알아듣지 못하는 방언을 하면, 방언의 은사를 받지 못한 사람들이나 믿지 않는 사람들이 들을 때 예수 믿는 사람들을 미쳤다고 생각할 것입니다. 그러면 당연히 교회에 덕과 은혜가 되지 않으며, 불신자들이 구원받을 기회를 차단하게 됩니다.

저는 이런 일을 실제로 경험했습니다. 제가 미국인 친구에게 복음을 전하기 위해 집을 방문한 적이 있습니다. 친구는 여러 가지 질문을 메모지에 적어 놓고 저를 기다리고 있었습니다. 첫 번째 질문이 "왜 예수쟁이들은 미쳤느냐?"였습니다. 왜 그런 질문을 했는지 물으니, 자기가 친구 따라서 교회에 처음 가 봤는데 예배 시간에 온 교회 사람들이 방언을 하더라는 것입니다. 큰 충격을 받아서 그 이후로 교회에 가지 않았다고 합니다. 그러면서 예수 믿는 사람들은 왜 그렇게 뛰고 소리 지르고 미친 사람처럼 행동하느냐고 물었습니다. 예수 믿어서 구원받은 신앙의 형제들을 미쳤다고 말하니 제 기분도 무척 착잡했습니다. 그래서 "당신네 믿지 않는 사람들도 미친 것은 마찬가지 아닙니까? 가끔 미식축구 시합을 보면 작은 가죽 공 하나를 골대에 넣었다고 모두들 웃통 벗고 야단법석이잖아요. 텔레비전 소리를 꺼 놓고 화면만 보면 진짜 미친 사람들 같더라고요."라고 말했습니다. 교회에서 미치나 미식축구장에서 미치나 마찬가지 아니냐고 했더니, 그건 그렇다고 수긍했습니다. 다행히 그 친구는 나중에 예수님을 믿게 되었습니다. 저도 곰곰이 생각해 보니 친구가 처음 교회에 가서 사람들이 방언하는 모습을 보고 사도 바울이 말한 것처럼 미쳤다고 생각한 게 조금 이해되었습니다. 이처럼 방언은 자신에게는 은혜가 되지만 다른 사람에게는 덕이 안 되므로 사람들이 모였을 때는 하지 않는 것이 좋습니다.

"그런즉 형제들아 어찌할까 너희가 모일 때에 각각 찬송시도 있으며 가르치는 말씀도 있으며 계시도 있으며 방언도 있으며 통역함도 있나니 모든 것을 덕을 세우기 위하여 하라"(고전 14:26).

우리는 자기 자신을 위해 존재하는 사람들이 아니라 하나님을 위해 존재하는 사람들입니다. 그러므로 하나님이 주신 은사를 사용할 때도 나 혼자 무아지경에 빠지지 말고 온 교회에 은혜를 끼치도록 행동해야 합니다. 27절은 "만일 누가 방언으로 말하거든 두 사람이나 많아야 세 사람이 차례를 따라 하고 한 사람이 통역할 것이요"라고 말씀합니다. 만약 방언을 할 경우에는 두 명이나 세 명이 차례에 따라 하되, 반드시 통역을 하게 하라는 뜻입니다. 28절에서는 통역의 은사를 받은 사람이 없으면 방언을 하지 말고 잠잠하라고 권합니다. 사도 바울이 가르쳐 준 대로만 한다면 교회 전체에 덕이 될 것입니다. 30절 말씀을 보겠습니다.

"만일 곁에 앉아 있는 다른 이에게 계시가 있으면 먼저 하던 자는 잠잠할지니라"(고전 14:30).

이것은 방언을 하다가도 혹시 하나님께서 주시고자 하는 계시를 전하는 사람이 있으면, 방언을 멈추고 그 사람에게 하나님의 말씀을 전하게 하라는 의미입니다. 다시 말해 많은 사람이 모였을 때는 회중이 알아들을 수 있는 말씀을 우선으로 전하라는 뜻입니다.

31절에는 "너희는 다 모든 사람으로 배우게 하고 모든 사람으로 권면을 받게 하기 위하여 하나씩 하나씩 예언할 수 있느니라"고 말씀합니다. 교회에서 무엇을 하든지 혼란스럽게 하지 말고 질서 있게 순차적으로 함으로써 온 교회에 은혜가 되게 하는 것이 무엇보다 중요하다는 말씀입니다.

33절은 "하나님은 무질서의 하나님이 아니시요 오직 화평의 하나님이시니라"고 말씀합니다. 하나님은 무질서한 분이 아니라 화평한 분이시므로 우리가 받은 모든 은사들, 특별히 방언의 은사도 올바로 사용해서 서로에게 덕이 되어야 합니다.

만약에 교회에 모여 통성 기도를 한다고 합시다. 교인들 중에는 아마 방언의 은사를 받은 사람들이 있을 것입니다. 성령께서 그 사람들에게 주신 은사이니 방언의 은사 자체는 참 좋습니다. 그런데 통성 기도를 할 때 누군가 계속 방언을 하면 이 은사를 받지 않은 사람은 그 소리가 신경 쓰여 기도에 집중하지 못하니 전혀 은혜가 안 됩니다. 못 알아듣는 방언이 계속해서 들리니 혼란스럽기도 합니다. 따라서 방언의 은사를 사용할 때는 통역하는 사람이 반드시 있어야 하고, 두 사람에서 세 사람이 차례대로 해야 합니다.

고린도전서 12-14장의 내용을 다시 정리해 보겠습니다. 12장에서는 은사의 내용을 차례대로 나열한 뒤, 끝 부분에서 제일 큰 은사로 사랑의 은사를 언급합니다. 이어지는 13장에서는 사랑의 은사에 대해 자세히 설명하고, 고린도 교회에 큰 문제로 지적된 방언의 은사에 대한 지침을 14장에서 설명합니다.

사도 바울이 준 지침은 무엇입니까? 모든 은사는 하나님의 교회를 세우기 위한 것입니다. 그러나 방언의 은사는 나에게만 은혜가 되는 것이니 반드시 통역하는 사람을 두어 교회를 세우고 덕을 끼치라는 것입니다. 그러므로 사람들이 다 모인 곳에서는 가능하면 방언을 하지 말고 서로 은혜가 되는, 모두가 알아듣는 말씀을 선포하라고 권합니다. 사도 바울의 이 지침이 여러분과 교회에도 큰 도움이 되길 바랍니다.

격려, 구제, 행정, 긍휼의 은사

"우리에게 주신 은혜대로 받은 은사가 각각 다르니 혹 예언이면 믿음의 분수대로, 혹 섬기는 일이면 섬기는 일로, 혹 가르치는 자면 가르치는 일로, 혹 위로하는 자면 위로하는 일로, 구제하는 자는 성실함으로, 다스리는 자는 부지런함으로, 긍휼을 베푸는 자는 즐거움으로 할 것이니라" 롬 12:6-8

이번 장에서는 '격려의 은사'에서부터 '구제의 은사', '행정의 은사', '긍휼의 은사'까지 총 네 가지의 은사를 살펴볼 것입니다. 먼저 로마서 12장 6-8절을 보겠습니다.

"우리에게 주신 은혜대로 받은 은사가 각각 다르니 혹 예언이면 믿음의 분수대로, 혹 섬기는 일이면 섬기는 일로, 혹 가르치는 자면 가르치는 일로, 혹 위로하는 자면 위로하는 일로, 구제하는 자는 성실함으로, 다스리는 자는 부지런함으로, 긍휼을 베푸는 자는 즐거움으로 할 것이니라"(롬 12:6-8).

이 가운데 8절 말씀에 소개된 은사들을 차례대로 알아보겠습니다.

격려의 은사

개역개정 성경에는 '위로하는 자'라고 번역되어 있지만, 개역한글 성경은 '권위하는 자'라고 번역합니다. 요즘 우리말에서는 '권위하다'

라는 단어를 잘 사용하지 않습니다. 한자를 보지 않으면 남을 통솔하거나 지휘하는 '권위(權威; authority)'로 오해하기도 합니다. 그러나 은사의 한 종류인 '권위(勸慰)'는 쉽게 말해 '격려'와 '위로'입니다. 즉, 권위의 은사는 다른 사람을 신앙적으로 격려하고 위로하는 은사라고 할 수 있습니다.

우리 주위에도 형제자매들을 잘 격려하고 다독이는 사람들이 있습니다. 처음 예수님을 믿는 사람 혹은 아직 믿음이 자라지 않은 사람을 만나면 먼저 다가가 격려해 주면서 교회에 금방 적응할 수 있도록 도와주는 사람들 말입니다. 그들은 교회에 처음 온 사람이 찬송가도 없이 멋쩍게 앉아 있으면 자기 찬송가를 같이 보자며 옆으로 내밉니다. 아주 작은 행동이지만 이것이 곧 신앙의 격려입니다. 교회에 처음 나온 사람에게 "안녕하세요? 잘 오셨습니다!"라든가 "처음 뵙겠습니다!"라고 인사하면서 관심을 보이는 일도 신앙의 격려입니다.

'격려의 은사'는 믿음을 북돋워서 신앙적으로 전진하도록 돌봐주는 은사입니다. 요즘처럼 격려의 은사가 필요한 시대가 또 있었나 싶습니다. 이 세상에 격려가 필요하지 않은 사람은 한 사람도 없습니다. 우리 삶 자체가 피곤하고, 인생은 고단하며, 신앙은 오르락내리락하고, 이런저런 문제는 늘 반복됩니다. 이런 삶에서 격려의 말 한마디는 사람을 북돋워 주는 힘이 됩니다. 신앙적으로도 지금은 서로서로 격려하는 일에 힘써야 할 때입니다.

"너희가 짐을 서로 지라 그리하여 그리스도의 법을 성취하라"(갈 6:2).

서로의 짐을 지는 것과 마찬가지로 서로 격려하고 위로하는 일도 필요합니다. 그리스도인이라면 모두가 격려 사역을 해야 합니다. 특별히 이러한 은사를 받은 사람들이 앞장서 주면 좋습니다. 이들은 믿음이 약한 사람, 처음 주님을 믿는 사람, 처음 교회에 나온 사람들에게로 마음이 향합니다. 또 '어떻게 하면 그들을 도울까?' 혹은 '어떻게 하면 그들을 위해 조금 더 기도하고 격려할 수 있을까?'를 생각하고 계속해서 관심을 보입니다. 만일 여러분에게 이런 마음이 있다면 당신은 격려의 은사를 받은 사람입니다. 하나님이 주신 그 은사를 최대로 계발해서 교회 성도들을 위해 사용하십시오.

신앙의 격려가 필요한 사람은 너무도 많습니다. 처음 교회에 나온 사람들뿐만 아니라 신앙생활을 잘 해 오던 사람이 낙심할 때도 누군가는 다가가서 격려해 주어야 합니다. 교회에서 어떤 일로 오해를 받거나, 다른 사람들에게 비난받고 있다면 예수님을 신실하게 잘 믿던 사람들도 낙심할 수 있습니다. 이럴 때 서로서로 격려해야 합니다. 특별히 격려의 은사를 받은 사람들이 이런 일에 더욱 힘써야 합니다.

'권위'라는 말은 영어 단어로 'exhortation'입니다. 이 단어에는 'counseling(상담)'이라는 뜻도 있습니다. 어려운 일이 있을 때 혹은 의논하고 싶은 일이 있을 때 찾아가거나 전화 걸고 싶은 사람이 있지 않습니까? 그런 사람들은 하나님께서 상담의 은사를 주셨기 때문에 사람들이 알아보고 찾아옵니다. 마치 만개한 꽃에 벌과 나비가 날아드는 것과 마찬가지입니다. 이 은사를 받은 사람들은 다른 사람을 잘 도와주고 일으켜 세워 줍니다.

저희 집 아이 중에서는 첫째와 셋째가 특히 그렇습니다. 고등학교 다닐 때는 저녁에 친구들에게서 전화가 많이 왔습니다. 공부에 방해될까 봐 8시부터 10시까지는 전화선을 빼 놓기도 했습니다. 전화 내용을 가끔 들어 보면 친구들이 저희 아이에게 자기 고민을 이야기하는 듯했습니다. 고등학생들이 무슨 고민이 그렇게 많은지 거의 매일 밤 전화가 왔습니다. 그러면 우리 아이들은 전화통을 붙잡고 진지하게 듣고 또 격려해 줍니다. 그래서 제가 저희 집을 우스갯소리로 '청소년 상담실'이라고 부르기도 했습니다.

격려의 은사를 받은 사람들은 특별히 경청하는 귀가 발달되어 있습니다. 다른 사람의 이야기에 깊이 공감할 줄 압니다. 어떤 사람이 고통스러운 이야기를 하면 "아, 그래요? 그래서 어떻게 되었어요? 얼마나 어려웠을까! 정말 힘들었죠?" 하면서 자세히 들어줍니다. 이렇게 한마디 공감해 주는 것이 상대방에게 얼마나 힘이 되고 격려가 되는지 모릅니다. 그 사람과 30분 정도만 대화해도 속이 시원하고, 기운이 나고, 문제가 잘 풀릴 것 같습니다.

여러분에게 이런 은사가 있으면, 여러분의 삶을 마음껏 개방해서 어려움이 있는 사람들과 신앙적인 도움을 필요로 하는 사람들을 계속해서 격려해 주십시오. 여러분에게 주어진 격려의 은사가 하나님의 교회를 세우는 데 사용되도록 의식적인 노력을 계속하십시오. 당신의 말 한마디에 상처받은 마음들이 치유되고 연약한 자들이 큰 힘을 얻을 것입니다.

격려의 은사를 받지 못한 사람들은 다른 사람의 이야기를 들어주다 오히려 상처를 주기도 합니다. 어떤 사람과 이야기를 하고 나면 더 속이 상하고 힘이 빠지는 경우가 있지 않습니까? 혹 떼러 갔는데 혹 하나 더 붙이고 나온 것처럼 말입니다. 예전에 한 사람이 저를 찾아와서 하는 말이, 가슴 아픈 일이 있어서 어떤 사람을 찾아가 이야기를 했는데, 3분도 안 돼서 그 사람이 바쁘다며 그런 이야기를 왜 자기에게 하느냐고 귀찮아하더랍니다. 제대로 말도 못하고 속만 상해서 저를 찾아왔던 것입니다. 아마도 그 사람은 격려의 은사를 받지 못한 사람이었을 것입니다.

우리가 격려의 은사를 받지 못했더라도 안타까운 사정이나 어려운 사연을 이야기하면 귀 기울여 주고 그들을 위해 진심으로 기도해 줄 수는 있습니다. 우리는 모두 격려가 필요한 사람임을 기억하십시오. 이 글을 읽고서 자신에게 격려의 은사가 있다고 생각된다면, 이제는 적극적으로 은사를 계발해 교회를 세우고 성도들을 위로하는 생활을 해 나가시기 바랍니다.

구제의 은사

'구제'라고 하면 돈 없는 사람, 가난한 사람, 불쌍한 사람을 도와주는 행동이 떠오릅니다. 그러나 구제의 은사는 꼭 불쌍한 사람을 도와주는 것만은 아닙니다. 구제의 대상보다는 오히려 구제하는 사람에게 초점이 맞춰져 있습니다. 즉, 다른 사람의 필요에 민감하며, 그 필요를 채워 주는 일에서 기쁨을 얻는 은사를 가리킵니다. 구제의 은사를 가진 사람은 크고 작은 것을 계속 나누며 즐거워합니다. 우리말로 '주다'는 여러 가지 의미가 있는데 영어의 'giving'을 적용하면 그 범위를 알 수 있습니다. 예를 들어 헌금하는 것도 'giving'에 속합니다. 그러면 헌금에 초점을 맞춰서 'the gift of giving(구제의 은사)'에 대해 살펴보겠습니다.

대부분의 그리스도인은 헌금을 합니다. 주님을 위해, 이웃을 위해, 선교나 구제를 위해 많든 적든 헌금을 하고, 이를 기쁘게 생각합니다. 참 멋진 모습입니다. 간혹 헌금에 대해 불편해하거나 아까워하는 사람들이 있습니다. 얼마나 불쌍한지 모릅니다. 생각해 보십시오. 우리가 가진 것 중에서 하나님으로부터 오지 않은 것은 하나도 없습니다. 주머니 속 100원짜리 하나도 하나님께서 주신 것입니다. 그러므로 우리는 감사한 마음으로 헌금해야 합니다.

헌금할 기회가 생기면 '하나님이 나에게 한 번 더 헌금할 수 있는 기회를 주셨구나.'라고 즐겁게 여겨야 합니다. 성경에도 즐겁게 드리는 자를 하나님이 기뻐하신다고 말씀합니다. 헌금은 전적으로 자기가 원해서 해야 합니다.

헌금할 형편이 안 되거나 원하지 않는 사람은 헌금 바구니가 돌아갈 때 가만히 있으면 됩니다. 또 헌금하기를 원하는 사람들에게는 그 특권을 누리도록 해 주는 것이 좋습니다. 입으로는 "모든 것이 주께로부터 왔으니"라고 찬송을 부르고는 헌금할 때 불평하는 것은 올바른 신앙인의 자세가 아닙니다.

헌금의 양은 우리가 결정합니다. 구약 시대의 이스라엘 백성들 중에 어떤 사람은 소를 바치고 어떤 사람은 양이나 염소를 바쳤습니다. 또 그런 것을 바칠 수 없는 사람은 비둘기를 드렸습니다. 헌금도 이렇게 각 사람의 형편과 처지에 따라 다르게 드릴 수 있습니다. 하나님이 주신 대로 드리는 것이므로 '왜 나는 좀 더 많이 헌금할 수 없나!' 하고 걱정하거나 위축될 필요가 없습니다. 자기가 받은 것에서 주님을 위해 정성껏 드리면 됩니다.

누가복음 6장 38절에 "주라 그리하면 너희에게 줄 것이니"라는 말씀이 있습니다. '네가 다른 사람들에게 너의 것을 주면 하나님께서 네게 다시 주신다'라는 뜻입니다. 이것이 성경의 원리입니다. 이 말씀에 의하면 우리는 하나님께서 주신 것을 다른 사람들에게 나눠 주는 하나의 통로 역할을 하는 사람입니다. 우리가 주면 하나님께서 다시 채워 주십니다. 반대로 주지 않으면 하나님께로부터 오지 않습니다. 이것은 나누고 베풀어 본 사람만 아는 비밀입니다. 주는 것에 대해 불평하는 사람은 이 기쁨과 이 비밀을 알 수 없습니다. 이것을 아는 사람은 늘 나누고 베풀고 주면서 삽니다. 그것이 주님을 믿는 사람들의 삶입니다.

헌금 중에는 소득의 10분의 1을 드리는 십일조가 있습니다. 만일 모든 교인이 십일조를 한다면 교회 재정은 전혀 문제가 없습니다. 미국의 어느 유명한 교회의 목사가 쓴 글을 본 적이 있는데, 자기 교회 교인들이 모두 십일조를 했다면 현재 헌금의 400%는 되었을 것이라는 내용이었습니다. 그만큼 교인들이 십일조 헌금을 잘 하지 않는다는 이야기입니다.

미국의 닉슨(Richard M. Nixon) 전 대통령은 퀘이커 교도였는데 일주일에 고작 5달러 헌금했습니다. 선거 때는 예수님을 믿는다고 떠들었는데 대통령이 되자 겨우 5달러를 헌금한 것입니다. 또 미국의 지미 카터(Jimmy Carter) 전 대통령은 자신이 신앙적으로 거듭난 사람이라고 간증하고 다녔으면서도 헌금은 월급의 4.9%만을 드렸습니다. 진정한 성도라면 십일조를 하는 것이 당연한데 말입니다.

이번에는 교회 헌금이 아닌, 자기에게 있는 것을 특별하게 나눠 주길 좋아하는 사람들에 대한 이야기를 하려 합니다. 미국에 레터노(Letourneau)라는 사업가가 있었는데, 그는 주는 은사를 받은 사람이었습니다. 사업을 해서 번 돈 중에 많은 부분을 이웃을 위해 사용하다가 세상을 떠날 때는 자기 수입의 90%까지 내주었습니다. 이로 인해 레터노 칼리지(Letourneau College)라는 유명한 기독교 공과 대학이 세워지기도 했습니다. 물론 그가 90% 나눠 주는 것과 우리가 10%, 15% 나눠 주는 것은 많이 다릅니다. 1천만 달러를 벌었다고 하면 90%를 다른 사람에게 주더라도 자기는 100만 달러를 갖게 됩니다. 그러나 레터노는 십일조부터 시작해 계속 주님을 위해 헌금했고, 하나님의 축복을 받은 덕분에 결국에는 수입의 90%까지 주님께 드릴 수 있게 되었습니다. 레터노는 특별히 구제의 은사를 받았음에 틀림없습니다.

꼭 돈이 많아야 구제가 가능한 것은 아닙니다. 부자이면서도 헌금을 아까워하는 사람도 많습니다. 하나님께서 주신 것을 하늘에 쌓아 두는 일은 특별한 은사를 받은 사람들이 아니고서는 할 수 없습니다. 미국의 스탠리 탬(Stanley Tam)이라는 사람은 자기 생필품을 제외하고는 모든 수입을 주님의 복음 사업을 위해 썼습니다. 이런 사람은 특별한 경우입니다.

그러나 평범한 우리도 할 수 있는 일이 분명 있습니다. 무엇 하나라도 더 주고 싶고, 저녁 한 끼라도 먹이고 싶고, 이것저것 챙겨 주고 싶은 마음이 들 때가 있을 것입니다. 이때 행함으로써 기쁨을 누리십시오. 그렇다면 여러분은 구제의 은사를 받은 사람입니다.

미국에서 신학생들을 가르칠 때 보니 다른 사람에게 유달리 무언가를 주려고 하는 학생들이 있었습니다. 제 우편함에도 가끔 사탕이나 초콜릿 같은 간식들이 들어 있었습니다. 지난 강의가 아주 좋았다며 고맙다는 내용의 쪽지도 함께 말입니다. 아주 작은 것이지만 이런 메시지와 선물을 받으면 큰 격려가 됩니다.

선교사로 활동하다 신학교에서 비서 업무를 하던 여성이 있었습니다. 독신으로 육십 평생을 사는 동안 그녀는 남몰래 자기 월급으로 학생 여럿을 돕고 있었습니다. 그녀의 삶을 보고 얼마나 감동을 받았는지 모릅니다. 이처럼 우리 모두는 주는 삶, 드리는 삶을 사는 것이 마땅합니다. 특별히 이 일을 하면서 기쁨을 얻는 사람이라면 그 기쁨을 마음껏 누리십시오. 모든 것을 하나님이 주신 것으로 알고 기꺼이 남에게 내어 주며 기뻐하는 삶은 진실로 복된 삶입니다.

행정의 은사

서너 명이 모인 자리에서도 앞에 나와 사람들을 이끌고 일을 조직하는 사람이 있습니다. 그들은 누가 시키지 않아도 앞장서서 일을 척척 잘 해냅니다. 바로 다스리는 은사, 행정의 은사를 받은 사람들입니다. 그들에게는 일종의 권위가 있어 사람들이 잘 따릅니다. 어떤 공동체에서 다스리는 은사를 가진 사람이 행정적인 일을 맡아 이끌면, 그 사람을 인정해 주고 일을 분담하여 잘 따라가는 협력이 필요합니다. 내가 앞에서 이끌지 못한다고 해서 자존심 상해할 것이 아닙니다. 사람마다 은사가 다름을 알고 그 사람이 가진 은사를 최대한 발휘하도록 믿고 맡겨 주는 것이 공동체에도 유익합니다.

우리나라 신학교는 교수 생활을 오래 해 온 순서대로 학장을 맡는 것이 보통입니다. 그러나 미국은 조금 달랐습니다. 제가 있던 신학교에서 오랫동안 일해 온 한 교수에게 "당신이 학장을 하면 어떻겠습니까?"라고 권유해 보았습니다. 그랬더니 그가 자신은 가르치는 은사는 있어도 행정의 은사는 없다면서 사양했습니다. 자신은 강의실에서 학생들을 가르쳐야 즐겁고 사는 재미가 난다는 것입니다. 그러면서 다스리는 은사를 받은 사람이 학장이 되어야 한다고 설명했습니다. 결국 그의 말대로 다스리는 은사를 받은 사람을 찾아 학장으로 세워 여러 해 동안 학교를 잘 이끌어 갈 수 있었습니다.

가정에서도 마찬가지입니다. 만약 남편보다 아내가 다스리는 은사를 많이 받은 경우라면, 남편은 아내의 은사를 인정해 주고, 가정 일을 맡기며 따라 주는 것이 중요합니다.

긍휼의
은사

'긍휼'이란 마음에 상처 입은 사람들, 불쌍한 사람들, 연약한 사람들에게 도움의 손길을 펼치는 마음입니다. 긍휼을 베푸는 은사를 받은 사람은 어려움에 처한 사람을 보면 깊은 동정심과 연민을 느낍니다. 그래서 누가 힘들다, 누가 고생한다, 누가 병들었다고 하면 찾아가서 돌보고 싶어 합니다. 가서 국이라도 끓여 주고 마음에 위로를 건네고 싶어 합니다.

비록 짧은 한마디일지라도 이들의 말은 상대방에게 큰 위안이 됩니다. 하나님께서는 이런 은사를 받은 사람들을 우리 교회 가운데 두셔서 괴로움과 슬픔 중에 있는 사람들을 위로하게 하시고 어려움에 처한 사람들에게 자비를 베풀도록 하셨습니다. 혹시 여러분에게 이처럼 불쌍히 여기는 마음이 있다면 아마도 여러분은 긍휼의 은사를 받은 사람일 것입니다. 그렇다면 "주여, 감사합니다. 저에게는 다스리는 은사도, 가르치는 은사도, 여러 가지 다른 은사도 없지만 어려운 사람들을 위로할 줄 아는 긍휼의 은사를 허락해 주시니 감사합니다. 이 은사를 교회와 성도를 위해 잘 사용하도록 도와주시옵소서!"라고 기도하며 이 은사를 더욱 계발하십시오.

이번 장에서는 모두 네 가지 은사를 다루었습니다. 이 중 여러분의 은사를 찾으셨나요? 혹 발견하지 못했다 해도 낙심할 필요는 없습니다. 이 외에도 많은 은사가 있기 때문입니다. 한 사람이 모든 은사를 다 받을 수는 없습니다. 부족한 부분은 그대로 인정하고 여러분에게 주신 특수한 은사는 최대한 계발함으로서 주님과 이웃을 섬기는 기쁨을 맛보시길 바랍니다. 아직도 자신의 은사를 발견하지 못했다면 주님께 속히 가르쳐 달라고 기도하십시오.

섬기는 은사

"하나님이 교회 중에 몇을 세우셨으니 첫째는 사도요 둘째는 선지자요 셋째는 교사요 그 다음은 능력을 행하는 자요 그 다음은 병 고치는 은 사와 서로 돕는 것과 다스리는 것과 각종 방언을 말하는 것이라"

고전 12:28

이번 장에서는 고린도전서 12장 28절 후반부에 기록되어 있는 '돕는 은사', 즉 '섬기는 은사'에 대해 집중적으로 생각해 보겠습니다.

섬기는 은사에 대한 정의

'섬기는 은사'란 자신의 재능을 사용해 다른 사람의 사역을 도움으로써 그 사람의 은사가 효과적으로 드러나게 하는 능력입니다. 하나님께서 주신 재능을 교회를 세우기 위해 애쓰는 사람들을 돕는 데 사용하는 은사입니다.

교회에는 섬기는 은사를 가진 사람들이 많습니다. 이들은 겉으로 잘 드러나지 않습니다. 이름도 없이 빛도 없이 뒤에서 다른 사람들을 묵묵히 섬기기 때문입니다. 이들은 다른 사람이 알아주지 않는다고 섭섭해하거나 불평하지 않습니다. 오히려 드러나지 않게 섬기는 것을 더 즐거워합니다. 하나님께서 이와 같은 사람들을 교회에 많이 보내 주셨기 때문에 오늘날 교회가 존재하게 된 것입니다. 이름도 없이, 빛도 없이 집사들을 돕고, 주일 학교 교사들을 돕고, 장로와 목사를 돕는 귀한 분들의 수고가 오늘날의 교회를 있게 한 것입니다.

섬기는 은사를 가진
사람들

우리 주위에는 섬기는 은사를 가진 사람들이 많습니다. 한 예로 우리가 잘 아는 고(故) 한경직 목사는 생전에 고령에도 불구하고 이곳저곳을 다니며 하나님 말씀을 전했습니다. 그 뒤에 수족처럼 따라다니는 딸과 사위가 있었기 때문에 가능한 일이었습니다. 한경직 목사가 어디를 가더라도 딸과 사위가 수행하며 크고 작은 일들을 묵묵히 도왔지만, 그들의 존재는 그다지 알려지지 않았습니다. 드러나지 않게 도우며 자신들의 섬기는 은사를 사용한 것입니다.

사회적으로나 종교적으로 큰일을 하는 남자가 있다면, 뒤에서 묵묵히 섬기는 은사로 돕는 아내가 있습니다. 비록 이름은 드러나지 않지만, 뒤에서 남편의 일을 지원하고 돕기 때문에 남편이 자신의 일을 잘해 나갈 수 있습니다.

성경에서 섬기는 은사를 가진 사람은 누가 있을까요? 먼저 마가복음 2장에서 예수님이 중풍병자를 고친 사건을 보겠습니다.

"수 일 후에 예수께서 다시 가버나움에 들어가시니 집에 계시다는 소문이 들린지라 많은 사람이 모여서 문 앞까지도 들어설 자리가 없게 되었는데 예수께서 그들에게 도를 말씀하시더니 사람들이 한 중풍병자를 네 사람에게 메워 가지고 예수께로 올새 무리들 때문에 예수께 데려갈 수 없으므로 그 계신 곳의 지붕을 뜯어 구멍을 내고 중풍병자가 누운 상을 달아 내리니 예수께서 그들의 믿음을 보시고 중풍병자에게 이르시되 작은 자야 네 죄 사함을 받았느니라 하시니"(막 2:1-5).

사람들이 너무 많아 중풍병자가 예수님께 나아갈 길이 없자, 네 사람이 지붕을 뜯고 중풍병자를 상에 달아 내려 보냅니다. 예수님께서 그들의 믿음을 보시고 결국 네 죄 사함을 받았다고 말씀하시면서 중풍병자의 병을 말끔히 고쳐 주셨습니다. 여기서 누가 섬기는 은사를 받은 사람일까요? 중풍병자를 메고 지붕까지 올라가 지붕을 뜯어 내고 예수님께로 중풍병자를 내려 주었던 네 사람입니다. 네 사람 중에는 중풍병자를 옮길 들것을 준비하느라 이리저리 뛰어다닌 사람도 있을 것입니다. 이렇게 앞장서서 다른 사람을 돕는 이들이 있었기에 중풍병자가 은혜를 입고 병 고침을 받을 수 있었습니다.

교회에서도 섬기는 은사를 발휘하는 사람들이 많습니다. 제직회 수련회를 하거나 친교 시간을 가질 때, 어떤 이들은 다른 사람들이 도착하기 전에 미리 와서 책상과 의자를 놓고 다과를 준비합니다. 바로 이들이 섬기는 은사를 가진 사람들입니다.

제가 한참 설교를 하는 도중에 한쪽으로 살금살금 올라와 물 컵을 살짝 두고 가는 사람이 있습니다. 여러 명이 앉아서 똑같이 설교를 듣는데, 제 목소리가 점점 쉬어 가는 것을 알아차리고 속히 가서 물 한 잔을 준비해서 가져다준 것입니다. 다른 사람에게 무엇이 필요한지 곧바로 알아차리고 그 필요를 채워 주는 이런 사람들 덕분에 여러 가지 중요한 일들이 제대로 진행될 수 있습니다.

가정 일도 마찬가지입니다. 남편이 출장을 간다고 하면 아내가 벌써 출장 가방을 다 싸 놓고 있습니다. 제 경우에도 급하게 비행기로 출국해야 할 때 집에 오면 아내가 양말부터 속옷까지 모두 다 준비해 놓고 있습니다. 제가 미처 생각지 못한 필수품까지 모두 챙겨 둡니다. 제가 강단에서 괜찮은 모습으로 설교하는 것은 섬기는 은사를 가진 아내 덕분입니다.

섬기는 은사를 가진 사람들에게 주어지는 상

오래전에 제 아내가 이런 말을 했습니다. 저는 일을 하면 표가 나는데 자기는 일을 해도 표가 나지 않는다고 말입니다. 그래서 제가 드러나지 않게 다른 사람을 돕는 이들에게 주는 상이 있다고 이야기했습니다. 이 상은 사람이 주는 상이 아닙니다. 왜냐하면 사람들은 섬기는 은사를 가진 사람들이 어디서 어떤 일을 하는지 잘 모르기 때문입니다. 그러나 하나님께서는 겉으로 드러나지 않는 그 아름다운 섬김의 손길들을 모두 알고 계십니다.

"선지자의 이름으로 선지자를 영접하는 자는 선지자의 상을 받을 것이요 의인의 이름으로 의인을 영접하는 자는 의인의 상을 받을 것이요 또 누구든지 제자의 이름으로 이 작은 자 중 하나에게 냉수 한 그릇이라도 주는 자는 내가 진실로 너희에게 이르노니 그 사람이 결단이 말씀에 의하면 어떤 사람을 섬긴 자는 자신이 섬긴 사람의 상을 다 받는다고 합니다. 이 땅에서 받지 못한 상, 사람들은 다 알지 못해도 하나님만이 아시는 상은 하늘에서 받을 것입니다.

부모가 자녀를 세밀히 살피며 돌보는 것도 아주 큰 희생이자 섬김입니다. 하지만 자녀들은 모든 것이 저절로 혹은 스스로의 힘으로 된 줄 압니다. 자녀가 자라서 학업을 마치고 사회에 진출해 결혼하기까지 얼마나 많은 부모의 희생과 눈물과 손길이 있었을까요? 그럼에도 이 땅에서는 그에 합당한 보상이 없습니다. 부모가 자녀를 위해 희생하는 경우와 마찬가지로 섬기는 은사를 가진 사람도 어떤 보상을 바라지는 않습니다. 그러나 하나님께서는 교회를 섬기는 사람들에게 이 땅에서 받지 못한 큰 상을 주신다고 약속하십니다.

큰일을 해낸 사람들 뒤에는 작지만 꼭 필요한 일들을 함으로써 그들을 돕는 사람들이 반드시 있습니다. 그런 사람들이 없이는 중요한 일들을 이룰 수 없습니다. 책 한 권을 출간하는 일도 그렇습니다. 어느 목사님의 설교를 책으로 펴내는 작업을 들어 보니, 설교 테이프를 풀어서 컴퓨터에 입력하는 사람, 그 내용을 다듬고 교정해서 편집하는 사람, 디자인하는 사람, 인쇄하는 사람 등 아주 많은 사람들의 수고로 책 한 권이 완성된다고 합니다. 교회는 특별히 섬기는 은사를 받은 사람들을 통해서 큰일을 이루어 왔습니다. 자신의 수고를 인정해 주거나 보상해 주지 않더라도 너무 낙심하거나 속상해하지 마십시오. 하늘에서의 큰 상이 있음을 기억하며, 당신의 손길이 교회에서 더 없이 가치 있다는 사실을 명심하십시오.

예전에 미국에서 알고 지냈던 어떤 목사님에게 편지를 받았습니다. 그는 14년 동안 큰 교회에서 부목사로 섬기며 일을 아주 잘했는데, 담임 목사로 사역을 하며 많이 고생하는 중이라고 털어놓았습니다. 그러면서 저에게 조언을 부탁해 왔습니다. 편지를 읽으면서 저는 섬기는 은사에 대한 생각을 했습니다. 섬기는 은사를 받은 사람은 자신에게 주어진 은사를 사용해 다른 사람을 도울 때 그 가치가 빛을 발합니다. 앞에 나서서 일하는 것보다 훨씬 빛나고 일의 능률도 올릴 수 있습니다.

하나님께서 우리에게 주신 은사 중에서 중요하지 않은 은사는 하나도 없습니다. 다른 은사보다 사람들의 인정을 덜 받을지 몰라도, 하나님께서는 각각의 은사가 그 영역에 꼭 필요하기 때문에 허락하셨습니다. 그러므로 자신의 은사를 귀하게 여기고 가정에서든 교회에서든 어떤 공동체에서든 자신에게 주어진 은사를 사용해 기쁨으로 섬길 때 하늘에서의 큰 상급이 있을 것입니다.

손님 대접의 은사

"형제 사랑하기를 계속하고 손님 대접하기를 잊지 말라 이로써 부지중에 천사들을 대접한 이들이 있었느니라" 히 13:1-2

지금까지 하나님께서 우리에게 주신 여러 가지 은사들을 살펴보는 동안 자신에게 있는 은사를 한두 가지는 찾았을 것입니다. 아직 찾지 못했다 해도 실망하지 마십시오. 앞으로도 몇 가지 은사가 더 남아 있습니다. 이번 장에서는 손님 대접의 은사에 대해 생각해 보겠습니다.

손님 대접의
은사에 대한 정의

어떤 가정은 방문하기가 무척 어렵습니다. 주인이 자기 집을 기꺼이 열지 않기 때문입니다. 한번 손님을 대접하고 나면 일주일 동안 끙끙 앓는 사람도 있습니다. 또 어쩌다 손님 한번 대접하려고 하면 남편이나 아이들에게 이것저것 시키다가 서로 기분이 상해서 막상 손님이 왔을 때 불편한 분위기가 되어 버리는 가정도 있습니다.

어떤 가정은 온 가족이 손님 대접하는 것을 좋아합니다. 남편과 아내뿐만 아니라 아이들도 좋아합니다. 자원하는 마음으로 손님을 정성껏 대접하고, 손님들이 흐뭇하고 기쁜 마음으로 돌아가게 하는 가정입니다. 이런 가정은 손님 대접의 은사를 받은 것입니다.

'손님 대접의 은사'란 하나님께서 자원하는 마음을 주셔서 자기 집을 열게 하시고, 자기가 가진 것으로 방문한 손님들을 즐겁게 대접하도록 하신 능력입니다. 자신에게 손님 대접하는 은사가 있는지 없는지를 한번 돌아보십시오.

손님을 대접하기 위해 준비하는 과정에서 자원하는 마음과 즐거움이 있었나요? 대접받은 손님들이 기쁜 마음으로 돌아갔나요? 대접하는 자신도 즐겁고 대접받는 사람도 기뻐했다면 여러분은 손님 대접하는 은사를 받은 사람임이 분명합니다. 하나님의 자녀라면 기본적으로 서로를 대접하는 마음을 가져야겠지만, 자신에게 손님 대접하는 은사가 있음을 확신한다면 이를 더욱 기쁘게 계발할 수 있을 것입니다.

손님 대접의
은사를 받은 사람들

우리 주위에는 손님 대접의 은사를 받은 사람들이 많습니다. 그들은 손님을 대접함으로써 여러 가지 선하고 아름다운 결과를 맺습니다. 제가 전에 사역했던 교회에서 한 성도에게 들은 이야기입니다. 어떻게 해서 교회에 오게 되었냐고 물으니, 자기 친구가 교회에 와 볼 것을 귀찮을 정도로 권해서 오게 되었답니다. 처음으로 교회에 온 날 다른 사람들은 자기에게 그다지 관심을 보이지 않았는데, 바로 옆에 있던 성도가 교회에 처음 왔느냐고 물으면서 찬송가를 같이 보자고 하고, 성경 본문 읽을 때는 금방 찾아서 보여 주었답니다. 예배를 마치고 나니 그분이 "선생님, 오늘 처음 오셨는데 저희 집에 가서 점심이라도 들고 가십시오."라고 권했다고 합니다. 처음에는 쑥스러워서 사양했는데, 그분이 자꾸 권하면서 "어디 가서도 점심은 드셔야 하니까 저와 같이 가서 먹어요. 여기서 조금만 가면 저희 집입니다."라고 하더랍니다. 그래서 그 성도의 집에 가서 식사를 하고 이야기를 나누면서 서로를 알게 되었고, 서서히 가까워지다 결국은 교회에 정착하고 예수 그리스도를 영접하게 되었답니다. 그 성도는 손님 대접하는 은사가 있었음이 분명합니다. 하나님의 자녀들은 누구를 막론하고 손님 대접하는 일에 인색하지 않아야 합니다. 서로를 환대함으로써 신앙이 연약한 자들을 격려하고 세워 주는 일들을 계속 해 나가야 합니다.

교회에서 어떤 사람을 만났을 때 그가 처음 나온 사람인지 여러 번 온 사람인지 모르는 사람도 있습니다. 그러나 어떤 사람은 상대방을 한번 보고도 교회에 처음 나온 사람임을 알아차립니다. 새로 나온 사람임을 알면서도 어색해서 말을 건네지 못하는 사람이 있는가 하면, 처음 만나는 사람에게도 친절함과 상냥함으로 먼저 다가가는 사람도 있습니다. 하나님의 자녀들은 기본적으로 손님 대접하는 일에 힘써야 합니다. 히브리서 13장 1-2절 말씀도 우리에게 이러한 자세를 가르쳐 줍니다.

"형제 사랑하기를 계속하고 손님 대접하기를 잊지 말라 이로써 부지중에 천사들을 대접한 이들이 있었느니라"(히 13:1-2).

창세기에는 손님 대접하기에 힘쓰다가 천사들을 대접하게 된 아브라함 이야기가 나옵니다.

"내가 떡을 조금 가져오리니 당신들의 마음을 상쾌하게 하신 후에 지나가소서 당신들이 종에게 오셨음이니이다 그들이 이르되 네 말대로 그리하라 아브라함이 급히 장막으로 가서 사라에게 이르되 속히 고운 가루 세 스아를 가져다가 반죽하여 떡을 만들라 하고 아브라함이 또 가축 떼 있는 곳으로 달려가서 기름지고 좋은 송아지를 잡아 하인에게 주니 그가 급히 요리한지라"(창 18:5-7).

짧은 말씀 속에서 '급히'라는 단어가 두번이나 반복됩니다. 손님을 정성껏 대접하기 위한 아브라함의 간절한 마음을 보여 주는 단어입니다. 이 덕분에 아브라함은 조카 롯도 살려 냈을 뿐만 아니라 큰 축복을 받았습니다.

미국의 어느 신학교에서 조사한 결과에 따르면, 교회에서 6개월 내에 여덟 명 정도의 가까운 지체가 생기면 그 사람은 교회를 떠나지 않는다고 합니다. 거꾸로 말해 교회에 처음 와서 6개월 내에 여덟 명 미만으로 친구를 사귀면 교회를 떠날 가능성이 높다는 이야기입니다. 당신은 누군가의 친구가 되어 주었나요? 주일 예배를 드릴 때, 옆에 있는 사람들과 서로 인사를 나누십시오. 잘 알지 못하더라도 "안녕하세요!" 하고 인사는 할 수 있습니다. 또 옆에 자리한 사람이 처음 교회에 나온 것 같으면 "교회에 처음 오셨어요?"라고 물을 수도 있습니다. 한 단계 더 나아가서 처음 온 사람을 집에 초대해서 함께 이야기 나누며 서로를 알아 가면 더욱 좋습니다. 기존의 교인들이 새로 온 사람들에게 관심을 가지고 다가갈 때 그들이 교회에 잘 정착할 수 있습니다. 그러면서 교회가 성장하고 하나님 나라가 확장되어 가는 것입니다.

손님 대접의 은사로 인한 유익

손님을 잘 대접함으로써 우리는 많은 유익을 얻을 수 있습니다. 앞에서 언급했듯이 새신자들이 교회에 잘 정착하게 되고 신앙이 약한 사람이 세움을 입습니다. 또 그들을 대접하는 사람에게도 유익이 있습니다.

제가 미국에 있을 때입니다. 선교사님이 오시기만 하면 꼭 자기 집으로 모셔서 대접하는 가정이 있었습니다. 그 가정에서는 아예 손님을 위한 방을 하나 마련해 놓았습니다. 식사를 대접하고 함께 이야기를 나누다 보면, 그 가정의 자녀들도 선교사와 자연스럽게 만나게 됩니다. 어릴 때부터 전 세계에서 온 선교사들을 만나 대화를 나누고, 나중에는 선교사님들과 서로 편지도 교환합니다. 그것이 하나의 자녀 교육입니다. 우리 한국에서는 손님이 오면 대개는 아이들을 방으로 들여보냅니다. 아이들이 떠들고 정신이 없으니 그러는 것이지만, 어른들과도 자연스럽게 만나고 대화를 나누면서 배우는 기회를 갖게 하는 것은 참 좋은 교육입니다.

외국에서는 여러 손님들을 대접함으로써 나중에 큰 유익을 얻은 이야기가 많습니다. 각양각생의 손님들을 대접하다 보면 많은 것들을 배우고 익히게 됩니다. 아이들은 그런 기회를 통해 사회성을 키울 수 있습니다. 그러면 어른이 되어서 성공적인 사회생활을 할 수 있습니다. 우리 예수님도 그러셨습니다. 누가복음 2장 52절을 보십시오.

"예수는 지혜와 키가 자라가며 하나님과 사람에게 더욱 사랑스러워 가시더라"(눅 2:52).

예수님은 하나님께만이 아니라 사람에게도 총애를 입었다고 말씀합니다. 사회성이 있어야 다른 이들에게 사랑을 받습니다. 가정에서 부모가 손님을 정성껏 대접하니 사람들이 자주 찾아오고 아이들도 어른들과 이야기하는 것을 어색해하거나 부끄러워하지 않게 됩니다. 그런 가정의 아이들은 사람들에게 귀여움을 받고 총애를 입습니다. 한마디로 사회성이 생기는 것입니다. 어려서부터 교회에서 이러저러한 활동을 하면서 자란 아이들이 학교에 들어가서도 그룹 활동에 잘 적응하고, 사람들을 이끄는 리더 역할도 잘합니다. 주일마다 교회에 모여서 그런 활동들을 해본 까닭입니다.

주님의 자녀들은 이렇듯 사람을 좋아하고 대접하기를 즐거워함으로써 많은 유익을 주고받습니다. 그것이 믿는 자들의 삶의 방식입니다. 제가 아는 미국의 목사님 한 분은 동네 한가운데 있는 집에 살았습니다. 그 집 대문은 항상 열려 있었습니다. 제가 그 교회에 가서 며칠 동안 집회를 했는데, 가만 보니 목사님 집에 손님이 끊이지 않았습니다. 동네 사람들이 지나가면서 이 사람도 들어오고 저 사람도 들어오고 모든 성도들이 자유롭게 드나들었습니다. 목사님이 원래 사업을 하던 사람이라 그런지 사람들이 찾아오는 것을 아주 좋아했습니다. 또 다행히 사모님도 비슷한 성향이라 사람들 맞이하는 것을 무척 좋아했습니다. 이를 통해 두 사람이 손님 대접하는 은사를 받았다는 사실을 알 수 있었습니다. 그 은사를 통해 성도들을 세우고 주님을 모르는 영혼들을 소생시키는 모습이 참 아름다웠습니다.

손님 대접하는 은사를 받은 사람들이 있다면 특별히 그 은사를 잘 계발해서 하나님의 교회를 세우는 데 사용해야 합니다. 또한 이 은사가 없는 사람들은 하나님의 자녀로서 갖추어야 할 손님 환대와 대접의 기본자세를 잃지 않도록 기도하며 노력하면 좋겠습니다.

다스리는 은사

"하나님이 교회 중에 몇을 세우셨으니 첫째는 사도요 둘째는 선지자요 셋째는 교사요 그 다음은 능력을 행하는 자요 그 다음은 병 고치는 은사와 서로 돕는 것과 다스리는 것과 각종 방언을 말하는 것이라"

고전 12:28

이번 장에서는 '다스리는 은사', 즉 '행정의 은사'에 대해 더 깊이 있게 살펴보고자 합니다. 다스리는 은사를 가진 사람들이 없으면 이 사회에서 많은 일을 성공적으로 이룰 수 없습니다. 다스리는 은사를 가진 사람들이 다양한 재원과 자원, 힘과 능력을 잘 조직해 사용하면 엄청난 효과를 낼 수 있는데, 그렇지 않을 경우에는 자원이 낭비되고 나쁜 결과를 초래할 수 있기 때문입니다. 그러한 까닭에 하나님께서는 우리 삶의 각 영역에 다스리는 은사를 가진 사람을 보내 주셨습니다.

"하나님이 교회 중에 몇을 세우셨으니 첫째는 사도요 둘째는 선지자요 셋째는 교사요 그 다음은 능력을 행하는 자요 그 다음은 병 고치는 은사와 서로 돕는 것과 다스리는 것과 각종 방언을 말하는 것이라"(고전 12:28).

가족 구성원 중에서도 질서 있게 정리하고 일을 효율적으로 조직하는 사람이 있습니다. 저희 집 아이 중 둘째에게 이런 은사가 있습니다. 그래서 제 아내도 둘째에게 일을 곧잘 부탁합니다. 둘째는 자기가 알아서 일을 척척 진행시킵니다. 나머지 아이들은 그저 시키는 대로만 하면 됩니다.

남편과 아내 중에서 반드시 남편에게만 다스리는 은사가 있는 것은 아닙니다. 궁극적인 책임은 남편이 지지만, 아내가 다스리는 은사를 가졌다면 아내가 일을 더 잘 추진할 수 있도록 도우면 됩니다. 어떤 모임이나 단체에서도 앞에 나서서 각 사람에게 일을 분담하며 전체가 잘 움직이게끔 이끌어 가는 사람이 있습니다. 교회도 마찬가지입니다. 하나님께서는 우리 가운데 다스리는 은사를 허락하셔서 그 사람을 통해 교회가 조직적으로 잘 세워지도록 은혜를 베푸셨습니다.

다스리는 은사에 대한 정의

'다스리는 은사' 혹은 '행정의 은사'란 단기 혹은 장기적인 목표를 설정해 그것을 효과적으로 성취하는 능력을 말합니다. 이러한 능력을 가진 사람은 어디서든 꼭 필요한 존재입니다. 교회에 다스리는 은사를 가진 사람이 있다면 하나님의 일을 효과적으로 해 나갈 수 있습니다.

'다스림' 또는 '행정'이라는 단어는 헬라어에서 '선장'이라는 뜻을 지닙니다. 선장이 반드시 배의 주인은 아닙니다. 하지만 선장에게는 배를 목적지까지 정확하게 닿게 할 책임이 있습니다. 대개 선주(船主)는 유능한 선장을 택해 목적지까지 안전하게 도착할 수 있도록 주요 업무 및 모든 권한과 책임을 맡깁니다. 선장이 하는 일들을 곰곰이 생각해 보면 다스리는 은사가 어떤 방식으로 사용되어야 할지가 좀 더 선명해집니다.

선장은 누구보다도 행선지를 잘 압니다. 즉, 도착해야 할 목적지가 어디인지를 정확하게 안다는 뜻입니다. 출발하기 전에 선원을 모집하고, 각종 물건들을 배에 싣고, 항해에 필요한 물자들을 준비하는 일을 총지휘합니다. 그리고 출항하기 전에는 각 선원에게 일을 분담해서 맡깁니다. 항해 중에는 선원들이 자신의 책임을 잘 수행하는지 감독하고 격려하며, 문제가 있으면 이를 원만하게 해결해 줍니다. 또 선주와 선원 사이에 갈등이 있는 경우에도 중간에서 중재자 역할을 담당합니다. 이렇게 각 영역을 모두 점검하며 배가 안전하게 목적지에 도착할 수 있도록 전체적인 운영을 하는 사람이 바로 '선장'입니다.

교회에도 선장처럼 다스리는 은사를 가진 분들이 있습니다. 담임목사가 다스리는 은사, 즉 행정의 은사를 가졌다면 좋겠지만 이 은사가 없는 목회자도 있습니다. 그럴 때는 부목사나 다른 사역자 중에서 다스리는 은사를 받은 분이 선장 역할을 해 나가면 좋습니다. 그런 분들이 교회가 나아가야 할 방향과 목표를 정확하게 판단하고, 교회 전체가 잘 움직일 수 있도록 조정해야 합니다. 하나님께서는 예수 그리스도의 복음이 널리 힘 있게 전달되도록, 또 교회가 원만하게 운영되도록 다스리는 은사를 가진 사람들을 교회에 보내 주셨습니다. 그러므로 다스리는 은사를 가진 분이 있다면 그 은사를 최대한 활용해 교회에 유익을 끼칠 수 있도록 독려해야 합니다. 선교회나 위원회 같은 조직을 맡기는 것도 하나의 방법입니다.

어떤 은사든 마찬가지지만, 은사는 그것을 꼭 필요로 하는 적절한 위치와 영역에서 사용되어야만 가장 큰 효과를 낼 수 있습니다. 은사가 없는 사람이 그 은사를 필요로 하는 자리에 앉아 있으면, 본인도 고생하고 조직에도 유익이 없습니다. 자기에게 맞지 않는 일을 억지로 책임지고 해야 한다는 것은 너무나 큰 고역입니다.

한번은 대학교 다닐 때 같이 학생 운동을 하던 친구를 만나 이야기를 나누었습니다. 그 친구는 지금 목사인데, 학부 때부터 복잡한 일을 잘 풀어 갔고, 사람을 조직하고 일을 진척시켜 나가는 업무에 탁월한 은사가 있었습니다. 그런데 그 친구 스스로도 하는 말이 자기는 어떤 사람 밑에서 조직하고 일 처리하는 것을 하라면 잘하겠는데, 어떤 일 전체에 대해 총책임을 맡으라면 자신이 없다고 말합니다. 쉽게 말해 대표 자리는 잘 맞지 않고, 총무나 부대표 일은 잘할 수 있다는 것입니다. 그와 이야기하면서 하나님께서 각 사람에게 여러 모양으로 각기 다른 은사들을 주셨다는 것을 다시금 느꼈습니다.

저는 다스리는 은사가 그리 많지 않습니다. 중간 정도 되는 것 같습니다. 그런데 제 생애를 돌이켜 생각해 보니, 하나님께서 제 주변에 다스리는 은사를 가진 사람들을 계속 보내 주셔서 하나님의 일을 무리 없이 할 수 있도록 도와주셨습니다. 참 감사한 일입니다.

사무실에 오래 앉아 있어도 별로 지루한 줄 모르는 사람, 전화를 걸기도 하고 받기도 하면서 사람들을 서로 연결시켜 주고, 크고 작은 사업을 계획하고 결정을 내리는 등의 모든 일을 즐겁게 하는 사람, 이런 다스리는 은사를 가진 사람은 교회뿐만 아니라 가정과 사회, 어떤 단체나 조직에서든 반드시 필요합니다. 혹 이런 은사를 가진 사람을 발견하면 꼭 격려해 주시기 바랍니다. 그러면 그 사람도 몰랐던 자기 은사를 찾고 계발하여 예수 그리스도의 몸을 일으키는 데 아름답게 사용할 수 있을 것입니다.

다스리는 은사를 가진 느헤미야

성경에서 다스리는 은사를 가진 대표적인 인물이 느헤미야입니다. 느헤미야는 동생 하나니와 다른 몇 사람이 예루살렘에 다녀오자마자 그쪽 형편을 물어보고는 예루살렘 성을 재건해야겠다는 비전을 품습니다. 곧바로 목표를 정한 것입니다. 그는 예루살렘에 가서도 마구잡이로 일을 시작하지 않고, 먼저 이스라엘 백성들을 조직화하는 일을 했습니다. 어디서부터 어디까지는 누구, 그다음 구역은 누구, 이런 식으로 역할과 책임을 부여함으로써 전체 공사를 효과적으로 진행시켰습니다.

또한 느헤미야는 목표를 성취하기 위해 필요한 자원을 동원하는 능력이 탁월했습니다. 예루살렘으로 향하기 전, 그는 아닥사스다 왕에게 편지를 몇 통 써 달라고 부탁했습니다. 예루살렘까지 가려면 여러 나라를 거쳐야 하는데, 그때마다 왕의 편지를 보여 주어 무사통과하기 위해서였습니다. 또한 시간 계산까지 했습니다. 오가는 시간과 공사하는 시간을 계산해 왕에게 그만큼의 시간을 달라고 말합니다. 그리고 성을 재건하기 위한 재목을 얼마만큼 달라는 내용의 편지를 삼림 감독에게 써 보내 달라고도 부탁합니다. 이렇게 느헤미야는 단기, 장기 목표를 따로 세워 그에 필요한 물자를 원활히 공급받을 수 있도록 왕에게 이것저것 부탁했습니다. 왕의 편지를 휴대하고 다니니 국경을 통과하는 데도 어려움이 없었고 공사에 필요한 자재들도 넉넉하게 지원받았습니다. 우리에게 만약 교회를 짓는 기회가 주어진다면, 하나님께서는 느헤미야와 같은 능력을 가진 사람들을 통해 예수 그리스도의 몸 된 교회를 세우고 일으키실 것입니다.

다스리는 은사를 가진 사람의 특징

지금까지 우리는 느헤미야를 통해 다스리는 은사를 가진 사람이 목표를 세우고 일을 조직하는 탁월한 능력을 지녔음을 확인했습니다. 그 외에 다스리는 은사를 가진 사람들의 몇 가지 특징을 더 살펴보겠습니다.

첫째, 목표 달성을 중요시하며 언제든지 목표를 확인합니다. 대학생 때 학생 운동을 하다 보면 서로 마음이 맞지 않는 경우가 종종 생깁니다. 그럴 때면 누구 한 사람이 화를 내거나 고함을 지르게 됩니다. 그때 저는 그런 친구들을 불러서 이렇게 말했습니다. "일을 하다 보면 마음이 안 맞을 수도 있고 그래서 싸울 수도 있다. 그렇지만 모두 다 잘해 보려고 그러는 것이다. 의견 충돌이 있는 것 자체는 나쁘지 않은데, 그것 때문에 우리가 가야 할 목표를 망각해서는 안 된다."

이처럼 다스리는 은사를 가진 사람은 세세한 일들로 인해 궁극적인 목표를 잊어버리는 일이 없도록 항상 목표를 확인합니다. 그리고 전체 구성원이 그 목표 달성을 위해 전진하도록 방향을 잡아 주는 역할을 합니다. 아무리 뛰어난 능력이 많다 해도 목표를 이루지 못하면 소용이 없습니다.

둘째, 목표 달성에 방해가 되는 요소들을 극복해 냅니다. 어떤 목표를 이루기까지는 여러 가지 장애 요인을 극복해야 합니다. 느헤미야의 경우도 마찬가지였습니다. 유대인들 중 빚을 많이 져서 낙심하고 실의에 빠진 사람들이 있었습니다. 개인의 경제적인 문제로 힘들어하다 보면 성을 건축하는 일에 집중할 수 없다는 사실을 깨닫고, 느헤미야는 채권자와 채무자 사이의 문제를 해결해 줌으로써 모두가 힘을 합해 성을 쌓을 수 있도록 했습니다.

느헤미야는 지도자급 사람들의 '낙심'이라는 내적 장애에 부딪히기도 했습니다. 또한 사마리아 사람들을 비롯한 외부 적들의 위협도 있었습니다. 이런 상황에서 다스리는 은사를 가진 느헤미야는 목표 달성을 위해 어떠한 방해나 반대도 극복하겠다는 결단과 의지로 맞섰습니다. 위대한 목표 앞에는 언제 어디서든 거대한 적이 나타나기 마련입니다. 큰일을 이루는 데 아무런 방해나 시련이 없기를 바라는 것은 욕심입니다.

오래전 한 고등학교 3학년 학생과 이야기를 나누었습니다. 그 학생은 자신이 목표로 한 대학에 갈 수 있는 실력이 충분하고, 지금처럼 계속해서 열심히 공부하면 반드시 합격할 수 있을 거라고 확신했습니다. 그런데 문제는 자기 안에 안일한 생각과 나태해지려는 유혹

이 아주 많다는 것이었습니다. 그 학생은 정확하게 자기의 문제를 파악하고 있었습니다. 그래서 저는 자신이 인식한 내부의 적과 싸워야겠다는 의지, 그리고 싸워 이길 수 있다는 의지로 맞설 때 결국 목표를 이룰 수 있을 것이라고 격려해 주었습니다. 다스리는 은사를 가진 사람은 그렇게 목표 달성에 방해가 되는 요소들을 스스로 인식하고 충분히 극복해 낼 수 있습니다.

셋째, 사람들에게 목표 달성을 위한 충성심과 자신감을 심어 줍니다. 앞에서 언급한 것처럼 다스리는 은사를 받은 사람들은 여러 장애 요인들에도 불구하고 목표를 향해 전진할 수 있도록 사람들을 격려하고 자신감을 심어 줍니다. 느헤미야 4장에는 이스라엘 백성들을 총동원한 느헤미야가 그들을 격려하는 장면이 나옵니다. 낮에는 일을 하고 밤에는 성을 지키게 하면서 지극히 크신 하나님을 기억하라고 말합니다. 그는 이렇게 이스라엘 백성에게 충성심과 자신감을 북돋워 주는 역할을 했습니다.

넷째, 자신이 해야 할 일과 다른 사람에게 맡겨야 할 일을 분별합니다. 큰일에서부터 자질구레한 일까지 모두 혼자 하려고 하면 능률도 오르지 않을뿐더러 목표 달성도 어려워집니다. 행정을 하는 사람은 각 사람의 능력을 파악해서 일을 적절하게 분담하고 위임할 줄 압니다. 그리고 자기 자신이 관여하고 책임져야 할 일을 분별해서 집중합니다.

다섯째, 다른 사람을 인정하고 격려합니다. 어려운 목표를 이루는 과정에서 작은 일에도 서로 격려하고 도전함으로써 자기들이 가진 능력을 최대한 발휘하여 결국 목표에 이르도록 이끌어 가는 일은 매우 중요합니다. 함께 일하면 언제나 힘과 격려가 되고 도전이 되는 사람이 있습니다. 그런 사람들이 있어야 단체나 조직이 원만하게 운영됩니다. 느헤미야도 예루살렘 성이 완성되기까지 사람들을 인정하고 격려하는 일을 지속했습니다.

여섯째, 성취의 기쁨을 다른 이들과 함께 나눕니다. 이들은 어떠한 어려움에도 굴복하지 않으며 결국 목표를 달성하고 그 기쁨을 맛봅니다. 느헤미야 7-8장에서는 52일 만에 성 재건 공사를 마친 사람들이 모두 모여 찬송하고 성취의 기쁨을 마음껏 누립니다. 다스리는 은사를 가진 사람이 잘 이끌어 위대한 일을 이루긴 했지만, 함께 일한 한 사람 한 사람이 없었다면 불가능했을 일입니다. 그러므로 다스리는 은사를 가진 사람들은 우선 모든 일을 이루신 하나님께 영광을 돌리고, 함께한 사람들과 기쁨을 나눌 줄 알아야 합니다.

지금까지 다스리는 은사를 가진 사람들의 중요한 특징들을 살폈습니다. 이를 통해 자신에게도 이 은사가 있다고 생각된다면 하나님께 감사하며 차근차근 계발해 나가십시오. 그래서 그 은사를 주님을 위해, 복음의 전진을 위해 유용하게 사용하시기 바랍니다.

독신의 은사

"나는 모든 사람이 나와 같기를 원하노라 그러나 각각 하나님께 받은 자기의 은사가 있으니 이 사람은 이러하고 저 사람은 저러하니라 내가 결혼하지 아니한 자들과 과부들에게 이르노니 나와 같이 그냥 지내는 것이 좋으니라" 고전 7:7-8

지금까지 우리는 하나님께서 각 사람에게 주신 은사가 무엇인지 생각해 왔습니다. 자신의 은사를 발견해서 잘 활용할 때 우리 삶에 기쁨이 있고, 예수 그리스도의 몸 된 교회를 든든히 세울 수 있습니다. 우리가 이 땅에 태어난 목적도 결국 우리가 받은 은사로 주님을 섬기며 살기 위함입니다.

이번 장에서는 조금 특별한 독신의 은사에 대해 다루고자 합니다. 여기서 특별하다고 말한 이유는 이 은사가 많은 사람들에게 있지 않고, 흔한 은사가 아니기 때문입니다.

독신의 은사에 대한 정의

'독신의 은사'란 결혼하지 않고 살면서도 그다지 불편함이나 이성 교제에 대한 충동을 느끼지 않고 주님을 섬길 수 있는 은사입니다. 어떤 사람은 열대여섯 살만 되어도 언제 결혼을 할까 생각합니다. 이런 사람은 독신의 은사가 없는 사람입니다. 저도 독신의 은사는 아예 없었습니다. 중학교 1학년 때부터 결혼에 대해 생각해 왔기 때문입니다. 그런데 어떤 사람들은 이성에 대한 흥미도 없을뿐더러 결혼을 꼭 해야겠다는 생각도 없습니다. 예수님이나 사도 바울이 여기에 해당됩니다. 흔하지는 않지만 우리 주위에도 이런 은사를 받은 사람들이 있습니다.

독신 생활의
유익과 기쁨

혼자 사는 것은 자연스럽게, 저절로 되지 않습니다. 다시 말해 독신 생활은 하나님께서 주신 특별한 성령의 은사라는 뜻입니다. 이 은사를 가진 바울은 어떤 고백을 합니까?

"나는 모든 사람이 나와 같기를 원하노라 그러나 각각 하나님께 받은 자기의 은사가 있으니 이 사람은 이러하고 저 사람은 저러하니라 내가 결혼하지 아니한 자들과 과부들에게 이르노니 나와 같이 그냥 지내는 것이 좋으니라"(고전 7:7-8).

사도 바울은 독신 생활이 가치 있고 보람있다는 것을 체험했기 때문에, 다른 사람들도 자기와 같이 독신으로 살았으면 좋겠다고 말합니다. 사실 결혼을 하면 남편 걱정, 아내 걱정, 자식 걱정을 하느라 적지 않은 시간을 보냅니다. 독신인 사람보다 상대적으로 자유로운 시간이 적고, 이런저런 상황에 얽매이게 됩니다. 이것이 꼭 잘못되었다는 의미는 아닙니다. 사도 바울은 시간과 정력과 재물을 주님을 위해 자유롭게 쓰는 삶을 살았기 때문에 이런 말을 할 수 있었습니다. 독신의 은사를 받은 사람이 그리스도의 교회를 세우는 데 중요한 역할을 할 수 있다는 것은 아무도 부인할 수 없는 사실입니다.

영국의 존 스토트(John Stott) 목사의 경우를 봅시다. 가족을 가진 사람은 1년에 책을 한 권 쓸까 말까 합니다. 존 스토트 목사는 어느 해에 50권 이상의 책을 저술했습니다. 혼자 사니까 시간이 아주 많습니다. 그 시간에 깊이 있는 연구를 합니다. 전 세계의 신학도들 중에 존 스토트 목사의 책을 갖고 있지 않은 사람은 거의 없을 정도입니다. 책을 저술하는 일뿐만 아니라 복음주의 진영에서 개최하는 모임을 계획하고 추진했으며, 신앙 고백문을 써서 발표하는 일도 맡았습니다. 혼자 지내다 보니 모든 일에 치밀한 집중력을 발휘할 수 있습니다. 그러나 혼자 산다는 사실만으로 교회를 세울 수 있는 것은 아닙니다. 독신의 은사의 유익과 기쁨은 다른 은사가 더해질 때 훨씬 더 커집니다. 혼자 살면서 다른 은사를 충분히 활용할 수 있을 때, 독신의 은사가 진정한 가치를 발휘하게 됩니다.

한 미국인 여성은 독신의 은사와 함께 섬기는 은사를 받았습니다. 그녀는 신학교 교장의 비서로 일하면서 다른 사람들을 돕는 일에 열심을 낼 수 있었습니다. 자기가 근무하는 신학교에서 경제적으로 어려운 학생들을 조용히 도우면서 살았습니다. 그녀의 도움으로 신앙 훈련 세미나에 다녀온 학생들이 많았습니다. 혼자라서 경제적인 여유가 있고, 하나님께 섬기는 은사를 받은 덕분에 다른 사람을 위한 삶을 살 수 있었던 것입니다.

우리나라 사람들은 어느 정도의 나이가 되면 으레 결혼을 해야 한다고 생각하는 경향이 강합니다. 그래서 스물대여섯만 되어도 언제 시집갈 계획이냐, 왜 시집 안 가느냐 하면서 귀찮게 묻곤 합니다. 또 서른 안팎의 나이에 혼자 사는 청년들을 마치 어딘가 모자란 사람을 보는 것처럼 안쓰럽게 바라보기도 합니다. 그리스도인들조차도 이런 인식을 갖고 젊은이들을 대하는 모습을 보면 참 안타깝습니다. 하나님이 독신의 은사를 주셔서 혼자일 수도 있고 하나님의 섭리 가운데 아직 결혼 상대자를 못 만났을 수도 있습니다.

특히 그리스도인들은 독신 생활을 하는 사람들을 만났을 때, 하나님의 깊은 뜻이 있음을 인정하고 존중하는 자세를 가져야 합니다. 하나님의 주관과 섭리를 이해하고, 되도록 그들이 불편해하지 않도록 배려해 주어야 합니다.

제가 아는 자매 중에 아주 똑똑한 자매가 있습니다. 저를 통해 예수 그리스도를 영접한 자매인데, 미국의 MIT 대학에서 장학금을 받으며 학교를 다녔고, 졸업 후에는 한인 여성으로는 처음으로 하버드 의과대학에 입학할 정도로 똑똑했습니다. 저는 그 자매의 신앙이 더욱 성장해 한인 2세 사회에서 영적 운동을 일으키는 지도자가 되길 바라는 마음으로 관심을 갖고 기도했습니다. 그 자매는 한인 교회에서 중학생과 고등학생들을 가르쳤는데, 보스턴에서 저를 만났을 때 이런 이야기를 했습니다. "목사님, 저 이제 한인 교회에 가지 않겠습니다. 지금은 미국 교회에 다니고 있습니다." 제가 깜짝 놀라며 그 이유를 물으니, 한인 교회에서는 어른들이 자기만 보면 왜 시집 안 가느냐고 너무 귀찮게 물어서 그렇답니다.

그 후 1년쯤 지나서 자매를 다시 만났는데, 미국인 청년과 교제하고 있다고 했습니다. 그 말을 듣고 저는 인간적으로 속이 상했습니다. 저는 그 자매가 한인 청년과 결혼해서 한인 2세 사회의 좋은 지도자로 서길 바랐기 때문입니다. 한인 교회 성도들이 하나님의 섭리에 대한 이해를 갖고 그 자매를 있는 그대로 받아들여 주었으면 제 바람대로 그 자매가 한인 2세 사회의 훌륭한 지도자가 될 수 있었을지도 모릅니다.

결혼은 하나님께서 주관하시는 일입니다. 그러므로 미혼자들에게 결혼을 재촉하거나 불편함을 주는 말은 하지 않도록 주의하십시오. 독신의 은사는 그 은사대로 하나님께서 모든 것을 통해 합력하여 선을 이루실 것입니다. 그리고 결혼 역시 하나님께 받은 특별한 은혜의 선물이라는 것을 기억하십시오. 고린도전서 7장 7절을 보십시오.

"그러나 각각 하나님께 받은 자기의 은사가 있으니 이 사람은 이러하고 저 사람은 저러하니라"(고전 7:7).

각 사람이 하나님께 받은 은사가 있습니다. 결혼을 하면 하는 대로 좋은 일이고, 안 하면 안 하는 대로 선한 일입니다. 결혼을 하지 않는 게 무조건 나쁘다고 말할 수 없습니다. 하나님께서 주신 각자의 은사대로 사는 삶이 가장 좋습니다.

미국의 한 교파는 결혼을 하지 않아야 한다고 주장합니다. 결혼을 하지 못하게 하다 보니 오늘날에는 결국 그 교파가 자취를 감추었습니다. 또 가톨릭에서도 신부는 무조건 독신으로 살아야 한다고 규제합니다. 물론 독신의 은사를 받은 사람이 신부로 부름을 받았으면 다행이지만, 그렇지 않은 경우가 있다 보니 가톨릭 사회에서 종종 문제가 발생합니다. 미국의 한 가톨릭 신부가 쓴 책을 보니 신부들 사이에서 성(性) 문제가 많이 일어나니 차라리 신부의 결혼을 허락하자는 운동이 일어나고 있다고 합니다. 독신에 대한 잘못된 편견도 문제지만, 이렇게 억지로 결혼을 막는 규제 역시 비성경적인 처사입니다. 각자가 받은 은사대로 자유롭게 살게 해야 합니다.

이미 결혼한 사람들은 독신의 은사가 없다고 할 수 있습니다. 그러나 하나님께서 독신의 은사를 주셨기에 혼자 살면서도 주님을 잘 섬길 수 있는 사람들이 있습니다. 우리가 독신의 은사를 받았든 혹은 결혼을 했든 하나님이 만드신 그대로 서로를 용납하고 인정하고 존중하고 격려하면서 교회를 세우는 일에 충성할 때 하나님께 큰 영광이 될 것입니다.

35
—
가난의 은사

"내가 내게 있는 모든 것으로 구제하고 또 내 몸을 불사르게 내줄지라도 사랑이 없으면 내게 아무 유익이 없느니라" 고전 13:3

‘가난의 은사’라는 것은 무엇일까요? 가난하게 사는 사람은 모두 하나님으로부터 이 은사를 받은 것일까요? 그렇다면 가난하게 사는 것이 곧 은혜라는 뜻인가요? 이번 장에서는 이러한 질문에 대한 답을 찾아보겠습니다.

가난의 은사에 대한 정의

‘가난의 은사’란 잘살 수 있는 능력이 있음에도 스스로 가난한 삶을 선택해 주님의 일을 하는 능력입니다. 여기서 중요한 포인트는 ‘자원한다’입니다. 가난하게 산다고 해서 모두가 다 이 은사를 받았다고 볼 수는 없습니다. 물질 면에서 풍요롭지 않아도 불편해하지 않으면서 주님을 섬기고 교회를 세우는 것이 바로 가난의 은사입니다. 가난의 은사에 대해 고린도전서 13장 3절은 이렇게 설명합니다.

“내가 내게 있는 모든 것으로 구제하고 또 내 몸을 불사르게 내줄지라도 사랑이 없으면 내게 아무 유익이 없느니라”(고전 13:3).

우리말로는 "내게 있는 모든 것으로 구제하고"라고 단순하게 번역되었지만, 그 안에는 '내가 가난한 사람을 먹여 살리기 위해 내 모든 소유를 다 주었다'라는 뜻이 담겨 있습니다. 즉, 자원해서 나의 부유함을 포기한 상태입니다. 그렇다 할지라도 사랑이 없으면 내게 아무 유익이 없다는 내용이 이어집니다. 이 '사랑'의 중요성에 대해서는 앞에서도 여러 번 언급했습니다. 모든 은사는 다른 사람에게 덕이 되어야 합니다. 사랑으로 은사를 사용해야만 이웃이 일으켜 세움을 받고 하나님의 나라가 굳건해집니다.

가난의 은사를 받은 사람들

자처해서 가난을 선택한 사람 중 가장 먼저 누가 떠오르나요? 바로 우리 주 예수 그리스도입니다. 그분은 우주의 창조주이시고, 온 세계의 모든 영광과 존귀와 부를 소유한 분이십니다. 그러나 스스로 이 모든 것을 포기하시고 이 땅에서 지극히 가난한 자로 태어나셨습니다. 이 땅에서의 삶을 낮고 낮은 짐승의 구유에서 시작하셨습니다. 서른이 되어 본격적인 사역을 하면서는 이렇게 말씀하셨습니다.

"예수께서 이르시되 여우도 굴이 있고 공중의 새도 거처가 있으되 인자는 머리 둘 곳이 없다 하시더라"(마 8:20).

예수님은 자원해서 가난하게 사셨지만 한 번도 먹을 것을 걱정하지는 않으셨습니다. 그런 기록은 성경 어디에도 없습니다. 오히려 어디를 가든 음식을 대접받았다고 기록되어 있습니다. 지극히 가난했지만 사람들에게 전혀 무시당하지 않으셨고, 다른 이들에게 비굴하게 굴지도 않으셨습니다. 왜냐하면 그분은 하나님을 향한 진정한 부자였기 때문입니다.

물질이 부족해도 그 마음과 영혼과 인격이 부자인 사람은 언제 어디서든 떳떳하고 당당하게 살 수 있습니다. 헌금도 하나님이 주신 물질의 분량에 따라서 드리라고 말씀하셨습니다. 소를 바칠 사람은 소를, 염소를 바칠 사람은 염소를 바치면 됩니다. 가난한 사람은 비둘기를 바치면 그것으로 충분합니다. 우리 그리스도인들은 물질의 많고 적음 때문에 비굴해져서는 안 됩니다. 하나님이 주신 은혜의 분량대로 감사하며 살면 되는 것입니다.

예수님 외에도 가난을 자처한 성경 인물이 또 있습니다. 바리새인 중의 바리새인이고 로마 시민권자이며 가말리엘 문하에서 공부했던 사도 바울입니다. 그는 자기 위치에서 충분히 여유 있고 넉넉한 생을 즐길 수 있었습니다. 그러나 모든 것을 포기하고 가난한 삶을 택했습니다. 그는 먹을 것과 입을 것과 누울 곳이 있으면 만족하라고 말합니다. 하지만 이 가난한 삶이 처음부터 가능했던 것이 아닙니다. 빌립보서 4장 11-12절에서 바울은 고백합니다.

"내가 궁핍하므로 말하는 것이 아니니라 어떠한 형편에든지 나는 자족하기를 배웠노니 나는 비천에 처할 줄도 알고 풍부에 처할 줄도 알아 모든 일 곧 배부름과 배고픔과 풍부와 궁핍에도 처할 줄 아는 일체의 비결을 배웠노라"(빌 4:11-12).

가난하게 살면서도 만족하는 삶의 비결을 배운 것입니다. 하나님과 이웃을 위해 살지 않았더라면 얼마든지 안락하고 풍족하게 살았겠지만, 복음을 위해서 스스로 가난의 길을 택했던 사도 바울은 어떤 상황에서든지 만족하는 삶을 배웠습니다.

요즘에도 스스로 가난의 길을 택한 사람들이 있습니다. 농어촌 교회를 섬기는 사역자들입니다. 이들은 도회지에서 직장을 다니면 넉넉한 수입으로 생활할 수 있지만 복음을 위해 그것들을 포기하고 스스로 가난한 삶을 택했습니다.

만약 그런 삶을 자처했으면서 날마다 짜증이 나고 불만족스럽다면 그 사람은 가난의 은사를 받은 사람이 아닙니다. 그런 경우, 빨리 포기하고 보통 사람들처럼 직장 생활을 해야 합니다. 진정으로 가난의 은사를 받은 사람은 고기반찬 대신 풀만 먹어도 불평 없이 지낼 수 있습니다. 가난이 별로 문제되지 않습니다.

미국의 워싱턴 D.C.에 사는 스나이더라는 사람도 가난의 은사를 받았습니다. 그는 대학을 졸업한 똑똑한 사람인데, 직장을 다니다가 그만두고 집 없는 사람들에게 집을 마련해 주는 일에 앞장섰습니다. 스스로 편안한 삶을 포기한 그는 집이 없어 길에서 지내는 노숙자들을 위해 여러 기관을 찾아다니고 단식 투쟁까지 했다고 합니다. 인도의 테레사 수녀 역시 가난한 사람들을 위해 아주 검소하게 살았습니다. 이웃과 교회와 하나님 나라를 세우기 위해 스스로 가난을 선택한 사람들이 지금도 이곳저곳에 존재하고 있습니다.

가난을 보는
관점

앞에서도 잠깐 언급했지만, 가난하게 산다고 다 좋은 것은 아닙니다. 하나님께서 주신 가난의 은사를 받은 사람은 아주 검소하게 생활하면서도 큰 불평이 없습니다. 마치 금식하는 사람처럼 말입니다. 금식하는 사람은 자기가 선택해서 음식을 절제하는 것이기에 아무것도 먹지 않더라도 불평하지 않습니다. 그러나 먹을 것이 없어서 굶으면, 자꾸 배가 고프고 허기져서 무언가를 먹고 싶어집니다. 또한 먹을 것이 없다는 사실에 대해 속상하고 불평하게 됩니다.

마찬가지로 가난의 은사를 받지 않은 사람은 물질이 없거나 부족하면 불평이 나옵니다. 하나님을 위해, 복음을 위해, 이웃을 위해 스스로 가난을 선택해 살면서 참 즐겁고 기쁘게 섬기는 사람이 가난의 은사를 받은 사람입니다.

가난의 은사를 받아 가난을 자처하는 사람이 있는가 하면 과소비를 하는 사람도 있습니다. 하지만 예수 그리스도를 믿는 사람은 기본적으로 과소비하기가 힘듭니다. 왜냐하면 수입이 생기면 벌써 10분의 1을 떼서 십일조 헌금을 하기 때문입니다. 믿지 않는 사람보다 10분의 1을 적게 가진 상태에서 시작하니 남은 10분의 9로 알뜰하게 살기 위해 궁리하게 됩니다. 십일조 외에도 때때로 감사 헌금이나 선교 헌금을 드립니다. 각종 회비도 내야 합니다. 어떤 때는 너무 많이 드리라고 하는 것 같아 속도 상합니다. 그러나 그렇게 다른 사람들에게 나눠 주고 하나님께 기쁘게 드리면, 하나님께서 더욱 넉넉히 채워 주십니다. 돈을 내 손에 꼭 움켜쥐고 있으면 누가 어떤 축복을 해 줄 수 있을까요? 그리스도인들은 하늘의 재원을 이웃에게 공급해 주는 통로 역할을 하는 자들임을 기억하십시오.

예수님을 믿는 사람들은 기본적으로 과소비를 하지 못합니다. 어쩌다가 과소비하는 사람이 있겠지만, 전반적으로는 그럴 여유가 없습니다. 그러나 과소비를 하지 않는다는 차원에서 만족해서는 안 됩니다. 즉, 하나님께서 주신 것은 적은 물질이라도 충성스럽게, 진실하게 관리해야 합니다. 달란트 비유를 통해 이를 깨달을 수 있습니다. 우리에게는 하나님이 주신 물질을 가정과 교회와 하나님을 위해서 보람 있게 써야 할 책임이 있습니다.

하나님의 자녀라고 해서 모두 가난하게 살아야 하는 것은 아닙니다. 가난의 은사를 받아서 다른 사람을 위해 희생할 각오로 스스로 가난을 선택하는 사람이 있는가 하면, 하나님께서 주신 물질의 복을 누리면서 재물을 선하게 사용하는 사람도 있습니다.

욥을 떠올려 보십시오. 그는 굉장한 부자였습니다. 하나님께서는 부자를 통해 그분의 선하신 계획을 이루시기도 합니다. 그러므로 풍요롭게 사는 부자들을 비난해서는 안 됩니다. 모든 그리스도인이 가난의 은사를 받은 것은 아니기 때문입니다. 각 사람에게 주신 은혜의 분량대로 적절하게 감사하고 만족하며 살면 됩니다.

다스리는 은사를 받은 사람이 섬기는 은사를 받은 사람을 비난할 수 없는 것과 마찬가지로, 가난의 은사를 받은 사람이 그 은사를 받지 않은 사람을 비난할 수는 없습니다. 다만 사치스럽지 않게, 절약하고 검소하게 사는 것이 그리스도인의 기본적인 삶의 태도라는 것을 기억하고 행하시길 바랍니다.

한번은 어느 분과 함께 백화점 앞을 지나가다가 '과소비를 추방하자!'라는 문구가 씌어 있는 현수막을 보았습니다. 그때 저와 같이 가던 그분이 "우리는 과소비를 하고 싶어도 할 수 없는 처지인데, 백화점 들락거리는 사람들이나 과소비를 못하게 해야 하지 않습니까? 저는 하나님이 적당히 주셨기 때문에 일평생 과소비를 해본 적이 없습니다."라고 말했습니다.

우리는 우리가 가진 것 중에서 하나님께 드릴 것을 드리고, 세금 내고, 또 필요한 곳에 적절하게 사용한 후에도 얼마가 남으면 가치 있게 쓸 곳을 찾습니다. 혹 어디에 써야 가치 있는 쓰임인지 잘 모르겠다면 교회 목사님과 상의해 보십시오. 너무나 많은 곳에서 선한 물질을 필요로 하고 있다는 사실을 알게 될 것입니다.

우리 그리스도인들이 하나님께서 맡기신 크고 작은 분량들을 충성스럽게 잘 관리하여 하나님 앞에서 착하고 충성된 종으로 칭찬받게 되기를 간절히 소망합니다.

결론

"너희는 그리스도의 몸이요 지체의 각 부분이라 하나님이 교회 중에 몇을 세우셨으니 첫째는 사도요 둘째는 선지자요 셋째는 교사요 그 다음은 능력을 행하는 자요 그 다음은 병 고치는 은사와 서로 돕는 것과 다스리는 것과 각종 방언을 말하는 것이라 다 사도이겠느냐 다 선지자이겠느냐 다 교사이겠느냐 다 능력을 행하는 자이겠느냐 다 병 고치는 은사를 가진 자이겠느냐 다 방언을 말하는 자이겠느냐 다 통역하는 자이겠느냐 너희는 더욱 큰 은사를 사모하라 내가 또한 가장 좋은 길을 너희에게 보이리라" 고전 12:27-31

지금까지 우리는 하나님께 받은 은사를 찾기 위해 성경에 나온 다양한 은사들을 공부했습니다. 이제까지 살펴본 내용을 총정리하면서 은사에 대해 꼭 기억해야 할 일곱 가지를 말씀드리고자 합니다. 먼저 고린도전서 12장 27-31절입니다.

"너희는 그리스도의 몸이요 지체의 각 부분이라 하나님이 교회 중에 몇을 세우셨으니 첫째는 사도요 둘째는 선지자요 셋째는 교사요 그 다음은 능력을 행하는 자요 그 다음은 병 고치는 은사와 서로 돕는 것과 다스리는 것과 각종 방언을 말하는 것이라 다 사도이겠느냐 다 선지자이겠느냐 다 교사이겠느냐 다 능력을 행하는 자이겠느냐 다 병 고치는 은사를 가진 자이겠느냐 다 방언을 말하는 자이겠느냐 다 통역하는 자이겠느냐 너희는 더욱 큰 은사를 사모하라 내가 또한 가장 좋은 길을 너희에게 보이리라"(고전 12:27-31).

모든 그리스도인들은 하나님의 은혜로 구원받았습니다. 그리고 예수 그리스도 안에서 지속적으로 성장해 나가는 과정에서 하나님께서 자신에게 허락하신 은사를 발견해 교회와 성도들을 위해 사용해야 함을 깨닫습니다. 자신이 교회의 어느 부분을 차지하는지, 즉 벽돌인지 지붕인지 창문인지 마루인지를 깨달아 알고, 그 역할을 제대로 감당해야 합니다. 그럴 때 교회 생활이 원만할 뿐만 아니라 자신의 삶에서도 만족과 보람을 찾을 수 있습니다. 또한 다른 성도들에게 덕을 끼치고 그들을 일으켜 세워 주는 역할을 하게 됩니다.

은사에 대한 총정리

2부에서 다룬 은사에 대한 내용을 마지막으로 총정리해 보겠습니다. 잘 정리하여 기억하시기 바랍니다.

첫째, 하나님께서는 우리 모두에게 좋은 은사를 주셨습니다. 그리스도인 중에 하나님께 영광을 돌리고 다른 사람에게 영적인 도움을 줄 수 있는 은사를 받지 않은 사람은 단 한 명도 없습니다. 물론 자신의 은사를 발견하지 못해 이 사실을 깨닫지 못할 수는 있습니다. 그러나 자신의 은사를 발견하고자 기도하고, 실제로 시도해 보고, 다른 사람의 반응에 귀 기울여 보면 어떤 은사를 받았는지 충분히 알 수 있습니다. 자기 자신뿐만 아니라 가족과 지체 등 다른 사람들도 각자의 은사를 발견할 수 있도록 서로서로 도와주십시오.

제가 미국에 갔을 때 일입니다. 막내딸이 제게 하는 말이 연설학 시간에 한 주제를 정해 다른 학생들 앞에서 발표하는 수업이 있었는데, 열심히 준비했더니 선생님과 친구들이 정말 잘했다며 칭찬을 아끼지 않았다고 합니다. 선생님은 딸에게 특별히 가르치는 은사가 있다는 말도 해 주었답니다. 막내딸을 만나기 전, 큰딸에게서 그 이야기를 미리 들었던 터라 저는 진심으로 격려해 주면서 앞으로 계속 그 부분을 잘 계발하라고 일러 주었습니다. 그랬더니 딸이 자기가 연설학 코스를 배워서 뭘 하겠느냐고 묻더군요. 저는 "네가 그것을 배워서 나중에 어떻게 쓸 것인지 지금은 알 수 없지만, 하나님께서 너에게 그런 은사를 주셨다면 반드시 귀하게 쓰실 것이다. 그러니까 이번 학기 동안에 그 과목을 열심히 해라!"라고 말해 주었습니다.

부모에게는 자녀들이 지닌 고유한 능력을 발견해 그 분야를 열심히 계발하도록 인도해 줄 책임이 있습니다. 성도들 간에도 이러한 격려가 필요합니다. 어떤 은사든 상관없습니다. 각 사람의 은사가 모여 서로의 부족함을 채우고 교회를 세워 나가기 때문입니다.

둘째, 모든 좋은 은사는 하나님께로부터 옵니다. 야고보서 1장 17절은 "온갖 좋은 은사와 온전한 선물이 다 위로부터 빛들의 아버지께로부터 내려오나니"라고 말씀합니다. 은사는 하나님께서 주시는 것이지 내가 인위적으로 만드는 것이 아닙니다.

셋째, 은사의 종류와 깊이는 전적으로 하나님의 주권에 달려 있습니다. 앞의 결론과 연결되는 내용입니다. 고린도전서 12장 18절은 "하나님이 그 원하시는 대로 지체를 각각 몸에 두셨으니"라고 말씀합니다. 성령께서 원하시는 대로 우리에게 은사를 허락하셨기 때문에, 자신의 은사를 자랑할 필요도 없고 다른 사람의 은사를 부러워할 필요도 없습니다. 하나님께서 주신 분량만큼 잘 사용하면 됩니다. 다른 사람과 비교해서는 안 됩니다.

저를 돌이켜 보면, 공부를 그렇게 못하는 편은 아니었지만 특출 나게 잘하지도 못했습니다. 형님이나 누이가 항상 저보다 공부를 잘 했습니다. 가끔은 '왜 나는 일등을 하지 못하지?' 하는 생각에 우울 해지기도 했습니다. 또 저는 죽을힘을 다해 밤을 새서 공부해야 좋 은 점수가 나오는데, 다른 사람들은 저처럼 고생하지 않고도 좋은 성 적을 받는 것 같았습니다. 그런 모습을 보면 얼마나 화가 났는지 모 릅니다. 늘 비교 의식에 사로잡히니 기분도 좋지 않고 의욕도 없어지 며 질투가 났습니다. 그러다가 한 번 일등을 했습니다. 신학교 졸업식 날 제 이름이 불렸습니다. 하나님께서 제 마음의 소원을 아셨던 모양 입니다. 제 이름이 불렸을 때 얼마나 기쁘고 감사했는지 모릅니다.

비교 의식은 우리를 슬프고 속상하게 만듭니다. 매일 다른 사람이 가진 것만 바라보고 있으면 기분이 나빠지고 서러워지는 게 당연합 니다. 반면 하나님께서 우리에게 주신 은혜의 분량에 감사하고 만족 하며 그것을 효과적으로 사용할 때는 비교 의식으로 인한 부정적인 생각들이 사라집니다. 고린도전서 15장 10절 말씀인 "내가 나 된 것 은 하나님의 은혜로 된 것이니"라는 고백이 여러분의 삶 가운데 있 기를 소망합니다.

넷째, 은사는 내가 원한다고 해서 소유할 수 있는 것이 아닙니다. 사 도행전 8장 18절에는 사마리아 사람 시몬이 등장합니다. 그는 마술 사였는데, 사도들이 안수하자 성령이 임하는 것을 보고 베드로에게 돈을 줄 테니 자기에게도 그런 능력을 달라고 합니다. 이때 베드로가 "네가 하나님의 선물을 돈 주고 살 줄로 생각하였으니 네 은과 네가 함께 망할지어다"라고 말하며 크게 꾸짖습니다. 절대자인 하나님께서 우리에게 이미 좋은 것을 주셨으니 그것을 찾아내는 데 집중해야지 다른 사람이 가진 것을 달라고 해서는 안 된다는 이야기입니다. 은사는 우리가 원해서 얻는 것이 아니라 하나님이 그분 뜻대로 이미 각 사람에게 주셨다는 것을 꼭 기억하십시오.

다 병 고치는 은사가 있느냐, 다 방언을 하느냐, 다 통역을 하느냐, 다 가르치느냐, 성경은 그렇지 않다고 말씀합니다. 다른 은사들은 별로 문제되지 않지만, 방언의 은사는 다소 오류를 범합니다. 방언이 터지도록 입을 벌려 의미 없는 소리를 인위적으로 내고, 방언 찬송가를 따라 하는 경우가 그렇습니다. 인위적인 방법으로 은사를 끌어내려는 노력은 바람직하지 않습니다.

사도 바울이 우리 안에 있는 은사를 계발하라고 말했던 것을 기억하십시오. 절대자이신 하나님께서 각 사람에게 주신 은사를 찾아 계발하는 자세가 필요합니다. 그리고 성경 말씀에 합당하지 않는 것은 거부해야 마땅합니다. 하나님께서 각자에게 주신 은사를 감사히 여기고 그것을 교회에 덕이 되도록 선하게 사용하시길 바랍니다.

다섯째, 은사의 목적은 교회와 교인을 세우는 것입니다. 로마서 1장 11절에서 사도 바울은 이렇게 말합니다.

"내가 너희 보기를 간절히 원하는 것은 어떤 신령한 은사를 너희에게 나누어 주어 너희를 견고하게 하려 함이니"(롬 1:11).

그렇습니다. 우리의 은사는 우리 자신의 만족이 아니라 교회를 세우고 성도들을 일으키기 위함입니다.

여섯째, 사탄의 가짜 은사를 조심해야 합니다. 가짜 돈이 있듯 가짜 은사가 있습니다. 사탄은 무척 강한 능력을 지녔습니다. 그들은 번개를 일으킬 수도 있고, 사람을 죽일 수도 있고 살릴 수도 있습니다. 예수님의 이름으로 행한다고 해서 모두 진짜는 아닙니다. 말씀에 비추어 보고 하나님께 기도해서 은혜에 부합하지 않다면 절대로 받아들여서는 안 됩니다. 진리를 분별할 줄 알아야 한다는 뜻입니다. 펄시 콜레(Percy Collet)의 『내가 본 천국』이라는 책이 가짜인 것은 앞부분의 몇 장만 읽어 봐도 다 압니다. 그런데도 수많은 사람들이 그 책의 거짓 메시지에 현혹되었습니다.

고린도후서 11장 14절에는 사탄이 광명의 천사로 가장해 많은 사람을 미혹한다고 말씀합니다. 일단 하나님의 자녀가 된 사람은 사탄의 자녀가 될 수 없습니다. 그러나 하나님의 자녀가 사탄의 궤계에 빠지면 실족하여 아무 쓸모없는 존재가 될 수 있습니다. 그러므로 우리는 올바른 진리를 잘 판단하고, 거짓된 것을 제대로 분별할 수 있어야 합니다.

다른 은사에 비해 기적을 일으키는 은사에는 많은 사람들이 크게 미혹됩니다. 어디서 누가 어떤 표적을 행했다 하면 사람들이 우르르 몰려 가고 온갖 방송에서도 떠들썩하게 다룹니다. 도마가 예수님의 손바닥과 옆구리를 만져 보아야 믿겠다고 했을 때, 예수님은 보지 않고 믿는 자가 복이 있다고 말씀하셨습니다. 의인은 믿음으로 삽니다. 기적의 체험을 하지 못했어도 말씀에 근거해서 믿는 삶이 진정으로 복된 삶입니다.

"형제들아 신령한 것에 대하여 나는 너희가 알지 못하기를 원하지 아니하노니"(고전 12:1).

여기서 신령한 것이란 영적인 은사를 말합니다. 사도 바울의 이 말은 '너희가 전에는 이방인이었고 우상을 숭배했는데, 그렇게 영적으로 어두웠던 삶에서 구원받았기 때문에 하루아침에 영적인 것을 다 깨닫지 못한 것이다. 그렇지만 너희들이 무지하지 않기를 원해서 이 은사에 대해 가르쳐 주는 것이다!'라는 뜻입니다.

여러분은 지금까지 성경 속 은사에 대해 열심히 공부했습니다. 이제는 서로의 은사를 알아보고 격려하면서 하나님께 감사와 영광을 돌리고, 각자의 은사를 더욱 계발하는 데 집중하시기 바랍니다.

일곱째, 여러 은사 중 최고의 은사는 사랑입니다. 고린도전서 12장 마지막 절입니다.

"너희는 더욱 큰 은사를 사모하라 내가 또한 가장 좋은 길을 너희에게 보이리라"(고전 12:31).

여기서 '더욱 큰 은사'란 가장 좋은 은사를 말합니다. 지금까지 다룬 은사 중 한 가지도 받지 못했다고 생각하는 사람은 곰곰이 묵상해 보십시오. 혹시 내 안에 사랑의 은사가 있는지 말입니다. 사람들을 용납하고, 용서하고, 좋아하고, 돌보아 주고 싶은 마음이 있다면 이것은 다른 어떤 은사보다 좋은 은사를 받은 것입니다. 넓은 의미에서 우리 그리스도인은 모두 이 은사를 받았습니다. 사랑이신 하나님이 우리 안에 거하시기 때문입니다. 하나님의 사랑의 선물을 충분히 활용하여 자기 자신과 가정과 교회에 기쁨이 넘치기를 바랍니다. 또 교회에 놀라운 하나님의 은총이 머물러 모든 성도들의 삶이 아름다워지기를 진심으로 소망합니다.